为了人与书的相遇

IMMANUEL KANT

KANTS AUFSÄTZE ZUR GESCHICHTSPHILOSOPHIE

康德历史哲学论文集

[德] 伊曼努尔 · 康德 著

李明辉 译注

广西师范大学出版社

· 桂林 ·

图书在版编目(CIP)数据

康德历史哲学论文集 / (德)康德著;李明辉译注.
—桂林:广西师范大学出版社,2020.1
(Great Thoughts 书系)
ISBN 978-7-5598-2167-6

Ⅰ.①康… Ⅱ.①康… ②李… Ⅲ.①康德(Kant,Immanuel 1724-1804)-历史哲学-文集 Ⅳ.①B516.31-53 ②K01-53

中国版本图书馆 CIP 数据核字(2019)第 197920 号

广西师范大学出版社出版发行
广西桂林市五里店路9号　邮政编码:541004
网址:www.bbtpress.com

出 版 人:张艺兵
全国新华书店经销
发行热线:010-64284815
山东鸿君杰文化发展有限公司

开本:880mm×1230mm　1/32
印张:10.25　字数:184千字
2020年1月第1版　2020年1月第1次印刷
定价:68.00元

译者序

近年来，西方学术界出现一股重新评估康德历史哲学的热潮。其直接原因是1995年康德《论永久和平》一书出版两百周年之际，西方（尤其是德国）哲学界举办了不少研讨会，并且出现了大量研究成果。举例而言，在1995年于美国孟菲斯（Memphis）举办的第八届“国际康德研讨会”中，大约有半数论文直接或间接涉及康德底历史哲学。而自1990年代起，“欧洲共同体”逐渐转型为“欧洲联盟”，使康德“永久和平”之理念似乎显示出某种程度的现实性，而不再仅是哲学家底梦想，故这种讨论也延伸到西方政治学与法学之领域。但这些讨论与研究成果迄今尚未在中文学术界引起多少注意，因而也未能为中文学术界所吸收与借鉴，殊为可惜。

译者于1994—1995年在台湾“国科会”之资助下赴德国波恩大学访问时，便开始留意康德底历史哲学，并广泛搜集相关的讨论与研究成果。其后，译者还多次利用莱比锡德意志图书馆（Deutsche Bücherei）、莱比锡大学图书馆、斯坦福大学图书馆、加州大学伯克利分校图书馆，继续搜集相关的资料。迄今为止，译者在这方面所搜得的研究资料在数量上相当可观，其详目见本书所附之《参考文献》。1998 年台湾“国科会”人文处黄荣村处长开始推动西方经典之译注计划，邀请译者参加，译者便决定乘此机会译注康德有关历史哲学的论文。译者负责的计划于 1998 年 6 月至 1999 年 5 月及 1999 年 8 月至 2000 年 7 月分两年执行(计划编号：NSC 87-2418-H-001-023-D8；NSC 89-2420-H-001-004-D8)，本书即是其执行成果。

本书译注了康德关于历史哲学的八篇论文。其中，《答“何谓启蒙？”之问题》是旧译，曾发表于《联经思想集刊》第 1 期（1988 年 5 月），页 1—12，在本书仅作体例上的修订。其余各篇之译注均从未发表过。其实，清华大学思想文化研究所何兆武教授已做过同样的工作，即其所译之《历史理性批判文集》（北京：商务印书馆，1990）一书。何先生是翻译界之前辈，有几部水平不错的译作。他为人谦和，于 1991 年在德国慕尼黑与译者初次见面时，即以此书相赠。但译者仍决定重译这八篇论文，其理由有三：第一，何先生之专长并非康德哲学，故其译文未达到可供精读的严格学术要求；第二，他的德文水平虽已达到相当的程度，但是康德所使用的十八世纪德文绝非一般的德文水平所能应付，故其译文不时仍有失误；第三，不同的翻译者表现不同的风格，我们的译文在风格上与大陆学者之译文必有不同，故经典之重译仍有其意义。

译者如此说，并无意唐突前辈，亦非意谓自己的翻译已臻理想。因为经典翻译所要求的条件甚高，翻译者不但对经典文字要有充分的掌握能力，对于经典内容的理解亦须有专业水平，缺一不可。理想的翻译者应同时是研究者，翻译与研究最好同时进行。再者，经典之翻译往往一译再译，而后出转精。以《纯粹理性批判》之英译本为例，过去最通行的 Norman Kemp Smith 译本（1929

年初版）近年来已逐渐为 Werner S. Pluhar、H. W. Cassirer 与 Paul Guyer/Allen W. Wood 之新译本所取代。Pluhar 在其译本底《译者序》中便指出：Smith 译本之问题不但在于误译、漏译、不够精确等显而易见的缺点，还在于他以自己的风格取代了康德本人底风格；故在英语世界累积了数十年的研究成果之后，Smith 底译本已不能满足学术界之要求[1]。同样地，本书所译的八篇论文早已有不同的英译（见《参考文献》），其中较完整的译本有以下三种：

Lewis White Beck(ed.): *On History*. Idianapolis: Bobbs-Merrill 1963.

Hans Reiss(ed.): *Kant's Political Writings*. Cambridge: Cambridge University Press 1970.

Ted Humphrey(trans.): *Perpetual Peace and Other Essays*. In-dianapolis: Hackett 1983.

译者在翻译过程中不时核对这三种英译本及何兆武先生底中译本，同样证实了这些译本已不能满足目前学术界之要求。近年来，英国剑桥大学出版社在 Allen W. Wood 与 Paul Guyer 之主持下，正进行全面重译康德著作之工作[2]。这是英语学术界在累积了数十年康德研究之成果后，必然会出现的要求。

本书除包括以上八篇论文之中译以外，译者在每篇译文之前

1 Immanuel Kant: *Critique of Pure Reason*, trans. by Werner S. Pluhar（Indianapolis: Hackett 1996）, p. xvii.

2 请参阅 Paul Guyer: "Report on the Cambridge Edition of the Works of Immanuel Kant", in: Hoke Robinson（ed.）, *Proceedings of the Eighth International Kant Congress*（Milwaukee: Marquette University Press 1995）, Vol. I.3, pp. 1325-1328。

均加上《译者识》，说明：(1) 康德撰写该文的背景、动机与经过；(2) 该文所引起的回响；(3) 该文之出版过程与版本。而在译文中，译者又加上《译注》及《译者按》，其中包括：(1) 人名、地名、典故之出处；(2) 重要概念之简要说明；(3) 文字校勘；(4) 其他必要的补充说明。译者之注释广泛采纳了《参考文献》第一、二项所列康德著作底各种选集及译本之附注，尤其是普鲁士皇家科学院版《康德全集》编者之附注。由于这些注释多半涉及事实及基本资料（如姓名、生卒年代、著作、出处等），无所谓原创性，且各种版本之编辑者或翻译者往往相互转引，故若非必要，译者往往径自引用，而不一一注明二手资料之出处。兹特加声明，以示无意掠人之美。此外，译者过去曾撰写《康德的"历史"概念》一文，刊于《中国文哲研究集刊》第 7 期（1995 年 9 月），页 157—182。兹将此文加以修订、补充，易题为《康德的"历史"概念及其历史哲学》，作为此译本之《导论》。

在翻译过程中，译者承蒙德国友人 Christian Meyer（麦立昂）及 Fabian Heubel（何乏笔）之协助，借此译本出版之机会特申谢忱。译者希望此一译本能达到学术翻译所要求的严谨程度，以供不懂德文的读者研究参考之用。然译事甚难，得失往往在寸心之间。读者若发现此译本有不当之处，尚祈不吝指正，以期日后有机会修订。

李明辉

2001 年于美国加州大学伯克利分校

导论：康德的“历史”概念及其历史哲学

I

康德底“历史”（Geschichte）概念与历史哲学对于中国的知识界而言，甚为陌生。中国的知识分子谈起西方人底“历史”概念与历史哲学，首先一定想到黑格尔和马克思，也许还会想到狄尔泰（Wilhelm Dilthey）、史本格勒（Oswald Spengler），乃至于兰克（Leopold von Ranke）。尽管康德在中国的知识界中名气不小，但是很少人了解他的历史哲学，更不用说去讨论了。在西方，情况也好不了多少。德国学者朗格雷贝（Ludwig Landgrebe）在其五十年代所发表的一篇论文中便指出：在有关康德研究的众多文献当中，讨论康德历史哲学的极少；甚至连新康德学派试图根据康德哲学底基本方向发展出一套文化哲学及关于历史知识的理论时，也不重视康德底历史哲学著作[1]。

---

1 Ludwig Landgrebe: “Die Geschichte im Denken Kants”, *Studium Generale*, 7. Jg.（1954）, S. 533；亦见其 *Phänomenologie und Geschichte*（Güntersloh: Gerd Mohn 1968）, S. 46。

康德历史哲学之所以未受到重视，其部分原因在于康德本人并未撰写一部讨论历史哲学的专著，譬如《纯粹理性批判》之于知识论，《实践理性批判》之于道德哲学，《判断力批判》之于美学，《单纯理性界限内的宗教》之于宗教哲学。康德只有几篇短文，专门讨论历史哲学底问题，其篇目如下：

1.《在世界公民底观点下的普遍历史之理念》（1784 年发表）

2.《评赫德尔〈人类史底哲学之理念〉第一、二卷》（1785 年发表）

3.《人类史之臆测的开端》（1786 年发表）

4.《万物之终结》（1786 年发表）

5.《重提的问题：人类是否不断地趋向于更佳的境地？》（1797 年所撰，收入次年出版的《学科之争论》一书）

此外，其《论永久和平》一书（1795 年出版）及《答"何谓启蒙？"之问题》（1784 年发表）、《论俗语所谓：这在理论上可能是正确的，但不适于实践》（1793 年发表）二文，亦部分或间接地涉及历史哲学底问题。又由于其历史哲学预设一套目的论，故欲了解其历史哲学，亦不能不参考其《论目的论原则在哲学中的运用》（1788 年发表）一文及其《判断力批判》（1790 年出版）第 2 卷《目的论判断力之批判》。最后，康德还有一些未发表过的札记，亦涉及历史哲学底问题[2]。

康德有关历史哲学的论著之所以如此分散，实有其进一步的原因。这是由于历史哲学在其整个哲学系统中居于几个主要领域交界之处：大略而言，其历史哲学涉及形而上学、知识论、道德

2　这批札记经过德国学者黎德尔（Manfred Riedel）之选录，收入其所编的 *Immanuel Kant: Schriften zur Geschichtsphilosophie*（Stuttgart: Reclam 1985）一书中。

哲学、宗教哲学及法哲学。因此，除非对康德底哲学系统有完整的理解，否则几乎不可能正确地把握其历史哲学，遑论对它提出恰当的评价。举例而言，英国史学家柯林伍德（R.G. Collingwood）在其《历史之理念》一书中对康德历史哲学所提出的批评便无多大的价值，因为他竟然将康德哲学中“现象”（Erscheinung）与“物自身”（Ding an sich）之区分误解为“自然”与“心灵”之区分[3]。

康德历史哲学之所以遭到忽视，除了上述的原因之外，朗格雷贝还归因于一种流传已久的看法，即是认为：康德哲学是“非历史的”，而其历史哲学系停留在启蒙运动及其理性乐观主义之基础上[4]。由于这种成见，康德历史哲学之光彩遂为赫德尔（Johann Gottfried Herder）和黑格尔底历史哲学所掩盖。再者，由于康德底历史哲学包含一套目的论的历史观，不少学者往往未加深究，便将它与黑格尔和马克思底历史哲学归于同一类型。这使得康德底历史哲学始终未受到应有的重视。因此之故，本文拟通过对康德底“历史”概念之勾勒，凸显出其历史哲学之特点。

---

3 R.G. Collingwood: *The Idea of History*（Oxford: Clarendon 1948）, p. 96. 关于“现象”与“物自身”之区分在康德哲学中的意义，请参阅拙作：《牟宗三哲学中的“物自身”概念》，收入拙著：《当代儒学之自我转化》（台北：中研院中国文哲研究所，1994 年）。

4 Ludwig Langrebe: “Die Geschichte im Denken Kants”, *Studium Generale*, 7. Jg.（1954）, S. 533; 亦见其 *Phänomenologie und Geschicht*, S. 46。此外，参阅 Klaus Weyand: *Kants Geschichtsphilosophie. Ihre Entwicklung und ihr Verhältnis zur Aufklärung*（Köln: Kölner Universitäts-Verlag 1963）, S. 31-33。

II

在进一步讨论康德底“历史”概念之前，我们有必要先澄清“历史”一词所包含的歧义。在德文中，Historie 和 Geschichte 这两个词都可译为“历史”。从十九世纪末以来，德国的人文学界逐渐将这两个词底意义加以区别，以前者指关于人类过去活动的记录，以及这些记录之编纂，以后者指存在于人类底精神或意识中的“历史本身”[5]。其实，这种用法上的区别可溯源于康德。他在其《论目的论原则在哲学中的运用》（以下简称《目的论原则》）一文中，为了界定“自然史”（Naturgeschichte）——有别于“对自然的描述”（Naturbeschreibung）——底意义，写道：“人们将 Geschichte 一词当做希腊文中的 Historia（陈述、描述）之同义词来使用已太多、太久了，因而不会乐意赋予它另一种意义，这种意义能表示对于起源的自然探究〔……〕”[6]康德所理解的“自然史”是从人类理性底有限观点对于自然世界底起源所作的追溯；它不是“神祇底学问”，而是“人类底学问”[7]。为了追溯自然世界底起源，它必须引进目的论原则。对康德而言，我们之所以必须将目的论原则引进自然研究中，正是由于我们人类底理性是有限的；反之，在上帝底全知观点之下，目的论原则根本是不必要的。

同样的，康德亦将目的论原则引进其历史哲学中，而言历

---

5 参阅 Hans-Werner Bartsch: Artikel“Geschichte/Historie”, in: *Historisches Wörterbuch der Philosophie*, hrsg. von J. Ritter & K. Gründer, Bd. 3（Darmstadt: Wissenschaftliche Buchgesellschaft 1974）, Sp. 398f.。

6 “Über den Gebrauch teleologischer Principien in der Philosophie”, in: *Kants Gesammelte Schriften*（Akademieausgabe, 以下简称 *KGS*）, Bd. 8, S. 162f.

7 参阅同上书，S. 161。

史底目的。这种意义的"历史"是依人类底有限观点来理解的历史，因为依其看法，"人类是地球上唯一拥有知性——亦即为自己任意设定目的的一种能力——的存有者"。[8] 康德与黑格尔底"历史"概念正好在这一点上显示出其根本歧异。因为依黑格尔底理解，世界史是"绝对精神"（或称为"绝对理性"）在时间中的展现，换言之，是全知观点下的历史。这点分判至为重要，因为它不但有助于把握康德底"历史"概念，亦有助于区别康德与黑格尔底历史目的论。尽管康德在实际的语言使用上未必严格遵守 Geschichte 与 Historie 之区别，但其历史哲学系以 Geschichte 为主要对象，殆无疑问。

若说康德所理解的"历史"是依人类底观点来理解的历史，这项观点是什么呢？他在《在世界公民底观点下的普遍历史之理念》（以下简称为《普遍历史之理念》）一文开宗明义便写道：

> 无论我们在形而上学方面为**意志底自由**形成怎样的一个概念，意志底**现象**（即人类底行为）正如其他一切自然事件一样，仍然按照普遍的自然法则而被决定。历史以记述这些现象为务，而无论这些现象底原因隐藏得多么深，历史仍可使人期望：当它**在大体上**考察人类意志底自由之活动时，它能发现这种自由底一个有规则的进程；而且在这种方式下，就个别主体看来是杂乱无章的事物，就人类全体而言，将可被认为其原始禀赋之一种虽然缓慢、但却不断前进的发展。[9]

8 *Kritik der Urteilskraft*（以下简称 *KU*），*KGS*, Bd. 5, §83, S. 431.

9 "Idee zu einer allgemeinen Geschichte in weltbürgerlicher Absicht"（以下简称"G. i. weltbürg. Abs."），*KGS*, Bd. 8, S. 17.

根据这段说明，历史系以“人类意志底自由之活动”为主要探讨对象，而它依据的观点即是“人类意志底自由”之观点。如果人类像其他的自然物一样，不具有自由意志，便无历史可言。但是在另一方面，自由意志并非历史底直接对象，而是形而上学（更精确地说，道德底形而上学）之对象。历史所要探讨的主要对象是“意志底现象”，亦即人类的自由意志在现象界中的表现。这种“历史”概念预设了现象与物自身之区分，以及人之双重身份说。因此，我们可以说：康德底历史观是从人作为物自身的身份（自由的主体）底观点来看他在现象界中所表现的行为。

在《重提的问题：人类是否不断地趋向于更佳的境地？》（以下简称《重提的问题》）一文中，康德以另一种方式来说明其历史观。他开宗明义表示：“我们期望有一部人类史，而这并非关于过去、却是关于未来的人类史，亦即一部**预测的**（vorhersagende）人类史。”[10] 但是所谓“预测的人类史”可以有不同的意义。如果这种预测并非以已知的自然法则（如日蚀和月蚀）为依据，便构成“预言的（wahrsagende）、而却自然的”人类史；如果它是以超自然的感通或启示为依据，便构成“先知的（weissagende）人类史”[11]。康德自己举古希腊德尔菲神庙底女祭司与吉卜赛女卜者为前者之例[12]，或许我们还可以将中国历史上的谶纬、推背图、烧饼歌也归于此类。后者之例则如《新约 · 启示录》中的“千年至福说”（Chiliasmus）。这两种人类史都预设一种决定论（determinism），

10 *Der Streit der Fakultäten, KGS*, Bd. 7, S. 79.

11 同上注。

12 同上书，S. 79 Anm.。

乃至于命定论（fatalism）。康德在此文中所要讨论的虽然也是“预测的人类史”，但完全属于另一种形态。他写道：

> 〔……〕如果问题是：**人类**（大体上）是否不断地趋向于更佳的境地？这里所涉及的也不是人底自然史（例如，未来是否会形成新的人种？），而是**道德史**，并且不是依据**种属概念**（singulorum），而是依据在地球上结合成社会、分散为部族的人底**整体**（universorum）。[13]

因此，康德所理解的“历史”并不是以作为一个生物种属的人类为对象，而是将全人类当做整体，来探讨其自由底进展。这便是他所谓的“普遍历史”。这种“历史”可以预示：人类就整体而言，在道德上不断地趋向于更佳的境地。

然而，这种预测如何可能呢？或者用康德底话来说，“一部先天的（a priori）历史如何可能呢？”[14]康德自己回答道：“如果预言者自己**造成**并且安排了他事先宣告的事件。”[15]换言之，这是因为人是行为底主体，可以借其行为产生一定的结果；既然这种结果是他自己的行为所造成的，他自然可以预测。康德在此举了三个例子：一是犹太先知预言以色列之灭亡，二是当时的政治家预言人类之冥顽不灵与反叛成性，三是当时的教士预言宗教之没落与反基督者之出现[16]。在这三个例子当中，预言者本身必须为它所

13 同上书，S. 79。
14 同上书，S. 79f.。
15 同上书，S. 80。
16 同上注。

预言的结果负责，因为正是他的行为造成了这些结果。这便是我们通常所说的“历史底殷鉴”或“历史底教训”。为取得历史底殷鉴或教训而撰写的历史，康德称为“实用的历史”（pragmatische Geschichte）[17]。康德在此强调人在历史中作为主体的地位，即是承认人在历史中的自主性，这其中便隐含着一个非决定论的观点。

然而，纵使我们承认人在历史中的自主性，我们是否能对“人类就整体而言，在道德上是否有进步”这个问题有所论断呢？这就要看我们从什么角度来看这个问题。对于这个问题，我们有三种可能的答案：一是认为人类日益堕落；二是认为人类日趋于善；三是认为人类永远停顿在目前的状况，或者是始终绕着同一点兜圈子。康德称第一项看法为“道德的恐怖主义”（moralischer Terrorismus），称第二项看法为“幸福主义”（Eudämonismus）或“千年至福说”，称第三项看法为“阿布德拉主义”（Abderitismus）[18]。依康德之见，这三种看法都无法直接从经验得到证明。“因为我们所涉及的是自由的行动者；他们**应当**做什么事，固然能事先**规定**，但是他们**将会**做什么，却无法**预言**。”[19]康德底意思是说：我们无法根据经验法则去预测人底行为，因为这无异于否定人类意志底自由，而陷于决定论。

但是，承认我们无法根据经验去预测人底行为，是否即意谓人类史是一出荒谬剧，其中毫无道理可言？康德当然不会接受这种看法。他建议我们换个角度来看这个问题。正如他在知识论中

17　*Grundlegung zur Metaphysik der Sitten, KGS*, Bd. 4, S. 417 Anm.

18　*Der Streit der Fakultäten, KGS*, Bd. 7, S. 81.

19　同上书，S. 83。

一样，他在历史哲学中也提出一种“哥白尼式的转向”。他写道：

> 或许这也是由于我们在看待人类事务底进程的观点上作了错误的选择，而使这个进程在我们看来是如此荒谬。从地球上看来，诸行星时而后退，时而停止，时而前进。但若从太阳底观点来看（唯有理性才能做到这点），根据哥白尼底假说，它们始终有规律地在前进。但是有些在其他方面并非无知的人却喜欢固执于他们说明现象的方式，以及他们曾采取过的观点——纵使他们在这方面会纠缠于第谷之圆与周转圆，而至于荒谬的地步。但不幸的正是：当问题牵涉到对于自由行为的预测时，我们无法采取这项观点。因为这是**神意**（Vorsehung）底观点，而它超出人底一切智慧。神意也延伸到人底**自由**行为上面。人固然能**见到**这些行为，但却无法确切地**预见**它们（在上帝眼中，这其间并无任何区别）；因为他要预见这些行为，就需要有合乎自然法则的关联，但对于未来的**自由**行为，他必然欠缺这种引导或指示。[20]

换言之，人类史中的预测不但不能根据自然法则，亦不能根据超自然的启示或感通。因为前者意谓对人类底自由的否定，后者意谓一种僭越，即以神明自居。这两种预测虽有不同的依据，最后必然流于决定论，乃至于命定论。因此，康德视为可能的“预测的人类史”显然不属于波普尔（Karl R. Popper）所批评的“历史

20 同上书，S. 83f.。

预定论”(historicism)[21]。然则,我们还能依据什么观点来建立这种“预测的人类史”呢?康德底答案是:依据目的论底观点。因此,我们必须进一步讨论康德对于目的论的看法。

III

如上文所述,除了《目的论原则》一文之外,康德在《判断力批判》一书底后半部对目的论原则也作了完整的说明。其实,他在《纯粹理性批判》一书中对目的论原则已有清楚的定位[22]。笔者在此不可能(亦无必要)完整地介绍康德对于目的论的看法。为了说明康德历史哲学之特色,笔者仅就相关的论点作一提要。

首先要指出:康德将目的论原则视为一个形而上学原则,也就是说,它不能借经验去证明,亦不虞为经验所否定。借用逻辑经验论者底术语来说,它不具有“可检证性”(verifiability)。逻辑经验论者将“可检证性”视为科学命题底意义判准,康德不会反对。但是逻辑经验论者将不具有“可检证性”的形而上学命题视为无意义(至少是无认知意义),康德却在若干形而上学原则中看出它们对于科学研究的意义。在《纯粹理性批判》底《先验辩证论》之“附录”中,康德列举了若干这类的形而上学原则,例如“同质性原则”、

21 波普尔所谓的“历史预定论”是指对于社会科学的一种特殊看法,即是认为:社会科学底主要目标在于历史预测,而社会科学家可以借着发现历史发展底节奏、类型、法则或趋势来达到这项目标。他将马克思、史本格勒底历史哲学都看成一种“历史预定论”。请参阅其 *The Poverty of Historicism*, London: Routledge & Kegan Paul 1960。

22 参阅 Landgrebe:“Die Geschichte im Denken Kants”, *Studium Generale*, 7. Jg.(1954), S. 537f.; 亦见其 *Phänomenologie und Geschicht*, S. 52ff.。

“分殊性原则”、“连续性原则”[23]，还有“目的论法则”[24]。

一般而论，自然科学底解释是从机械论底观点出发，根据机械的因果法则来进行。但是康德指出：在自然世界中有一类事物，其存在与形式无法从机械论底观点得到充分的说明，这便是有机物。为了理解有机物，我们必须引进目的论底观点，根据目的因底法则，将它们视为“自然目的”(Naturzweck)。依康德底看法，“自然目的”包含两项特性：(1) 就其存在和形式而言，其部分仅通过它对全体的关系始成为可能；(2) 在形式方面，其各个部分互为因果，因而形成一个统一的整体[25]。但如果机械论与目的论底观点在自然探究中均不可或缺，目的论原则之介入岂非意谓对机械论观点的限制甚至否定，因而形成一种理论上的“背反”(Antinomie)？康德认为：这种背反并非不可化解，因为只要我们借批判工作厘清两者之分际，就可以使它们在理论上不构成矛盾。用康德自己的术语来说，在自然探究中，我们不可将目的论原则当做“决定判断力底构造原则”(konstitutive Prinzipien für die bestimmende Urteilskraft)，而只能当做“反省判断力底规制原则”(regulative Prinzipien für die reflektierende Urteilskraft) 来使用[26]。用通俗的语言来说，目的论原则并不是一项客观原则，能使我们的知识扩展到经验对象之外，而只是一项主观原则，能引导我们适当地运用我们的认知能力，对某类自然对象加以反省。根据目的

23 参阅 *Kritik der reinen Vernunft*（以下简称 *KrV*），hrsg. von Raymund Schmidt（Hamburg: Meiner 1976），A656ff./B684ff.（A = 1781 年第一版；B = 1787 年第二版）

24 同上书，A686f./B714f.; 参阅 A698ff./B726ff.。

25 *KU, KGS*, Bd. 5, § 65, S. 373.

26 参阅 *KU, KGS*, § § 70f.。

论原则，我们可以将整个自然界视为一个依目的因底法则而形成的系统。可是这个系统底概念只是一个理念，其客观实在性无法在知识上得到证明。

然而，将机械论底观点与目的论底观点加以区隔，并非意谓两者各不相干，因为人类底理性基于其“建筑学的兴趣”，必然要求两者之统一[27]。康德进而指出：这两种观点并非在对列关系中，而是在隶属关系中统一起来；更明确地说，目的论底观点将机械论底观点统摄于其下[28]。但是，这样难道不会模糊自然科学与形而上学之分际，而造成两者之混淆吗？康德认为不会，因为我们在此系将目的论原则当做自然科学底“外来原则”（auswärtiges Prinzip; principium peregrinum），而非“内属原则”（einheimisches Prinzip; principium domesticum）引入其中。顾名思义，一门学问底“内属原则”是在这门学问底系统内部的原则，而其“外来原则”则是自其系统之外引进的原则。康德解释道：“包含外来原则的学问以辅助定理作为其学说底根据，也就是说，它们从另一门学问借取某个概念，并且连带地借取安排其学说的根据。”[29] 换言之，自然科学家（例如，生物学家）在解释有机体底存在与活动时，有必要从形而上学中借取目的论原则作为其说明根据，并且为机械论的解释在整个解释系统中加以定位。在这种情况下，目的论原则固然主导了自然科学底研究，但并不取代机械论底观点，故不会造成形而上学与自然科学这两个领域及其原则之混淆。

---

27 关于人类理性之“建筑学的兴趣”（architektonisches Interesse），请参阅 *KrV*, A474/B502。

28 参阅 *KU*, *KGS*, §§ 78—81。

29 同上书，§68, S. 381。

当我们根据目的论底观点将有机体理解为自然目的时，我们系根据“内在合目的性”（innere Zweckmäßigkeit）底原则来理解它们。这个原则可以表达为：“在自然底有机产物内部，所有的东西均是互为目的和工具。”[30] 举例来说，人体中的每个器官既可说是为了其他器官而存在，其他器官亦可说是为了它而存在，其间存在着互为目的和工具的关系，最后共同达成维持和延续整个人体的目的。如果我们进一步将目的论底观点扩展到整个自然界（包括有机物和无机物）时，我们便可采取“外在合目的性”（äußere Zweckmäßigkeit）底原则来理解自然物底外在关系[31]。譬如，现代生物学中“食物链”底概念便是这项原则之应用。在整个自然界中，只有人“能够形成一个‘目的’概念，并且凭其理性为一群以合乎目的的方式产生的事物形成一个目的系统”，故我们可视之为自然底“最后目的”（der letzte Zweck）[32]。康德在另外一处也将文化视为自然底“最后目的”，其义并无不同，因为对他而言，“促使一个有理性者适合于达到任何目的（因而在其自由中），便是**文化**”。[33] 总而言之，康德系就人创造文化的能力，将人视为自然底“最后目的”。

至此，我们对于目的论原则的运用并未超出自然界，因此仍然停留在“自然目的论”（physische Teleologie）底范围内。然而，自然目的论底解释具有一种假设性格，或者说，具有相对性。即使就作为“最后目的”的人而言，我们也能在某方面将他视为自

30　同上书，§66, S. 376。

31　同上书，§82。

32　参阅 *KU*, *KGS*, §82, S. 426f.。

33　同上书，§83, S. 431。

然底工具，譬如，就他杀戮动物的行为，将他视为自然为其本身的生产力量和毁灭力量谋取某种平衡的工具[34]。这显示出，自然目的论本身不能自我证成，而需要有进一步的依据。因为当我们采取自然目的论底原则，将人视为自然底最后目的时，这个“最后目的”底概念已预设一个“终极目的”（Endzweck）底概念。根据康德底解释，“**终极目的**是这样的目的：它不需要以其他目的作为其可能性底条件”。[35]换言之，“终极目的”是无条件的目的。既然现象界中的一切事物都在因果系列中，因而都是有条件的，故“终极目的”不能存在于自然界(作为现象底总合)之中[36]。故康德指出：只有“被视为理体(Noumenon)的人”才是这个“终极目的”[37]。“理体”在此可当做“物自身”底同义词。作为“物自身”的人即是作为“道德底主体”的人，并且是一个禀有自由的有理性者[38]。由此我们便进至“道德目的论”（moralische Teleologie）。因此，“自然目的论”必须以“道德目的论”为依据。

IV

在对康德底目的论思想作了以上的概述之后，现在我们可以回到其“历史”概念上。其《普遍历史之理念》一文包含九条定理，可说是其历史哲学底提纲。其第一条定理便是：“**一个受造物底所**

34 同上书，§82, S. 427。
35 同上书，§84, S. 434。
36 同上书，§84, S. 435。
37 同上注。
38 同上注。

有自然禀赋均注定有朝一日会有完全且合乎目的的开展。”[39] 这条定理基本上只是自然史底原则。当康德进一步将这项原则应用到自然界中的一种特殊的受造物——人类——上面时，他才确立了人类史底原则；这便是第二条定理：**“在人**（作为地球上唯一有理性的受造物）**身上，为其理性之运用而设的自然禀赋只会在种属之中、而非在个体之中得到完全的发展。”** [40] 根据这项原则，我们可将人类史理解为人类理性底发展过程，而人类理性之充分发展即是人类史底目标。康德在第八条定律中明确地指出这个目标：

> 我们可将人类底历史在大体上视为自然底一项隐藏的计划之履行，此计划即是在国家之内实施一部完美的宪法，而且**为此目的**，在国家之外也实施一部完美的宪法——唯有在这种状态中，自然始能完全发展人底一切自然禀赋。[41]

根据康德后来在《论永久和平》一书中的解释，所谓“在国家之内实施一部完美的宪法”，即是在每个国家之内实施一部共和制的宪法[42]。但纵使每个国家都实施了共和制的宪法，如果国际关系仍处于无法律规范的自然状态——在康德看来，这并无异于战

---

39 “G. i. Weltbürg. Abs.”，*KGS*, Bd. 8, S. 18. 在《道德底形而上学之基础》一书中，康德已提出了类似的定理：“在一个有机的（亦即依生命底目的而被设计的）存有者底自然禀赋中我们假定一项原理：在这个存有者中的任何一个目的，除了最适合此目的且与之最相宜的器官外，不会有任何器官。”（*KGS*, Bd. 4, S. 395）

40 “G. i. weltbürg. Abs.”，*KGS*, Bd. 8, S. 18.

41 同上书，S. 27。

42 参阅 *Zum ewigen Frieden*, *KGS*, Bd. 8, S. 349ff.。

争状态[43]——中，人类理性依然未得到充分发展。故理性之进一步发展必然要求“在国家之外也实施一部完美的宪法”，亦即在联邦主义底基础上建立一个国际联盟[44]。这就是所谓的“永久和平”。在“永久和平”底状态中，国家并未消失，而是在一个合理的国际秩序中共存。因为在他看来，国家就像个人一样具有人格，因此才能作为权利底主体[45]。反之，在马克思所期待的共产主义社会里，国家已不复存在。相形之下，康德底“永久和平”理念显然较为实际。

要正确地把握乃至评价康德底历史哲学，我们必须理解“永久和平”这个理念底双重性格，这就是说：它一方面提供我们一个理解人类史的观点，因而具有解释的功能；另一方面，它又为人类指出一个奋斗底目标，或者说，必须履行的义务，因而具有规范的功能。康德在《普遍历史之理念》一文中的第九条定理明确地指出了它的解释功能：“**按照自然底一项计划——它是以人类当中完美的公民联盟为目标——去探讨普遍的世界史之一项哲学性尝试必须被视为可能的**〔……〕”[46]在《论永久和平》一书中，他又赋予“永久和平”底理念一项规范意义：

> 如果使公法底状态实现（尽管是在无穷的进步中接近之）是一项义务，而且我们也有理由期望其实现，那么随着至今被误称的和约缔结（其实是停火）而来的**永久和平**并非空洞

43 同上书，S. 348f.。
44 同上书，S. 354ff.。
45 同上书，S. 344。
46 *KGS*, Bd. 8, S. 29.

的理念，而是一项任务——这项任务逐渐得到解决时，便不断接近其目标，因为产生同等进步的时间可望会越来越短。[47]

但是“永久和平”底这两项功能很容易被误解，需要进一步的说明。

就“永久和平”底规范功能而言，康德固然将追求永久和平视为人类底一项“义务”，但是我们必须知道：这项义务并非严格意义的道德义务。它与道德义务不同之处有以下几点：第一，它只要求行为之合法性（Legalität），而不要求其道德性（Moralität）。第二，它的实现并非直接依靠道德动机底力量，反倒是从人底自然本能得到更大的助力。第三，它并非像道德理念（如“最高善”）那样，在现实世界中永远无法实现，而是具有历史的可能性。这三点特征构成它的“历史性”，因而有别于道德义务；因为在康德底哲学系统中，“道德”是非历史的，或者说，超历史的。

就第一点特征而言，“永久和平”底理念固然出于实践理性之要求，但它仅涉及法权关系之合理性[48]，亦即人类行为底外在关系之合法性。依照康德底看法，永久和平之达成和保障一方面依靠“在最热烈的竞争中所有力量底平衡”，另一方面依靠人类互利的动机，即“商业精神”[49]。因此，在永久和平底状态中的国际关系类似于在一个共和制宪法保障下的人际关系。康德指出：为了实施共和制的宪法，并不需要每个人成为一个道德上的好人，而只需要成为

47　*KGS*, Bd. 8, S. 386.

48　德文中的 Recht 一词包含权利、法律、正当、公道诸义，在中文里很难找到相当或相近的词汇来翻译此词。但由于这些涵义之间的关联构成康德法哲学底基本特性，我们不得不特别为它创造一个中文词汇。因此，笔者依大陆学界之习惯以“法权”一词来翻译此词。

49　参阅 *Zum ewigen Frieden, KGS*, Bd. 8, S. 367f.。

一个好公民[50]。同样的，为了保证永久和平，并不需要每个国家放弃对利益的追求。在《重提的问题》一文中，康德针对自设的问题“趋向于更佳的境地会为人类带来什么收获？”回答道：

> 并非存心中的**道德性**在分量上的不断增长，而是这种存心在合乎义务的行为中之**合法性**底产物之增加（不论这些行为是由什么动机所引发）。这就是说，人类向更佳的境地而趋之努力底收获（成果）只能置于人类底善良**行动**（这种行动终究会越来越多，而且越来越好）之中，因而置于人类底道德特质之事相（Phänomenen）之中。[51]

这使得“永久和平”底理念较少乌托邦底色彩。

就第二点特征而言，康德并不否认永久和平之实现有赖于人底“道德禀赋”[52]，但由于这种道德禀赋即是实践理性本身，故在人底理性力量得到充分发展之前，他必须有其他的辅助力量。在《普遍历史之理念》一文中，他把这种辅助力量称为“非社会的社会性”（ungesellige Geselligkeit），亦即人底自然禀赋在社会中的对抗[53]；换言之，这是指人底自然欲望在社会生活中所造成的冲突。康德在这种冲突中看出积极的意义，即是：它们可以激发人类理性底潜能，使之得到进一步的发展。黑格尔历史哲学中所谓的“理性底诡诈”（List der Vernunft）正是脱胎于此。表面看来，这种说法似乎与康

50 同上书，S. 366。

51 *KGS*, Bd. 7, S. 91.

52 参阅 *Zum ewigen Frieden, KGS*, Bd. 8, S. 355。

53 *KGS*, Bd. 8, S. 20.

德在伦理学中所强调的"实践理性底自律"相矛盾；实则不然。因为"实践理性底自律"意谓：实践理性除了它自己所制定的法则之外，不受任何其他法则之制约；换个较通俗的说法，便是实践理性之自作主宰。但这并不涵蕴：实践理性作为一种能力，就不需要发展。进而言之，"实践理性需要发展"这个命题亦不排除这种发展从其他来源取得助缘的可能性。李泽厚认为：康德底历史观点与其形式主义的道德理论之间有很大的距离[54]，正是由于不了解上述的道理。

再就第三点特征而言，康德并不否认追求永久和平之实现是一项艰难的任务。他甚至将达到永久和平底预备阶段——在国内建立一套完美的公民宪法——都视为"最困难且最后为人类所解决的问题"[55]。在其理性乐观主义之外表下隐含着他对人类底劣根性的深刻洞识，这便是他的"根本恶"（das radikale Böse）之说[56]。但对他而言，永久和平并非一个虚悬于人类底历史视野之外的乌托邦。我们若以"最高善"底理念和"永久和平"底理念作个对照，此义便甚为显豁。对他而言，"最高善"——幸福与道德之一致——是任何人在其有生之年都无法企及的"彼岸"，人类只能在无限的历程中努力接近它；而为了保证这项目标不致落空，人类理性必须接受"灵魂不灭"之设准（Postulat）[57]。反之，"永久和平"并非人类永无法企及的"彼岸"，而有可能透过世世代代的努力，在其

54　李泽厚：《批判哲学的批判——康德述评》（台北：三民书局，1996 年），页 367。

55　"G. i. weltbürg. Abs.", *KGS*, Bd. 8, S. 23.

56　请参阅拙作：《康德的"根本恶"说——兼与孟子的性善说相比较》，收入拙著：《康德伦理学与孟子道德思考之重建》（台北：中研院中国文哲研究所，1994 年）。

57　参阅 *Kritik der praktischen Vernunft, KGS*, Bd. 5, S. 122—124。

历史远景中逐渐浮现。康德在《普遍历史之理念》中谈到人类理性之发展时写道：

> 〔……〕令人惊讶的是：先前的世代似乎只是为了以后的世代而从事辛苦的工作，以便为他们准备好一个阶段，使他们能从这里将自然视为目标的建筑物建得更高；然而，唯有最后的世代才会有福分住在这座建筑物中，而他们的众多祖先虽曾为这座建筑物工作过（当然是无意地），本身却无法分享自己所准备的福分。然而，不论这点是多么难以理解，它同时却是必然的——只要我们假定：有一个动物底种属具有理性，而且就他们属于一概会死亡，而其种属却不会死亡的有理性者而言，仍可达到他们的禀赋之圆满发展。[58]

人类理性发展到圆满之际，即是永久和平降临人间之时！

进而言"永久和平"之解释功能。如上文所述，康德所期望的人类史是关于未来的"预测的人类史"。但这种人类史并不是要提供客观的法则、规律或趋向，借以预测人类底未来。康德断然否定人类史底这种预测功能。他在《论永久和平》一书中谈到商业精神对人类史的积极作用时，清楚地表示：

> 依此方式，自然透过在人类底爱好本身中的机械作用来保证永久和平——当然，带有一种担保，这种担保并不足以（在理论上）**预言**永久和平之未来，但是在实践方面却是足够的，

---

58 *KGS*, Bd. 8, S. 20.

> 并且使我们有义务努力去达成这项（不只是空想的）目的。[59]

在另一方面，这种人类史也有别于西方自中世纪以来所盛行的“历史神学”（Geschichtstheologie）；后者将人类史视为一部救赎史（Heilsgeschichte），其最有名的例子是奥古斯丁底《上帝之城》（*Civitas Dei*）。康德在《普遍历史之理念》一文中写道：

> 想要按照“如果世事应当合于某些理性的目的，它必然如何进行”这个理念去撰写一部**历史**，这的确是一个奇怪的而且从表面看来荒谬的计划；由这样一种意图似乎只能产生一部**小说**。[60]

其实就某个意义而言，这段话也可批评黑格尔底历史哲学。

然则，康德赋予历史的解释功能何在呢？我们最好还是看看他自己的说明。他在《普遍历史之理念》一文中写道：

> 如果我们可以假定：甚至在人类自由底活动中，自然底运行亦非没有计划和终极目标，那么这个理念就会变得有用。再者，尽管我们所见太浅短，而无法看透自然底策划之秘密的必然过程，这个理念却可以供我们作为线索，将人类行为底一个**集合**（它在其他情况下是无计划的）至少在大体上呈现为一个**系统**。[61]

59 同上书，S. 368。
60 同上书，S. 29。
61 同上注。

因此，历史底解释功能在于提供我们理解人类底自由行为的先天线索。因为只要人类是有理性的行动者，也就是说，能依其目的而行动，我们就有理由假定：在人类史中可以发现某种条理，人类底行为不尽是盲动。借助于这条线索之引导，我们可以理解人类过去的各种活动之意义，并且将它联系到我们的未来，作为我们未来的行为之指引。

康德赋予历史的这种解释功能包含一项极其重要的涵义：历史仅存在于历史意识之中，故唯有已启蒙的民族才有历史可言。在《普遍历史之理念》一文中，他清楚地表示了这种看法：

> 如果我们从**希腊**史——经由这部历史，其他一切更古老的或同时代的历史已被保存给我们，至少必须经由它得到确证——开始；又如果我们探索希腊史对于并吞希腊国家的**罗马**民族底政治体之形态与变形所产生的影响，以及罗马民族对于转而消灭他们自己的**蛮族**所产生的影响，直到我们的时代为止；再者，如果其他民族底国家史（当关于它们的知识正是经由这些已启蒙的国族逐渐传给我们时）**像插曲一样**添加进来，那么，我们将在我们的大陆（它日后或许会为其他所有的大陆立法）上发现宪法改良底一个有规律的进程。[62]

由此又可以引申出进一步的涵义：单凭史料并不足以构成历史，只有通过历史意识之反省，史料才有意义。故康德说：

62 *KGS*, S.29.

> 唯有从开头就不间断地延续到我们今天的一群**有知识的公众**才能确证古史。在此之外，一切均是未知的领域（terra incognita）；而生活在这群公众以外的民族底历史只能从他们加入其中的时候开始。就**犹太**民族来说，历史在托勒密王朝底时代、经由希腊文圣经底翻译而开始；若无这种翻译，我们将很难相信他们的**孤立**讯息。从此时（在这个开端已先恰当地被考查出来之时）起，我们才能回头探究他们的叙述。对其余所有的民族来说，也是如此。[63]

康德在《答“何谓启蒙？”之问题》一文中将“理性之公开运用”视为“启蒙”之必要条件，所谓“理性之公开运用”则是指“某人**以学者底身份**面对**读者世界**底全体公众就其理性所作的运用”[64]。在他看来，如果一个民族已拥有“一群有知识的公众”，亦即一个开放的知识阶层，这就表示这个民族已经启蒙了。因此，有些民族即使已有历史记载，但只要其文化尚未成熟到足以形成明确的历史意识（这又以道德意识之成熟为先决条件），严格而论，他们尚未进入历史世界。他们唯有通过其他已启蒙的民族，才能进入历史世界。

如上一节所述，康德就人创造文化的能力，将人视为自然底“最后目的”。对他而言，历史意识是文化发展底结果。在“自然”与“文化”这一组对比性概念中，历史无疑属于“文化”底概念。加拿大学者法肯海姆（Emil L. Fackenheim）认为：康德似乎不得不将

---

63 同上书，S. 29 Anm.。

64 参阅“Beantwortung der Frage: Was ist Aufklärung?”，*KGS*, Bd. 8, S. 36f.。

历史归诸自然底一部分，显然是误解[65]。在康德底历史哲学中，作为历史底主体的人正是作为自然底“最后目的”的人。因此，他的历史哲学不属于纯粹的道德哲学（即“道德底形而上学”），亦不属于自然哲学，而是如黎德尔所言，属于“道德哲学底经验部分”或“应用的实践哲学之一章”[66]。

V

最后，笔者想说明康德底历史哲学与史学（Geschichtswissenschaft）之关系，借以显示前者对于史学研究的意义。康德在《普遍历史之理念》一文底结尾语重心长地写道：

> 若说我想以世界史底这个理念（它在某个程度内有一条**先天的**线索）来排斥就本义而言的、纯**以经验方式**撰写的历史之编纂，乃是误解了我的意图。这只是对于一个哲学头脑（他必定也十分通晓历史）还能从另一项观点去尝试的工作之一

---

65 Emil L. Fackenheim: “Kant’s Concept of History”, *Kant-Studien*, Bd. 48（1956/57）, S. 384；亦见其 *The God Within: Kant, Schelling, and Historicity*（Toronto: University of Toronto Press 1996）, p. 36。

66 Manfred Riedel: “Geschichtstheologie, Geschichtsideologie, Geschichtsphilosophie. Untersuchungen zum Ursprung und zur Systematik einer kritischen Theorie der Geschichte bei Kant”, *Philosophische Perspektiven*, Bd. 5（1973）, S. 214 & 222. 作者此文系由另外两篇论文改写而成，故同样的看法亦见于其中，此处不俱引。这两篇论文分别为：

1）“Geschichte als Aufklärung. Kants Geschichtsphilosophie und die Grundlagenkrise der Historiographie”. *Neue Rundschau*, 84. Jg.（1973）, S. 289-308.

2）“Einletung” zu *Immanuel Kant: Schriften zur Geschichtsphilosophie*（Stuttgart: Reclam 1985）, S. 3-20.

> 个想法而已。此外，人们在撰写其当代史时的烦琐通常是值得称道的，但必定会使每个人不由地怀疑：我们的后代子孙将如何着手去把握我们在若干世纪后可能遗留给他们的历史重担？毫无疑问，他们将仅从使他们感兴趣的事情——亦即，各民族和政府在世界公民底观点下已达到的成就或已造成的损害——底观点来评断可能早已无文献可征的远古历史。[67]

所谓“就本义而言的、纯以经验方式撰写的历史”是指实证史学，包括史料搜集、辨伪、考证、统计等工作。我们要注意，康德在这里使用的字眼是 Historie，非 Geschichte，正好符合他在《目的论原则》一文中所作的区分。他无意以历史哲学来取代一般史学家底基本工作，正如他无意以形而上学来取代自然科学家底研究一样。但在另一方面，他再度强调历史与史料之分别，强调历史观点对于史学研究的重要性。如果史学家仅留给后世一堆史料，而不能根据人类理性底兴趣（其中最基本的是道德的兴趣）赋予它们以意义，它们也不过是一堆“断烂朝报”而已。

余英时先生曾在《中国史学的现阶段：反省与发展》一文中分别评论中国现代史学发展中影响最大的两派——“史料学派”和“史观学派”[68]。所谓“史料学派”，他虽未明言何所指，但显然是以胡适、傅斯年为主要代表，因为前者主张“以科学方法整理国故”，后者主张“史学即是史料学”。自 1949 年中国大陆易帜后，这个学派凭借其在台湾大学和“中研院”的领导地位，几乎全面

---

67 *KGS*, Bd. 8, S. 30f.

68 此文收入其《史学与传统》（台北：时报文化出版公司，1982 年）一书中。

主导了台湾的史学研究。所谓“史观学派”，他主要是指以马克思底历史唯物论为指导原则的史学家。众所周知，在 1949 年之后，这个学派也全面主导了中国大陆的史学研究，而发展成中国大陆独有的“影射史学”。这两派各趋极端，相互攻讦，如水火之不兼容。

从“史料学派”底观点看来，马克思底历史唯物论脱胎于黑格尔，而溯源于康德。因此，康德底历史哲学很自然地被归于对立的一方，而加以抹杀。对西方学者而言，康德底历史哲学与黑格尔、马克思底历史哲学间也有太多表面的类似点（例如，以目的论为基础，预言历史底进步，承认历史有规律），他们因厌恶黑格尔、马克思底历史哲学，而连同康德底历史哲学亦一并加以抹杀。但是从“史观学派”底观点看来，康德底历史哲学并不成熟，它只是过渡到黑格尔乃至马克思底历史哲学的桥梁，终究要被后者所扬弃[69]。在西方学者当中，持此论者亦不乏其人[70]。因此，康德历史哲学之不受重视，实非偶然。

在笔者看来这种情形不但对康德极不公平，也是我们的重大损失。康德底历史哲学经常遭受到的批评是：它无法克服理性与自然之背反，或者不如说，道德与历史、实然与应然之背反[71]。这项背反之克服被视为黑格尔乃至马克思底历史哲学重要贡献。但是从黑格尔经过改头换面的历史神学发展成马克思底历史决定论，而引起波普尔、伯林（Isaiah Berlin）等人底强烈批评[72]看来，这种

69 李泽厚显然持这种看法。请参阅其《批判哲学的批判——康德述评》，页 430—443。

70 以色列学者优威尔（Yirmiahu Yovel）是其中一例。请参阅其 *Kant and the Philosophy of History*（Princeton: Princeton University Press 1980）, pp. 300-306。

71 参阅同上书，pp. 298-300。

72 伯林对于黑格尔和马克思底历史目的论的批评主要见诸其 *Four Essays on Liberty*（Oxford: Oxford University Press 1969）一书，尤其是第二章“Historical Inevitability”。

发展恐怕反而是历史哲学之不幸。当代英、美学者主张以“批判的（critical）历史哲学”来取代“思辨的（speculative）历史哲学”，主要也是肇因于此一不幸的发展。

如果我们换个角度来看康德底历史哲学，则存在于道德与历史、实然与应然之间的背反正好是其整个历史哲学之支撑点，而非有待克服的缺点。我们切莫忘记：康德是从人类底有限观点、而非从上帝底无限观点来理解“历史”。在这种意义的“历史”中，实然与应然之间必然存在着一种张力。这种张力反映出作为历史底主体的人之现实情境与应有分位，而其消失意谓历史之终结。正如康德底知识论是要说明人类底知识，其历史哲学也要说明人类底历史。严守人类理性底界限与分位，不妄求，不僭越，不增益，不减损，这是批判哲学之基本精神。

对于史学家底研究工作而言，康德底历史哲学亦严守其应有的界限与分位，而无意越俎代庖。因此，康德不会接受黑格尔底“历史神学”，也不会接受马克思底“历史意识形态”（Geschichtsideologie），更不会同意“影射史学”之泛滥越位。史学家在其大部分研究工作中，或许不必理会历史哲学底问题。但是当他们涉及历史底意义问题时，康德底历史哲学便提供了一个极佳的思考角度。这个角度并非任意拣选的，而是根植于人类理性底兴趣。在这种意义之下，笔者同意黎德尔底看法，将康德底历史哲学理解为“历史编纂之批判”，进而理解为“历史非理性之批判”（不是“历史理性之批判”！）[73]。最后，笔者还要借用他的

73 Manfred Riedel: “Geschichtstheologie, Geschichtsideologie, Geschichtsphilosophie”, a.a.O., S. 224.

一段话，作为本文之结论：

> 在赫德尔与康德之争论中，论据较弱的一方得胜，这已经以某种方式成为德国历史学之灾难。赫德尔底历史哲学预期十九世纪以还用来顶替形而上学的那种“历史的世界观”，它预期历史主义（Historismus）。康德底历史哲学涉及史学底道德基础、人对其过去的一种批判的、知其所限的关系底问题，以及在历史中一般性陈述与个别性情境描述底关系之基本的方法论问题。在黑格尔之笼罩下，作为历史哲学家的康德被哲学家所遗忘；在兰克之影响下，他被史学家所遗忘——迈内克（Friedrich Meinecke）这位历史主义底历史编纂者事后将康德底“历史”概念归诸一种自赫德尔以来已被淘汰的、前现代的思考方式，而使得这种遗忘无所愧疚。〔……〕狄尔泰在尝试为人文学（Geisteswissenschaften）奠定基础时，并未取法于康德，而是取法于赫德尔底学生许莱尔马赫（Schleiermacher）和兰克；新康德学派则取法于“科学底事实”。重新理解赫德尔与康德之争论中的文献，并且根据本文对原先的若干成见之修正，检讨有关其后续影响的判断，现在正是时候了！[74]

74 同上书，S. 226。狄尔泰认为康德底批判哲学无法处理历史底问题，因而计划撰写一部“历史理性之批判”。业师施密特教授指出：狄尔泰在此弄错了问题之重点，他应当撰写的不是“历史理性之批判”，而是“历史判断力之批判”。请参阅 Gerhart Schmidt: “Kausalität oder Substantialität? Zu Hegels Ontologie der Geschichte”, in: Hans-Christian Lucas/Guy Planty-Bonjou（Hg.）, *Logik und Geschichte in Hegels System*（Stuttgart-Bad Cannstatt: Frommann-Holzboog 1989）, S. 148-151。

凡例

一、本译本以普鲁士皇家科学院版《康德全集》为依据，边页上所附的号码代表此一版本之页码。

二、德文本中为强调而疏排或以粗体排印者，中译本一律以黑体排出；德文本于疏排中又以粗体排印者，中译本改以细圆体排印。

三、康德之原注以细明体排印，不加任何标示。译者所加之注释则标以【译注】。译者为原注所加之说明则标以【译者按】。正文及原注中译者所增补之字句，一概以〔〕标示之。

四、《人名索引》及《概念索引》均依据中译本之页码而编。

五、为求译文之严谨起见，译者依1910及1920年代之习惯，将“的”字用作形容词词尾，而以“底”字作为所有格语助词，以“地”字作为副词词尾；有时亦用“之”字作为所有格语助词，义同“底”字。但所有格代名词（如“你的”、“我的”）用“的”字，而不用“底”字。

康德著作缩写表

KGS = *Kants Gesammelte Schriften*（Akademieausgabe）.

G. i. weltbürg. Abs. = Idee zu einer allgemeinen Geschichte in weltbürgerlicher Absicht.

MS = *Metaphysik der Sitten*.

KrV = *Kritik der reinen Vernunft*. A = 1781 年第一版；B = 1787 年第二版。

KpV = *Kritik der praktischen Vernunft.*

KU = *Kritik der Urteilskraft.*

GMS = *Grundlegung zur Metaphysik der Sitten.*

Rel. = *Religion innerhalb der Grenzen der bloßen Vernunft.*

Prol. = *Prolegomena zu einer jeden künftigen Metaphysik, die als Wissenschaft wird auftreten können.*

目 录

康德历史哲学论文集

（修订版）

在世界公民底观点下的普遍历史之理念[1]

译者识

在《哥达学报》(*Gothaische Gelehrte Zeitungen*)第12期(1784年2月11日出刊)底《简讯》中有一节提到：宫廷牧师长苏尔泽(Schulze)正致力于以通俗的文笔改写康德底《纯粹理性批判》，使它能为大众所理解。在同一节底另一处则出现以下的文字："康德教授先生所喜爱的一个理念是：人类之终极目的是达到最完美的宪章；而且他期望：一位哲学的历史学家愿意着手从这项观点为我们提供一部人类史，并且揭示，人在不同的时代已接近或离开这个终极目的到什么地步？再者，为达到这项目的，还有什么事要做？"正如康德在本文标题底注解中所提到，他是特地针对这段文字所提出

1 在今年《哥达学报》第12期底《简讯》中有一段文字，无疑是摘自我与一位过访学者间的谈话。这使我不得不写这篇阐释。如果没有这篇阐释，那段文字就不会有可以理解的意义。

的问题而撰写本文。本文最初发表于《柏林月刊》(*Berlinische Monatsschrift*)第4卷第11期(1784年11月出刊)。本译文系根据普鲁士皇家科学院底《康德全集》译出(第8册,页15—31)。

"普遍历史"即是allgemeine Geschichte,亦可写作Universalhistorie, Universalgeschichte或historia universalis。此词可上溯至十四世纪初,后来逐渐与"世界史"(Weltgeschichte/ Welthistorie/ historia mundi)一词混用,到十八世纪才在欧洲(尤其是德国)思想界流行。大体而言,"普遍历史"试图超越地域与时代之不同,将人类在地球上的各种活动当做一个整体来探讨。对康德而言,"普遍历史"有别于建立在经验基础上的历史研究,是要根据一个先天的理念来理解人类历史;它是一种"引导的学问"(Leitwissenschaft),可以统摄各种特殊的历史。关于此词底演变,请参阅Otto Brunner, Werner Conze & Reinhart Kosellek(Hg.): *Geschichtliche Grundbegriffe*(Stuttgart: Ernst Klett, 1972), Bd. 2, S. 686-691。

无论我们在形而上学方面为**意志底自由**形成怎样的一个概念， 17
意志底**现象**（即人类底行为）正如其他一切自然事件一样，仍然按照普遍的自然法则而被决定。历史以记述这些现象为务，而无论这些现象底原因隐藏得多么深，历史仍可使人期望：当它在**大体上**考察人类意志底自由之活动时，它能发现这种自由底一个有规则的进程；而且在这种方式下，就个别主体看来是杂乱无章的事物，就人类全体而言，将可被认为其原始禀赋之一种虽然缓慢、但却不断前进的发展。因此，婚姻、随之而来的出生，以及死亡——在此，人底自由意志对它们有极大的影响——似乎不受制于任何规则，而根据这种规则我们才能靠计算事先决定它们的数目；但是各大国关于它们的年度报表却证明：它们系按照恒定的自然法则而发生，正如极不稳定的气候一样——我们虽然无法事先个别地决定气候之形成，但在大体上，气候却不会不将植物之生长、河川之流动，以及自然底其他安排维持在一个齐一的持续进程中。个别的人甚至整个民族都很少想到：当他们都按照各自的心意，而且往往相互掣肘地追求他们自己的目标时，他们不知不觉地朝着他们自己所不知道的自然目标，以之作为一项引导而前进，并且为促成这项目标而努力。即使他们知道了这项目标，他们也很少将它放在心上。

既然在大体上，人在其努力当中不仅是像动物那样，依本能行事，也不像有理性的世界公民那样，按照一个约定的计划行事，那么，他们似乎也不可能有任何合乎计划的历史（譬如像蜜蜂或海狸底历史）。当我们见到人在世界底大舞台上的所作所为，又尽
管在个人身上有偶而闪现的智慧，但我们终究发现：在大体上， 18
这一切均由愚蠢、幼稚的虚荣甚至往往由幼稚的恶意和毁灭欲交

织而成之时，我们禁不住会有某种不满。在此，我们终究不明白：对于我们这个如此以其优越性自负的种属，我们该形成怎样的一个概念。在此，哲学家底唯一办法是：既然在大体上，他根本无法在人及其活动当中预设任何理性的**个人目标**，他便探讨他是能否在人类事务底这个荒谬的过程中发现一项**自然目的**——根据这项目的，不按个人计划行事的受造物却可能有一部合乎自然[2]底一项特定计划的历史。我们想知道，我们是否会成功地发现这样一部历史之一条线索，然后任由自然去产生有能力依此线索撰写这部历史的人。自然便产生了一位**开普勒**[3]，他以一种出人意表的方式使行星底离心轨道依从于确定的法则。自然也产生了一位**牛顿**，他以一项普遍的自然原因去解释这些法则。

第一定律

一个受造物底所有自然禀赋均注定有朝一日会有完全且合乎目的的开展。在所有动物身上，外在及内在的剖析性观察均证实这点。在目的论的自然论中，一个不可使用的器官，一项达不到

---

2 【译注】在康德底用法中，“自然”（Natur）一词有多重涵义。此词在康德底著作中至少有四种涵义：(1) 指受机械法则制约的经验对象之总合，即实质意义的“自然”；(2) 指“事物底存在，就这种存在按照普遍法则被决定而言”（*Prol., KGS,* Bd. 4, S. 294, §14; *GMS, KGS,* Bd. 4, S. 421），即形式意义的“自然”；(3) 指人类在进入有法律秩序的文明状态以前的原初状态，如“自然状态”（Naturzustand）一词之所示；(4) 指在目的论观点下有计划、有目的的“自然”，即下文第九定律中所谓的“神意”（Vorsehung）。本文中所谈的“自然”主要是就第四种涵义而言。请参阅 Klaus Weyand: *Kants Geschichtsphilosophie. Ihre Entwicklung und ihr Verhältnis zur Aufklärung*, S. 59f.。

3 【译注】开普勒（Johennes Keple，1571—1630）为德国天文学家。他发现行星运动底定律，即所谓“开普勒定律”。

目的的安排是一种矛盾。因为如果我们放弃这项原理，我们便不再有一个合乎法则的自然界，而只有一个无目的地活动的自然界，而且无可指望的机运取代了理性底引导。

第二定律

在人（作为地球上唯一有理性的受造物）**身上，为其理性之运用而设的自然禀赋只会在种属之中而非在个体之中得到完全的发展**。一个受造物底理性是一种将其所有力量底运用之规则和目标扩展到远远超出自然本能之外的能力，而且不知它自己的规 19
划有任何界限。但是这种理性本身并非依本能而作用，而是需要尝试、练习和教导，才能逐步由一个理解阶段进至另一个理解阶段。因此，每个人必须有无限长的生命，才能学得如何完全地运用其全部自然禀赋。否则，如果自然仅为他规定了短暂的寿命（像实际的情形那样），他便需要一个无法估量的世代系列，每个世代将其开化传给其他世代，以便最后将它在我们人类之中的根芽推进到完全合于自然底目标的发展阶段。而这个时刻，至少在人底理念中，必须是其努力底目标，否则自然禀赋多半得被视为徒劳且无目的的；这将取消一切实践原则，且因此使自然（其智慧通常在判断其他一切安排时必须充当原理）唯独在人身上有儿戏之嫌。

第三定律

自然指望人完全凭己力产生超乎其动物性存在底机械安排的

一切东西，并且除了他自己不靠本能而凭自己的理性所获得的幸福或圆满性之外，不会分享任何其他的幸福或圆满性。这就是说，自然不做不必要的事，而且在运用手段以达到其目的时不会浪费。既然自然赋予人以理性和以此为基础的意志自由，这已明确表示了它对于人底配备所怀的目标。这就是说，人不应由本能来指导，或是由天生的知识来照管和教导；他反而应凭己力产生一切。其食物、衣物、对外的安全和防卫之发明（为此目的，自然既未赋予他以公牛底角，亦未赋予他以狮子底爪，更未赋予他以狗底牙，而是仅赋予他以双手）、一切能使生活愉快的佚乐，甚至其识见和明哲，乃至于其意志底良善，全都应当是他自己的产物。在此，自然似乎自得于其极度的节约，而且将其
20 动物性配备估算得如此紧凑，正好够一种起码的生存之最高需求，就好像它指望人有朝一日从最野蛮的状态努力上升到最大的技巧、思考方式底最大圆满性，并且（在世间可能的情况之下）借此达到幸福时，完全单独拥有这份功劳，而且只消感谢他自己；仿佛自然着意于人底理性的自尊，更胜于一份福祉。因为在人类事务底这个过程中，有一大堆麻烦等着人。但是自然似乎完全不措意于人生活得安适，而是措意于他努力向上，以使他自己因其行为而有资格享有生命和福祉。在此始终令人惊讶的是：先前的世代似乎只是为了以后的世代而从事辛苦的工作，以便为他们准备好一个阶段，使他们能从这里将自然视为目标的建筑物建得更高；然而，唯有最后的世代才会有福分住在这座建筑物中，而他们的众多祖先虽曾为这座建筑物工作过（当然是无意地），本身却无法分享自己所准备的福分。然而，不论这点是多么难以理解，它同时却是必然的——只要我们假定：有

一个动物底种属具有理性，而且就他们属于一概会死亡，而其种属却不会死亡的有理性者而言，仍可达到他们的禀赋之圆满发展。

第四定律

自然为促成全部自然禀赋之发展所使用的手段是这些禀赋在社会中的对抗，但系就这种对抗最后成为一种合乎法则的社会秩序之原因而言。这里所说的“对抗”，我是指人底**非社会的社会性**（ungesellige Geselligkeit）；也就是说，人进入社会的性癖（Hang），而这种性癖却与一种不断威胁要分裂这个社会的普遍抗拒连结在一起。这种禀赋显然存在于人性之中。人有一种**结群**的爱好（Neigung）；因为在这样一种状态中，他感觉到自己不只是人，也就是说，感觉到其自然禀赋底发展。但是他也具有一种**离群**（孤立） 21
的强烈性癖；因为它在自己内部也发现想要全依己意摆布一切之非社会的特质，且因此到处都会遇到抗拒，正如他知道自己易于从他那方面抗拒他人一样。就是这种抗拒唤起人底所有力量，促使他去克服其怠惰底性癖，并且由于荣誉狂、支配欲或贪婪心之驱使，在他的同侪（他虽无法**忍受**他们，但也无法**离开**他们）当中为自己赢得一席地位。在这种情况下，便形成由野蛮到文化的真正起步，而文化根本就存在于人底社会价值中。于是所有的才能逐渐得到发展，品味得到培养，甚且由于继续不断的启蒙，开始形成一种思考方式，这种思考方式能使道德辨别之粗糙的自然禀赋逐渐转变成确定的实践原则，且因而使一种受到**感性**逼迫的社会整合最后转变成一个**道德**的整体。从这种非社会性底特质产生抗拒，每个人在其自私的非分要求中必然会遇到这种抗拒。若无这种本身不太可爱的特质，所有的才能就会在一种田园式的牧羊生活里，在美满的和睦、满足和互爱当中永远隐藏在其胚芽里面：人就像他们所放牧的羊一样温驯，几乎不会为其存在赢得一份较其牲畜所拥有者更大的价值；他们不会填补造化在其目的（即有理性者）方面的空缺。因此，为了龃龉，为了因嫉妒而竞争的虚荣，为了无法满足的占有欲甚或支配欲，让我们感谢自然吧！若非这些东西，人底所有优越的自然禀赋将永远潜伏而不得发展。人想要和睦；但是自然更明白什么东西对其种属有好处：它想要纷争。人想要舒适而满意的生活；但是自然却指望他脱离懒散和无所事事的满足，投入工作和辛劳之中，以便在另一方面也找出办法，再度聪明地脱离工作和辛劳。因此，这种自然动机，亦即非社会性和普遍抗拒之根源——它们造成许多灾祸，但也促使人
22 重新鼓起力量，并且进一步发展自然禀赋——的确显露了一位智慧的创造者底安排，而绝非一个搅乱了其美妙布局或嫉妒地破坏了这个布局的恶灵之手。

第五定律

自然迫使人类去解决的最大问题是达成一个普遍地管理法权（Recht）的公民社会。唯有在社会中，而且是在这样的社会——它拥有最大的自由，因而在其成员之间有一种普遍的对抗，但这种自由底界限却有最明确的决定和保证，以便能与他人底自由并存——中，自然底最高目标（即发展全部自然禀赋）才能在人身

上达成，而自然也指望人为自己赢得这项目的，正如其分命[4]底所有目的一样。既然如此，自然为人类所定的最高任务便是一个可见到**在外在法则下的自由**以最大可能的程度与不可抗拒的强制力相结合之社会，亦即一部**完全公正的公民宪法**；因为唯有凭借这项任务之解决和完成，自然才能达成它为我们人类所定的其他目标。需要迫使人——他在其他情况下对无约束的自由极具好感——进入这种强制状态；更确切地说，这是所有需要当中最大的需要，即是人相互加诸他们自身的需要（他们的爱好使他们无法在放任的自由中长期共处）。唯有在像是公民社会这样的一个范域中，这些爱好才会造成最好的结果；就像在一座森林中的树一样，正因为每棵树都设法夺取其他树底空气和阳光，它们迫使彼此向上方寻求空气和阳光，且因此得以漂亮而挺直地生长；而在自由中相互隔离且自在地发出枝桠的树却长得残缺、歪斜而弯曲。所有妆点人的文化和艺术、最美好的社会秩序均是非社会性底成果——这种非社会性由于自我强制而约束自己，且因此借着强加的办法完全地发展自然底根芽。

第六定律 23

这个问题也是最困难且最后为人类所解决的问题。单是这项任务底理念就已呈显出来的困难是：人是个动物，当他生活在其

4 【译注】康德经常使用 Bestimmung 一词。在其用法里，此词大约相当于孟子所说“君子所性，虽大行不加焉，虽穷居不损焉，分定故也”之“分定”之意，亦包含《中庸》所说“天命之谓性”之“命”义，故以下一概译为“分命”。

他同类当中时，**需要一个主人**。因为他一定会对其他的同类滥用他的自由；而且尽管作为有理性的受造物，他希望有一项法律来限制所有人底自由，但是其自私的动物性爱好却诱使他在许可的情况下让自己成为例外。因此，他需要一个主人，来制伏他自己的意志，并且强迫他去服从一个普遍有效的意志（在这个意志下，每个人都能够是自由的）。但是，他从何处求得这个主人呢？只有求之于人类。但是这个主人同样是个动物，它需要一个主人。因此，无论他怎么开始去做，我们都无法看出，他如何能得到一个公共正义底元首（他本身是公正的）——无论是求诸一个个人，还是求诸由许多为此而选出的人所组成之团体。因为这其中的每个人，如果没有任何人居于其上，依据法律对他行使权力，他总是会滥用其自由。然而，最高元首**本身**应当是公正的，但却是一个人。因此，这项任务是所有任务当中最艰难的一项；甚至其完全解决是不可能的：从造就人的那种曲木，无法造出完全直的东西。自然仅责成我们去接近这个理念[5]。此外，这也是最后被实现的理念，这点可由以下的事实推知：要实现这个理念，需要有对于一部可能的宪法底性质的正确概念、经过许多世事磨炼的丰富历练，以及最重要的是，一个为采纳这个理念而准备的善的意志；但是这三项要素却很难一下子凑在一起，而如果凑在一起的话，也只能到很晚的时候，经过许多徒劳无功的尝试之后。

---

23 5 因此，人底角色是极不自然的。其他行星上的居民及其本性如何？我们并不知道；但如果我们妥善地完成了自然底这项任务，我们便大可自诩：我们在宇宙中的邻居当中可以保有一个并不卑微的地位。或许在这些邻居那里，每个个人均可能在其有生之年完全达成其分命。我们的情况则不同：只有整个种属能期望做到这点。

第七定律 24

建立一种完美的公民宪法之问题系于国家对外的**合法**关系**之问题，而且不靠后一问题，前一问题就无法解决**。着手在个人之间建立一种合法的公民宪法，也就是说，着手安排一个**共同体**，有什么用处呢？迫使人进入这种状态的同一种非社会性又使得每个共同体在对外关系上（亦即，在作为一个国家而与其他国家发生的关系上）处于无约束的自由中，且因此一个国家必有可能从别的国家蒙受压制个人且迫使他们进入一个合法的社会状态之同样灾祸。因此，自然再度利用人甚至这类受造物底庞大社会和国家之间的不和，当做一种手段，以便在其无法避免的对抗中求取一种平静与安全底状态。这就是说，借着战争，借着过度紧绷而从不松弛的战备，借着每个国家（甚至在和平状态中）最后必定会因此而在内部感受到的困顿，自然促使人去作起初并不完美的尝试，但是经过诸多破坏、倾覆甚至在普遍耗尽其内部的力量之后，最后促使他们去做纵使没有这么多悲惨经验、理性也会建议他们去做的事，亦即脱离原始人底无法纪状态，而加入一个国际联盟。在这个联盟之中，每个国家（甚至最小的国家）不能指望靠自己的权力或是自己的法律判决，而只能指望靠这个庞大的国际联盟（近邻联盟）[6]，靠一个统一的权力，并且靠按照统一意志底法律而作的裁决来取得其安全和权利。不论这个理念看来多么狂

---

6 【译注】Foedus Amphictyonum，这是古希腊国家环绕特定的宗教中心而形成的一种联合组织。

妄，而且被讥笑为一位**圣皮耶教士**[7]或**卢梭**[8]底狂妄理念（或许是因为他们相信这个理念距离实现太近了），这却是人相互使对方陷入的困顿之不可避免的结局——这种困顿必然迫使各国（不论这对于它们是多么困难）去作野蛮人同样不情愿地被迫去作的同样决定，即是放弃其狂野的自由，而在一部合法的宪法中寻求平静和安全。因此，一切战争乃是各种尝试（尽管并非按照人底意图，
25 但却是按照自然底意图），要建立新的国际关系，并且借着摧毁（至少分割）旧单位来形成新单位；但这些新单位不论在其自身还是在彼此之间，却又无法维持下去，且因此必定再度遭受类似的革命；直到最后有一天，一则由于内部有公民宪法之最佳的可能安排，再则由于外部有一项共同的约定和立法，一种类乎公民共同体的状态被建立起来，这种状态就像一部**自动机器**一样能维持自己。

我们可否由于致动因底一种**伊壁鸠鲁**式的聚合[9]而期望：诸国像物质底小微尘一样，借着其偶然的冲撞来尝试各种各样的形态，而这些形态又被新的冲击所摧毁，直到最后有一天，一种能按照本身的形式维持下去的形态**偶然**形成（一种的确不易发生的机运）？或者我们不如假定：自然在此依循一种合乎规律的进程，

---

7 【译注】圣皮耶教士（Abbé Charles-Irenée Castel de Saint Pierre，1658—1743）是法国作家。他曾撰《重建欧洲永久和平的方案》（*Projet pour rendre la paix perpétuelle en Europe*, Utrecht 1713/Paris 1716）一书，倡议成立一个维护和平的国际组织。

8 【译注】卢梭（Jean Jacques Rousseau，1712—1778）是法国哲学家。他也撰有《圣皮耶教士先生底永久和平方案之节要》（*Extrait de projet de paix perpétuelle de M. l'Abbé de St. Pierre*, 1761）及《永久和平之评论》（*Jugement sur la paix perpétuelle*, 1798）二书。后一书虽然撰于1761年，但在康德撰写此文时尚未出版。

9 【译注】伊壁鸠鲁（Epikur/Epicurus，341/40—271/70 B.C.）是古希腊哲学家。他主张原子论，认为宇宙万物是由原子聚合而成，而此种聚合出于原子偶然的冲撞。

借着它自己的（尽管是强加于人的）办法，引导我们人类由动物性底最低阶段起，逐渐进至人底最高阶段，并且在这种表面上杂乱无章的安排中完全合乎规律地发展那些原始禀赋？或者我们宁可指望：在大体上，从人底这一切作用和反作用根本不会产生任何结果，至少不会产生明智的结果，而且事情会像过去一向的情况那样保持不变，且因此我们无法预言，对于我们人类是如此自然的纷争最后是否会在一个仍然极其文明的状态中为我们预备好一个充满灾祸的地狱，因为这种纷争或许会借着野蛮的破坏再度消灭这种状态本身，以及过去在文化中的一切进步？（我们无法在盲目机运底统治下为这种命运负责，而无法纪的自由事实上与这种统治是一回事，除非我们将一个在自然中秘密地与智慧相联系的线索加诸这种自由！）这大约归结为以下的问题：在部分中假定自然安排底**合目的性**（Zweckmäßigkeit），在整体中却假定其**无目的性**（Zwecklosigkeit），这到底是否合乎理性？因此，原始人底无目的状态所造成的情况——这就是说，这种状态抑制我们人类底所有自然禀赋——最后却借着这种状态带给我们的灾祸迫使我们脱离这种状态，而进入一种公民宪法中，在这种宪法中，所有那些根芽均得以发展。已建立的国家之野蛮的自由也造成这种情况，也就是说：由于共同体底一切力量均用于相互之间的备战， 26
由于战争所引起的破坏，更由于经常维持备战状态的必要性，自然禀赋在其进程中的完全发展固然受到阻碍，但在另一方面，由此产生的灾祸却迫使我们人类为众多国家由其自由所产生的、本身是有益的相互对抗寻求一项平衡法则，并且引进一种加强这项法则的统一力量，亦即引进各国底公共安全之一种世界公民状态。这种世界公民状态并非毫无**危险**，以免人底力量沉寂不动；

但在其相互的**作用与反作用**之间也不是没有一项**平衡**原则，以免它们相互摧毁。在这最后一个步骤（即国际联盟）发生之前，因而在人性底发展差不多仅达到一半的时候，人性在表面福祉底欺人假象之下承受最惨重的灾祸。当**卢梭**偏好原始人底状态时，他并非没有道理——只要我们略去我们人类尚待攀上的这个最后阶段。我们因艺术和科学而高度地**开化**。我们已**文明化**，直到对于各种各样社交上的风度和仪节不堪负荷为止。但是要认为我们已**道德化**，尚言之过早。因为道德底理念仍属于文化；但是这个理念底运用若仅导致求名心与外表仪节当中类乎道德的东西，它便只构成文明化。然而，只要各国将其全部力量用在其虚浮而横暴的扩张意图上，且因此不断地阻挠其公民在内心培养思考方式的缓慢努力，甚至在这方面撤销对他们的一切支持，任何这类的事情便无法期望；因为这需要每个共同体长期的内在改造，以教育其公民。但凡是并非根植于道德上的善良存心之“善”，均不过是纯然的幻相与硬装的门面而已。人类大概会停留在这种状态中，直到他们以我所说过的方式从其国际关系底混乱状态中挣脱出来为止。

27

第八定律

我们可将人类底历史在大体上视为自然底一项隐藏的计划之履行，此计划即是在国家之内实施一部完美的宪法，而且为此目的，**在国家之外也实施一部完美的宪法——唯有在这种状态中，自然始能完全发展人底一切自然禀赋**。这条定理是前一条定理之系论。

我们见到：哲学也能有其**千年至福说**[10]；但这却是这样一种千年至福说：其哲学理念尽管仍然十分渺远，这个理念本身却能促成此说之实现，故此说绝非虚幻的。问题仅在于：对于自然目标底这样一种进程，经验是否有所发现？我说：它发现**少许东西**；因为这种循环似乎需要极长的时间才会结束，因此，我们从人在这个目标上所经历过的一小部分，只能不确切地决定此目标底轨迹之形貌，以及部分对于全体的关系，正如我们从过去的一切天象观测，只能不确切地决定我们的太阳及其全部卫星群在广大的恒星系中所实行的路径——尽管从宇宙结构之条理井然的状态底普遍根据，以及从我们所观测到的少许东西，我们足以可靠地推断这样一种循环底真实性。然而，人性具有一项特性，即是：甚至对于我们人类会遇到的最遥远的时代都不会无动于衷（只要这个时代确实可以期待）。特别是在我们的情况下，它更不会无动于衷，因为我们似乎能靠我们的理性策划使这个令我们的后代如此欣喜的时刻更早来临。由于这个缘故，甚至接近这个时刻的微弱迹象也变得对我们十分重要。现在各国已处于一个如此不自然的相互关系中，以致没有一国能在内部文化上削弱，而不会丧失对于他国的权力和影响力；因此，纵非自然底这项目的之进展，但是其维持甚至由于各国底求名意图而得到极佳的保证。再者，公民的自由现在也不太可能受到损害，而不会在所有行业中（尤其在贸易中）感
受到此事之不利，而由此也感受到在对外关系中国力之减弱。但 28

10 【译注】“千年至福说”（Chiliasmus）为耶教神学用语。根据《新约·启示录》所载，在世界末日来临前，耶稣基督将亲自统治世界一千年。此时，因信仰基督而殉道者底灵魂将复活，与基督一起为王，魔鬼则被捆绑、监禁。千年期满，魔鬼被释放出来，再度迷惑世人，直到世界末日来临，所有人均接受最后的审判。

是这种自由逐渐进展。当人们妨碍公民以他自己所喜爱，但却能与他人底自由并存的一切方式寻求其福祉时，人们便阻碍了整个企业底繁荣，且因此也阻碍了整体底力量。因此，个人在其行止上的限制日益被撤销，宗教底普遍自由日益得到容许；这样便随着幻想和妄念之出现而逐渐产生**启蒙**，而启蒙是一笔大财富，人类甚至一定会从其统治者自私的扩张意图得到这笔财富——只要这些统治者了解他们自己的利益。但是这种启蒙，以及连带地已启蒙的人对于他所完全了解的“善”无法不怀有的某种诚悃必然逐渐上升到君王那里，甚且影响他们的统治原则。譬如，尽管我们在世间的统治者目前并无余钱用在公共的教育机构上，并且一般而言，用在一切涉及世间福祉的事情上，因为一切都已预支给未来的战争了；但是他们将发觉：至少不去阻碍其人民在这方面的自行努力（虽然这些努力微弱而迟缓），是他们自己的利益之所在。最后，连战争都逐渐成为不仅是一桩极不自然且在结果上对双方均极不确定的事业，而是甚至由于国家在一笔日益增加而难望清偿的负债（一项新发明）中所感受到的恶果，而成为一桩极可疑虑的事业。在这种情况下，每个国家底动荡均会在我们这个由于其行业而如此紧密地联系起来的大陆上影响到其他所有国家；这种影响是如此显著，以致这些国家尽管不具有法律上的权威，但迫于它们本身的危险，而自愿充当仲裁人，且因此遥遥地为一个未来的庞大政治体准备一切，而前人无法为这个政治体举出任何例子来。尽管这个政治体目前仍只是存在于极粗略的构思中，但在所有成员（其每个成员均着意于维持整体）当中仿佛已有一种情感开始鼓荡；而这使人可以期望：经过若干改造性的革命之后，终究有一天，自然当做最高目标的东西——即一个普遍的**世界公**

民状态——将会实现，而为人类底所有原始禀赋在其中得到发展的母胎。

第九定律 29

按照自然底一项计划——它是以人类当中完美的公民联盟为目标——去探讨普遍的世界史之一项哲学性尝试必须被视为可能的，甚且被视为有助于这项自然目标。想要按照“如果世事应当合于某些理性的目的，它必然如何进行”这个理念去撰写一部**历史**，这的确是一个奇怪的而且从表面看来荒谬的计划；由这样一种意图似乎只能产生一部**小说**。然而，如果我们可以假定：甚至在人类自由底活动中，自然底运行亦非没有计划和终极目标，那么这个理念就会变得有用。再者，尽管我们所见太浅短，而无法看透自然底策划之秘密的必然过程，这个理念却可以供我们作为线索，将人类行为底一个**集合**（它在其他情况下是无计划的）至少在大体上呈现为一个**系统**。因为如果我们从**希腊**史——经由这部历史，其他一切更古老的或同时代的历史已被保存给我们，至少必须经由它得到确证[11]——开始；又如果我们探索希腊史对于并吞希腊国家的**罗马**民族底政治体之形态与变形所产生的影响，以及罗马民族对于转而消灭他们自己的**蛮族**所产生的影响，直到我们的时代为止；再者，如果其他民族底国家史（当关于它们的知识正是经

11　唯有从开头就不间断地延续到我们今天的一群**有知识的公众**才能确证古史。在此之外，一切均是未知的领域（terra incognita）；而生活在这群公众以外的民族底历史只能从他们加入其中的时候开始。就**犹太**民族来说，历史在托勒密王朝底时代、经由（转下页） 29

由这些已启蒙的国族逐渐传给我们时）**像插曲一样**添加进来，那么，我们将在我们的大陆（它日后或许会为其他所有的大陆立法）
30 上发现宪法改良底一个有规律的进程。再者，我们只消随处留意公民宪法及其法律，并且留意国家间的关系——只要这两者凭其所包含的“善”在一段时间内用于提升并荣耀各民族（连带地也提升并荣耀艺术和科学），但由于这些民族所带有的缺点，再度使他们倾覆，可是始终留下启蒙底一个根芽，这个根芽每经一次革命，就有更多的发展，而预备下一个更高阶段的改良——我相信，将会呈露出一条线索，这条线索不只能用于说明人类事务之极其杂乱无章的活动，或者用作国家底未来变迁之政治预测术（我们一向已从人类历史得到这项好处，尽管我们把这种历史看作一种漫无章法的自由之不相连贯的结果！），而是一幅令人欣慰的未来远景将展现开来（我们若不预先假定自然底一个计划，就没有理由抱此期望），在这幅远景中我们遥想人类最后如何奋力攀升到一个境地，致使其禀诸自然的一切根芽得以完全发展，而其使命得以在此世实现。为自然——或者不如说，**神意**（Vorsehung）——所作的这样一种**辩解**，对于我们之选择一项特殊观点来考察世界，并非无足轻重的动机。因为如果在最高智慧底大舞台上包含这个

（接上页）希腊文圣经底翻译而开始；若无这种翻译，我们将很难相信他们的**孤立**讯息。从此时（在这个开端已先恰当地被考查出来之时）起，我们才能回头探究他们的叙述。对其余所有的民族来说，也是如此。**休谟**说：**修昔底德**书中的第一页是一切真实历史底唯一开端。

【译者按】托勒密王朝（Ptolemäer）是希腊人在埃及所建立的王朝，由公元前四世纪至前一世纪统治埃及。修昔底德（Thukydides）是公元前五世纪希腊著名的史学家，撰有《伯罗奔尼撒战争史》。休谟底话见 David Hume: *Essays Moral, Political and Literary*, edited by T. H. Green/T. H. Grose（London: Longmans, Green, and Co. 1882），Vol. I, p. 414。

整体底目的的那个部分——人类底历史——总是不断地和最高智慧唱反调，而我们眼见这番景象，无法不嫌恶地将我们的眼光从它那里移开，并且由于我们无法指望有朝一日在其中见到一项已完成的理性目标，使得我们仅在另一个世界中期待它，那么，颂扬无理性的自然界中造化底庄严与智慧，并且劝人加以考察，又有何用呢？

若说我想以世界史底这个理念（它在某个程度内有一条**先天的**线索）来排斥就本义而言的、纯**以经验方式**撰写的历史之编纂，乃是误解了我的意图。这只是对于一个哲学头脑（他必定也十分通晓历史）还能从另一项观点去尝试的工作之一个想法而已。此外，人们在撰写其当代史时的烦琐通常是值得称道的，但必定会使每个人不由地怀疑：我们的后代子孙将如何着手去把握我们在若干世纪后可能遗留给他们的历史重担？毫无疑问，他们将仅从使他 31
们感兴趣的事情——亦即，各民族和政府在世界公民底观点下已达到的成就或已造成的损害——底观点来评断可能早已无文献可征的远古历史。但是，考虑到这一点，同时考虑到各国元首及其仆从底好名心，使他们注目于能在千秋万世之后为他们赢得光荣怀念的唯一办法：这还能额外提供一个小小的动机，去尝试撰写这样一种哲学史。

答“何谓启蒙？”之问题

译者识

《柏林月刊》（*Berlinische Monatsschrift*）第3卷第9期（1783年9月出刊）刊出一篇匿名的文章，鼓吹民事婚姻（由政府证婚的制度）。接着，在该刊物第3卷第12期（同年12月出刊），有一位柏林牧师策尔纳（Johann Friedrich Zöllner，1753—1804）发表另一篇文章，名为《继续以宗教认可婚姻，是恰当的吗？》，以反对民事婚姻。策尔纳以国家利益为由，为宗教婚姻（由教会证婚的制度）辩护，并且反对“以启蒙之名”惑乱人心。他为“启蒙”（Aufklärung）概念加上一个注解，在注解中提出一个颇富挑衅意味的问题：“何谓启蒙？这个问题几乎像‘何谓真理’一样重要，在有人开始启蒙之前，诚然应当加以答复。然而，我从未发现有人提出答复。”讵料这个问题竟然在当时的德国引起一场有关启蒙的大争辩，许多知名之士均对此问题发表意见。次年9月，门德尔松（Moses

Mendelssohn，1729—1786）在同一刊物第4卷第9期发表一篇文章，题为《论“何谓启蒙？”之问题》（“Über die Frage: was heißt aufklären?”），接着，康德于同年12月在该刊物第4卷第12期发表另一篇题目极为相似的文章，即此文《答“何谓启蒙？”之问题》（“Beantwortung der Frage: Was ist Aufklärung?”）。由康德在此文末尾所加的按语可知：康德在撰写此文时，尚未读到门德尔松那篇文章。

本译文系根据普鲁士皇家科学院底《康德全集》译出（第8册，页33—42）。在原版该文标题下有一行按语：“见1783年12月号，页516。”即指策尔纳那篇文章。

启蒙是人之超脱于他自己招致的未成年状态。未成年状态是 35
无他人底指导即无法使用自己的知性（Verstand）的那种无能。如果未成年状态底原因不在于缺乏知性，而在于缺乏不靠他人底指导去使用知性的决心和勇气，这种未成年状态便是**自己招致的**。勇于求知吧（Sapere aude）[1]！因此，鼓起勇气去使用你**自己的**知性吧！这便是启蒙底格言。

何以极大多数人在自然早已使之免于他人底指导（自然的成年人〔naturaliter maiorennes〕）之后，仍然愿意终生保持未成年状态？又何以其他人极其轻易地自命为那些人底监护者？其原因即是懒惰和怯懦。未成年状态是极舒适的。如果我有一本书（它有我所需要的知性）、有一位牧师（他有我所需要的良心）、有一位医生（他为我的饮食作取舍）等，那么我甚至不需要自己操劳。如果我能够光是付账，我就不需要去思考；旁人会代我做费劲的工作。绝大多数的人（包括全体女性）除了认为迈向成年是麻烦事之外，也认为这十分危险。那些监护者已注意到这点，而极好心地肩负起对这些人的监督之责。这些监护者先使其家畜变得无知，并且慎防这些安静的生物胆敢跨出其学步车（这些监护者将它们关入其中）一步；然后他们向这些家畜指出在它们试图单独行走时会威胁它们的危险。而这个危险固然并不是非常大，因为
跌过几次之后，它们最后终将学会走路；但是，一个这类的例子 36

1 【译注】语出罗马诗人贺拉斯（Quintus Horatius Flaccus，65—8 B.C.）底《颂歌集》（*Epodes*, I, 2, 40）。1736 年，德国有一个自称为“真理爱好者”（die Alethophilen）的团体，创立了一个学会，以阐扬莱布尼兹（G.W. Leibniz，1646—1716）和吴尔夫（Christian Wolff，1679—1754）底哲学为宗旨。他们铸造了一种硬币，上有雅典女神底半身像，而在女神底头盔上有莱布尼兹和吴尔夫底肖像，女神像底周围则镌以这句格言。

便使它们畏缩，而且往往吓阻一切进一步的尝试。

因此，每一个别的人都很难挣脱几乎已成为其本性的未成年状态。他甚至喜欢上这种状态，而且目前实际上无能使用他自己的知性，因为从未有人让他作这种尝试。规章与仪式这些理性地运用（或者不如说是误用）其天赋的机械性工具是一种持续的未成年状态之脚镣。不论是谁除去这些脚镣，会连最窄的沟都仍只能蹒跚而过，因为他尚未习惯这样的自由运动。因此，只有少数人得以靠他自己的精神修养摆脱未成年状态，且仍然步履艰难。

但是，公众之自我启蒙是更为可能的；只要我们让他们有自由，这甚至几乎不可避免。因为总会有若干独立思考者（甚至就在为广大群众所指定的监护者之中）；他们在自行除去了未成年状态底桎梏之后，将传播以理性尊重每个人底独特价值及其独立思考底天职的这种精神。特别是在此情况下：起初这些监护者将此桎梏加诸公众，然后公众受到其若干完全无能自我启蒙的监护者所煽动，而强迫这些监护者自己留在桎梏中。灌输成见是极其有害之事，因为这些成见到头来会使它们的制造者及其继承人自食其果。因此，公众只能逐渐地达到启蒙。借着一场革命，或许将摆脱个人独裁及贪婪的或嗜权的压迫，但绝不会产生思考方式底真正革新，而是新的成见与旧的成见一起充作无思想的大众之学步带[2]。

但是，这种启蒙所需要的不外乎是**自由**，而且是一切真正可称为自由之物中最无害的自由，即是在各方面**公开运用**其理性的这种自由。但如今我听见到处都在呼喊：**不要用理性思考**！军官说：
37 不要用理性思考，而要训练！税吏说：不要用理性思考，而要缴税！

2 【译注】这是一种用来引领幼儿学走路的索带。

教士说：不要用理性思考，而要信仰！（世界上只有一位君主说[3]：不论你们要思考多少，思考什么，**用理性去思考吧！但是要服从！**）此间到处都是对自由的限制。但何种限制有碍于启蒙呢？何种限制不但无碍于启蒙，甚至有助于启蒙呢？我回答道：其理性底**公开运用**必须始终是自由的，而且唯有这种运用能在人类之中实现启蒙；但理性之**私自运用**往往可严加限制，却不致因此特别妨碍启蒙底进展。但所谓“其自己的理性之公开运用”，我是指某人**以学者底身份**面对**读者世界**底全体公众就其理性所作的运用。他在某一个委任于他的**公共的**职位或职务上可能就其理性所作的运用，我称之为其私自的运用。因此，有些涉及群体利益的事务需要某种体制，借着这种体制，该群体底若干成员必须只是被动地行事，以便政府经由一种人为的协调使他们为公共目的而服务，或者至少防止他们破坏这些目的。在此当然不容许用理性思考，而是我们必须服从。但只要该体制底这部分人同时也自视为整个群体底成员甚至世界公民底社会之成员，因而拥有学者底身份，以著作面对公众（依其本义而言）[4]，他们便的确可用理性思考，而不致因此损害到他们在部分时间以被动成员底身份所从事的事务。因此，如果一位军官底长官命令他做某件事时，他会在服勤时间大声挑剔此项命令之适当或有利与否，这将是极有害的事情；他必须服从。但是按理他不能被禁止以学者底身份对军务中的错误作评论，

---

3 【译注】这是指普鲁士底腓特烈大帝（腓特烈二世，在位期间为 1740 至 1786 年），为当时支持启蒙思想的开明君主。

4 【译注】Publikum 一词从十八世纪开始为德国知识分子所使用，原先的意思是指读者群、听众或观众，引申为“公众”之义。译者系依引申义翻译此词。有关此词底涵义，请参阅 Jacob & Wilhelm Grimm（Hg.）：*Deutsches Wörterbuch*（München 1984, dtv 翻印本），Bd.13, S.2201f.。

且向公众提出这些评论，以供裁断。公民不可拒绝缴纳他被课征的税；甚至若他在应当履行这类义务时冒失地对之加以非议，这可以看作一件荒唐事（这会引起普遍的反抗）而加以处罚。尽管如此，如果这同一位公民以学者底身份公开对于这类赋税之不恰
38 当或甚至不公正表示其想法，则他并不违反公民底义务。同样的，一位教士有责任依照他所服务的教会底教义对其教义问答课程底学生及其教区底教徒演讲；因为他是依照这项条件而被聘用。但是他以学者底身份，拥有完全的自由甚至天职，将他对那种教义底错误成分的想法（它们经过仔细推敲，且是善意的），以及对宗教与教会底事宜之更佳安排的建议告诉公众。在此，亦无可归咎良心之处。因为依他的想法，他在以教会代理人底身份执行其职务时所教导的道理，他并无权随己意去教导，而是他被指示按规定以另外一人之名义阐述这些道理。他会说：我们的教会教导这项或那项道理；这是他所使用的论据。于是，他从教会底规章为其教区底教徒求取一切实际的利益。他自己并不全心认可这些规章，但仍可自告奋勇去阐述它们；因为在这些规章中并非完全不可能隐含着真理，而无论如何，至少在其中并无与内在宗教相抵牾之处。因为如果他相信在其中发现与内在宗教相抵牾之处的话，他就无法凭良心执行其职务；他必须辞职。因此，一位受聘的教师在其教区底教徒面前就其理性所作的运用，只是一种**私自的运用**。因为这些教徒虽然很多，但始终不过组成一种内部的集会而已。而在这方面，他身为教士，并无自由，亦不可有自由，因为他是执行别人底一项委托。反之，身为凭著作向真正的公众（即世界）发言的学者，教士在**公开运用**其理性时，享有一种无限制的自由去使用他自己的理性，并且以他自己的人格发言。因为如果说：

人民底监护者（在宗教事务中）本身应当也处于未成年状态，这是荒谬之事，其结果将使荒谬之事永远持续下去。

但是，难道一个教士团体——例如一个教会长老会议，或一个崇高的“克拉西斯”（如荷兰人自己所称的）[5]——有权凭宣誓互约服从某一不变的教义，以便对其每个成员执行最高监护权，且由此对人民执行最高监护权，甚且使这种最高监护权永远持续下 39
去吗？我说：这绝无可能。若人类签订这样一个契约，以永远遏止一切进一步的启蒙，则这个契约是绝对无效的——纵使这个契约由最高权力、由帝国议会，以及由最隆重的和平条约来批准。一个时代不能联合起来，誓将下一个时代置于一种状态，使之不可能扩展其知识（尤其是极切要的知识），涤除错误，并且真正在启蒙方面有所进展。此举违反人性，而人性底原初分命正在于这种进展；且因此后代完全有权将那些决议视为出之以越权而罪恶的方式，而抵制它们。何种决议能被通过而成为人民底法律，其试金石在于以下的问题：是否人民能够让自己承担这样一种法律呢？而今，在一段特定的短时间内，为了引进某种秩序，这的确是可能的（仿佛在期待一个更佳的状态）。此时，我们容许每位公民（尤其是教士）以学者底资格公开（亦即，借著作）对当前制度底错失之处发表其评论；而现有的秩序仍然继续维持下去，直到公众对这些事务底特质的了解已极其充分，并且经证明为合理的，因而这种了解能借着统合其声音（纵使不是所有声音）对国君提出一项建议——以便保护那些譬如已依其更佳理解底概念同意一种变更的宗教制度之教徒，但不妨碍那些愿意一仍旧贯的教

5 【译注】Classis 是在荷兰的一种教会会议，为教会底立法机构。

徒。但是，同意一个恒常的且不容任何人公开怀疑的宗教宪章（即使只是在一个人底一生之内），且因此仿佛在人类上进的过程中消灭一段时间，并使之徒劳无功，甚至因之而不利于后代，这是绝对不容许的。一个人固然可以就他个人，而且仅在若干时间内，在他应该知道的事情上推迟启蒙；但是放弃启蒙（不论是就他个人，甚或就后代而言）即等于违反且践踏人底神圣权利。然而，人民
40 根本不可为自己决定的事，一个君主更不可为他们决定；因为他的立法权威正是在于：他将人民底全体意志统一于他的意志中。如果他只留意使一切真实的或臆想的改进与公民秩序兼容，此外他便可让他的臣民自己去做他们认为为求心灵底福佑而需要做的事。这不干他的事；但他得防止一个人以暴力阻碍另一个人尽其全力去决定且促进其心灵底福佑。如果这位君主认为其臣民想借以澄清他们的见解之著作应受到其政府底监督，因而涉入以上的事务中，这甚至会损害其威严。而此时他或者出于他自己的最佳见解而为之，而受到“西泽并不优于文法学家”[6]的指摘；或者甚至他贬抑其最高权力到一个程度，以至于在其国内支持若干压迫者底宗教专制，以对付其余的臣民。

如果现在有人问道：我们目前是否生活在一个**已启蒙的**时代？其答案为：不然！但我们生活在一个**启蒙**底时代。就目前的情形看来，人类全体要能够（甚或只要有可能）在宗教事务中不靠他人底指导、自信妥善地使用他自己的知性，还差得很远。然而，我们已见到明确的迹象显示：现在在人类面前展开一片供他们自

6 【译注】原文为 Caesar non est supra grammaticos，其出处不详。其意谓：西泽尽管掌握最高统治权，但对于文法问题并不比文法学家在行。

由地朝此方向努力的领域，而且普遍启蒙（或者人类之超脱于他们自己招致的未成年状态）底障碍逐渐减少。就这方面而言，这个时代是启蒙底时代，或者说是**腓特烈**底世纪[7]。

如果一位王侯说：他认为自己有**义务**在宗教事务中对人民不加任何规定，而让他们在这方面有完全的自由，而不觉得这有失其身份，因而拒绝接受自大的“**容忍**”之名，那么他自己便是已启蒙的，而且应当赢得知恩的世界及后世之称许——因为他首先使人类从未成年状态（至少在政府方面）中解脱出来，且任由每个人在一切关乎良心的事务中使用他自己的理性。在其统治之下，可敬的教士尽管有其职责，仍可以学者底资格自由而公开地将其
偶尔与既定信条不合的判断与见解宣之于世，以供考察；而其他 41
一切不受职责约束的人更可如此做。这种自由底精神也传布到国外——纵使在国外它必须与一个误解自己功能的政府所产生的外在障碍斗争。因为这个政府有一个榜样可证明：在自由中毋须为群体底公共安定和团结而有丝毫的担忧。只要我们不刻意使人类停留在未开化状态，他们便会自行逐渐地挣脱这种状态。

我把启蒙（人类之超脱于他们自己招致的未成年状态）底要点主要放在**宗教事务**上。因为对于艺术和科学，我们的统治者并无兴趣扮演其臣民的监护者；此外，在宗教上的未成年状态也是所有未成年状态中最有害且最可耻的。但是，一位支持宗教启蒙的国家元首之思考方式更进一步，而了解到：在其**立法**方面容许其臣民**公开**运用他们自己的理性，且将其对拟订法律底较佳方式的想法公之于世（甚至包含对现有法律的坦率批评），这并无危险。

7 【译注】参阅本文注 3。

对此，我们有一个突出的例子，在这个例子中，尚无任何君主超过我们所敬爱的那位君主[8]。

但是，也唯有一个自身已启蒙的人在他无惧于幻影而同时握有一支训练精良且为数众多的军队以保障公共安定时，才能说出一个共和国所不敢说的话：**不论你们要思考多少、思考什么，用理性去思考吧！但是要服从！**故在此显示出人类事务底一种奇怪而出人意料的过程，这也如同我们平常大略观察此种过程时的情形一样——在此几乎一切都吊诡的。一种较大程度的公民自由似乎有利于人民底精神自由，但却对它加上无法逾越的限制。反之，一种较小程度的公民自由却提供全力发挥精神自由的余地。当自然在此硬壳中将它所悉心照料的根芽（即自由**思想**底倾向与天职）解放时，此根芽便逐渐回转过来影响人民底性情（人民因此慢慢
42 有能力**自由地行动**），而最后甚至也影响**政府**底原则——它发现：依人底尊严去对待他（他如今**不只是机器**[9]），对它自己有好处[10]。

普鲁士，科尼希贝尔格，1784 年 9 月 30 日

---

8 【译注】这是指普鲁士腓特烈大帝。

9 【译注】这影射法国唯物论哲学家拉美特里（Julien Offray de Lamettrie，1709—1751）底名著《人是机器》（*L'homme machine*）。

42 10 今天（9 月 30 日）我在**毕辛**底《每周报导》（9 月 13 日）中读到本月《柏林月刊》底通告，在通告中提到**门德尔松**先生对这同一个问题的回答。我尚未取得该文，否则我就不会撰写本文。现在我让本文在此发表，只是想要显示，思想可能因偶然之故而相合到什么程度。

【译者按】毕辛（Anton Friedrich Büsching，1724—1793）是当时哥廷根（Göttingen）大学教授，也是神学家和地理学家。此处提到的《每周报导》即是他所编辑的《关于新地图、地理、统计与历史书籍的每周报导》（*Wöchentliche Nachrichten von neuen Landkarten, geographischen, statistischen und historischen Büchern*），该杂志于 1773—1786 年在柏林发行。

评赫德尔《人类史底哲学之理念》第一、二卷

译者识

赫德尔（Johann Gottfried Herder，1744—1830）是康德早期的学生。自 1762—1764 年赫德尔就读于柯尼希贝尔格（Königsberg）大学时，曾听过康德底课。普鲁士皇家科学院底《康德全集》第 27 册中便收录了赫德尔当时为康德底实践哲学课程所记的笔记。起初，赫德尔对康德极为心服，但后来两人的学术观点渐行渐远，终至分道扬镳。

《人类史底哲学之理念》（*Ideen zur Philosophie der Geschichte der Menschheit*）一书是赫德尔之代表作，全书共计四部二十卷，自 1784—1791 年陆续出版[1]。关于康德为此书撰写书评的缘起与经过，佛兰德尔（Karl Vorländer）曾有详细的说明[2]，以下的

1 【译注】关于此书底主要内容，请参阅业师施密特教授（Gerhart Schmidt）为此书所写的《导论》，见 J.G. Herder: *Ideen zur Philosophie der Geschichte der Menschheit*（Wiesbaden: Fourier 1985），S. 11-36。

2 【译注】见 I. Kant: *Kleinere Schriften zur Geschichtsphilosophie, Ethik und Politik*（Hamburg: Meiner 1913），S. XIII-XXI。

说明主要以此为根据。

1784年夏季，耶拿（Jena）大学教授许茨（Christian Gottfried Schütz）打算联合其他几位学者一起办一份书评刊物《文学通报》（*Allgemeine Literaturzeitung*），便邀请康德参与其事。为此，他特地致函康德，顺便请康德撰文评论当时刚出版的《人类史底哲学之理念》第一部。康德接受其请，完成了此书第一部之评论，随即刊登于刚创刊的《文学通报》第4号（1785年元月6日）。这篇评论虽是匿名发表，但圈内人都知道是康德所撰。赫德尔读了这篇评论后，极为不服，私下向几位好友抱怨，其中包括歌德、哈曼（Johann Georg Hamann）与莱因侯尔德（Karl Leonhard Reinhold）。莱因侯尔德深为赫德尔抱不平，便以“一个牧师”底名义写了一封投书，刊登于《德意志信使报》（*Teutscher Merkur*）2月号，为赫德尔辩护。直到十二年之后（1787年），莱因侯尔德底思想已转向康德底批判哲学时，他才向康德坦承自己便是该封投书底作者，并且发表《论康德哲学书简》（*Briefe über die Kantische Philosophie*）。针对这封投书，康德特地撰写了《赫德尔〈人类史底哲学之理念〉底评论者（《文学通报》第4期及增刊）对〈德意志信使报〉2月号中反驳本评论的一篇投书之商榷》一文，刊登于《文学通报》1785年3月号增刊，即本译文底第二部分。

同年秋季，《人类史底哲学之理念》第二部出版。康德此时正忙着撰写《自然科学底形而上学基础》（*Metaphysische Anfangsgründe der Naturwissenschaft*）一书，原无意继续撰写评论。但或许是由于赫德尔在这第二部中批评了康德在其《在世界公民底观点下的普遍历史之理念》一文中所提出的观点，康德还是抽空为这第二部撰写了评论，顺便为自己的观点辩护。这第二篇评论刊登于《文学通报》第271号（1785年11月15日）。康德并未继续评论此书底第三部及第四部。本译文系根据普鲁士皇家科学院底《康德全集》(第8册，页43—66)译出。

45
I

赫德尔著《人类史底哲学之理念》

“上帝规定你做什么，以及你在世界上被置于何处，
这要见诸行事。”[3]

第一部，318 页，4 开本。

里加与莱比锡，出版者哈特克诺克，1784 年。

在这部著作里，我们这位富有巧思且能言善道的作者之精神显示出其公认的特色。因此，它可能就像其他许多出诸其笔下的著作一样，难于凭通常的尺度去评断。似乎是他的天才绝非仅从科学与艺术底广阔领域里搜集理念，以便将它们添加于其他可传达的理念之上，而是他（借用他的表达方式）根据某种**类化**（Assimilation）底法则，以他特有的方式将它们转换为其独特的思考方法；这样一来，这些理念就与其他心灵借以滋长的理念（页 292）显著地区别开来，而且变得更难于传达了。因此，他心目中的人类史底哲学，可能完全不同于我们通常所理解的人类史底哲学：这绝不是在决定概念时的一种逻辑准确性，或是对于原理的细致区分与证明，而是一种短暂驻留、包罗万象的目光，一种在发现类比时成熟的精明，但在运用类比时大胆的想象力，而与借由情感与感觉为其始终保持在朦胧远处的对象赢得好感之技巧相

3 【译注】Quem te Deus esse iussit et humana qua parte locatus es in re disce. 语出罗马诗人波西蔼斯（Aulus Persius Flaccus，34—62）底《讽刺集》（*Saturae*, III, 11-12）。赫德尔于此书第一部卷首引用此句作为题辞。

结合——作为一种庞大的思想内涵之作用，或是作为意义深远的暗示，这些情感与感觉让人臆想到的东西多过冷静的判断在其中可能会直接见到的。然而，既然思想自由（我们在此大幅度地见到这种自由）由一个多产的头脑来行使时，总会为思想提供材料，则我们想尝试从他的理念——只要我们顺利的话——撷取出最重要且对他而言最具特色的理念，并且以他自己的说法加以表述，最后再对整体加上若干评注。

我们的作者由扩大视野入手，以便为人指定他在我们的太阳 46
系底其余星球之居民当中的地位，并且由人所居住的天体之居中的有利位置，推论出一种仅是“中等的尘俗理智与一种更为含糊得多的人类德行，而且这是人在此处必须依靠的，但却——既然我们的思想与力量显然只是来自我们的尘俗组织，并且努力改变并转化自己，直到它们大致发展到我们的造化所能允许的纯粹性与精致性为止；再者，如果类比可以作为我们的指导者的话，在其他星球上也不会有所不同——使人臆想：人与其他星球上的居民共有一项目标，因而最后不单是会漫游到一个以上的星球上，而是甚或得以与众多不同的姊妹世界中所有已臻于成熟的受造物相交往”[4]。由此他进而考察人产生之前发生的变革。“在我们的空气、我们的水、我们的地球得以形成之前，各种各样相互分解、相互冲击的力量是必要的。再者，各种土壤、矿石、结晶体，乃

4 【译注】诚如皇家科学院本《康德全集》此文底编者麦尔（Heinrich Maier）所言，康德引述赫德尔此书之文句时并不严谨，除了文句常有出入之外，偶尔仅根据大意引述。故以下根据麦尔底说明来标示康德底引文在赫德尔此书中的出处时，并非意谓这是严谨的引述；所标页码则以赫德尔此书之原版为准。此段见于 Herder: *Ideen zur Philosophie der Geschichte der Menschheit*（Riga u. Leipzig 1785），Ⅰ，S. 13f.。

至在贝壳、植物、动物，最后是人当中的组织，其中一者之分解与转变为另一者，有多少不预设这些力量呢？人是一切元素与存有者之子，集其精粹之大成，而且仿佛是地球创造之奇葩；他只能是自然底最后宠儿。为了其形成与孕育，必须先有许多发展与变革。”[5]

在地球底圆形之中，他发现由于这个形状在一切可以想到的多样性中所造成之统一性而感到的惊讶之对象。“一旦牢记了这个形状，谁还会忍心去皈依哲学与宗教中的一种咒语信仰，或是凭着模糊但却神圣的热忱为此而杀人呢？”[6]同样地，黄道之倾斜也为他提供了机缘，去考察人底分命：“在我们倾斜运行的太阳底下，人底一切作为都是以年为周期。”[7]对大气层的进一步认识，甚至天体对大气层的影响（如果这种影响被进一步认识的话），对他来说，似乎会对人类史产生一种重大的影响。在关于陆地和海洋之分布
47 的一节里，他提出地球底构造，作为说明各民族历史之差异的原因。“亚洲在道德与习俗上是一体的，如同它在土地上连成一片。反之，小小的红海却已使道德分化，小小的波斯湾则更甚。但是美洲底许多湖泊、山脉与河流及其大陆在温带伸展得如此广阔，却不无原因；而且就旧大陆是人最早的栖息地而言，其构造不同于自然在新世界中所作的安排。”[8]第二卷探讨地球上的组织，并且从花岗岩开始；这种岩石受到光、热、一种粗浊空气与水之作用，并且

5 【译注】见同上书，S. 18-20。

6 【译注】见同上书，S. 23。

7 【译注】见同上书，S. 29。

8 【译注】“旧大陆”指欧洲，“新世界”指美洲。麦尔指出：在赫德尔书中，很难找到与此段文字完全对应的段落；其内容大致出自此书第 1 卷第 6 及 7 节。麦尔怀疑：此系由于康德本人底疏忽与排版错误所致。

或许会促使砾石成为钙质土，在其中形成了最初的海洋生物，即甲壳类生物。接着，植物就开始出现。——人与植物底发展之比较，以及人底性爱与植物底开花之比较、植物界对于人的用处、动物界、动物与人因气候而有的变化：对古代世界而言，这些都是不完美的。“受造物之种属越是远离人，就越扩展；越是越近人，就变得越少。……在万物之中都有一个主要形式，即一个类似的骨架。……由这些过渡来看，在海中生物、植物，甚至或许**所谓灭绝的**存有者之中，不无可能是由同一种组织结构所支配，只是更为粗糙与混乱到无以复加而已。从永恒存有者（他视万物为一体）底眼中看来，冰粒在产生过程中的形状与在其中形成的雪花底形状，或许和胎儿在子宫中的孕育之间，有一种类比的关系。……人在动物当中，是一种居间的受造物，亦即最开阔的形式，而在这种形式中，**所有种属之全部特性**均集其精华之大成于人之一身。……我看到各种动物仿佛从空中和水中、从高山和深谷趋向于人，并且一步步地接近其形态。”[9] 此卷结尾说：“人啊！为你的地位庆幸吧！并且在你周遭的一切生物之中，探讨你这种高贵的居间受造物吧！”[10]

第三卷将植物与动物底结构同人底组织加以比较。既然他是为了其目标而利用自然学家底考察，我们无法跟随他，而是仅列
举若干结论：“借由如此这般的器官，受造物从植物死去的生命中 48
产生有生命的刺激，并且从这种刺激之总和，经由纤细管道之精炼，而产生感觉底媒介。刺激之结果成为**冲动**，感觉之结果则成为**思想**：

9 【译注】Herder: *Ideen zur Philosophie der Geschichte der Menschheit*, I, S. 88-93.

10 【译注】见同上书，S. 94。

这是有机创造底一种永恒的进程，而**为每个生物所禀有**。”[11] 作者并不指望于胚芽，而是指望于一种有机的力量，对植物和动物都一样。他说：“正如植物本身是有机的生命一样，珊瑚虫也是有机的生命。因此就有多种有机的力量，有属于植物的、属于肌肉刺激的、属于感觉的。神经越多、越细致，脑子越大，该种属就会越聪明。**动物底灵魂**[12]是在一个组织中发生作用的所有力量之总和”[13]；再者，本能并不是一种特殊的自然力量，而是自然借由其温度而为所有那些力量定下的方向。自然底此一有机原则——我们时而称之为**造形的**（在岩石中），时而称之为**激生的**（在植物中），时而称之为**感觉的**，时而称之为**人为建造的**，而根本只是同一种有机的力量——越是分布到更多的器官与不同的肢体上，在它们之中越是自成一个世界，本能就越会消失，而对于感觉与肢体之独立自由的运用（像是在人类那样）也就开始了。最后，作者得出人在本性上的根本分别。“人之直立而行**唯独**对于他是自然的；这的确是为了其种属底全部天职而设的组织，并且是其殊异的性格。”[14]

并非由于人注定拥有理性，他才被指定直立的姿势，以便依理性来运用其四肢；而是他借由直立的姿势，才获得理性，而这种姿势是仅只为了使他直立行走而必要的那种安排之自然结果。“让我们以感激的目光，怀着惊异，驻留于这个神圣的艺术品上，驻留于使我们的种属成为人类之善举上吧！因为我们看到，何种

11 【译注】见同上书，S. 106。

12 【译注】德文的 Seele 一词，译者有时译为“心灵”，有时译为“灵魂”，均依文句之脉络而定。

13 【译注】麦尔指出：此段引文是由赫德尔原书底不同段落拼凑而成；见 Herder: *Ideen zur Philosophie der Geschichte der Menschheit*, I, S. 119, 124f., 125, 134。

14 【译注】见同上书，S. 177。

新的力量组织肇端于人底直立姿势中，以及人如何单凭这个姿势而成为一个人。”[15]

在第四卷中作者先生进一步发挥这项论点：“与人类似的受造物（猴子）欠缺什么，才使他未成为人呢？”[16]——再者，人是由于什么才成为人呢？由于头底造型适于**直立的姿势**，由于内在与外在的组织适于垂直的重心。——人拥有的所有脑中的部分，猴 49
子都拥有；但依其头颅底形状，它却是在一种后仰的姿态中拥有它们；而它具有这种姿态，是因为它的头是按照另一个角度而被塑造，而且不是为了直立行走而造的。一切的有机力量随即就产生了不同的作用。——“人啊！朝天仰望吧！并且悚然地为你那无可估量的优越性而庆幸吧！世界底创造者将这种优越性联系到一项如此简单的原则上，此即你那直立的姿势[17]。……昂立于土地与杂草之上，不再是由嗅觉作主，而是由眼睛作主[18]。……由于直立而行，人便成为一件艺术品，他获得了自由的、创作的双手，……唯因直立而行，才产生真正的人类语言[19]。……在理论上和实践上，理性均不外乎是某种闻知之物，是理念与力量之学得的比例与方向，而这是人按照其组织与生活方式而被造就出来的[20]。”再说自由。“人是造化中第一个被释放的，他直立起来。”[21]至于羞耻心：“由于

15 【译注】见同上书，S. 180。

16 【译注】见同上书，S. 185。

17 【译注】“人啊〔……〕直立的姿势”，见同上书，S. 205。

18 【译注】“昂立〔……〕而是眼睛作主”，见同上书，S. 216。

19 【译注】“由于直立而行〔……〕人类语言”，见同上书，S. 216, 217, 223。

20 【译注】“在理论上和实践上〔……〕被造就出来的”，见同上书，S. 229。

21 【译注】见同上书，S. 231。

直立的姿势，它必然很快就发展出来。”[22]他的本性不会遭受任何特殊的变异。“何以致此？是由于其直立的姿势，而非由于任何其他的缘故[23]。……他被造就出人道（Humanität）；平和、性爱、同情心、母爱，这些都是其直立形态底人道之根芽。……正义与真理底规律植基于人本身底直立姿势；这种姿势也为他造就出正直：宗教是最高的人道。匍匐的动物感觉模糊；上帝将人提升起来，使得人纵使不明白这点，且不愿如此，也会窥探事物底原因，并且发见你，发现你这位集万物之大成者。但是宗教却产生希望与对不朽的信仰[24]。”这后面一点是第五卷所谈论的。“从矿石到结晶体，从结晶体到金属，从金属到植物界，从植物界到动物，最后到人，我们看到组织底形式上升，而受造物底力量与动力也随之变得多种多样，而且最后全都在人底形态中统合起来（就这种形态能包容它们而言）。……”[25]

“通过这一系列的存有者，我们觉察到在越来越接近于人底形态的主要形式当中有一种类似性，……同样地，我们也看到各种力量与动力向人靠拢。……每个受造物底生命期限也是按照它必须促进的自然目的而被安排的。……一个受造物越是有组织，
50 其结构就越是由低级的领域组合而成。人是宇宙底一个纲要：石灰、土、盐、酸、油与水，以及植物、刺激、感觉底力量，均在人底身上有机地统合起来。……这促使我们也假定一个**无形的力量王国**，以及一个无形力量底上升的系列，而这个王国正好存在

22 【译注】见同上书，S. 238。

23 【译注】“他的本性〔……〕其他的缘故”，见同上书，S. 238f.。

24 【译注】“他被造就出人道〔……〕对不朽的信仰”，见同上书，S. 244-260。

25 【译注】见同上书，S. 265。

于与造化底有形领域完全吻合的关联与过渡之中。……这**完全**说明了灵魂之不朽，且不仅如此，而是说明了宇宙造化底所有产生作用且有生命的力量之延续。力量不会消逝，器官却可能受到损害。凡是因赋予万物生命者之召唤而得到生命的，都会活下去；凡是产生作用的，都会在其永恒的关联中永恒地产生作用。"[26]他并未阐明这些原则，"因为这里并非进行阐明之处"[27]。然而，"我们在物质之中看到如此多类乎精神的力量，以致精神与物质这两种的确极为不同的存有者之间的全然对立与矛盾，似乎即使不是自相矛盾的话，至少是完全未经证实的"[28]。——"没有任何眼睛看过预先形成的胚胎。如果有人谈到一种新生（Epigenesis），他是假借地说，仿佛肢体是**从外面**生长出来的。实则这是生成（Bildung；genesis），是**内在力量**之一种作用——自然为这些力量准备了一个团块，这些力量使这个团块**成形**，而它们在其中会使自己有形可见。造就身体的，并非我们的理性魂，而是神底手指，即有机的力量。"[29]文中又说："一、力量与器官固然紧密地相结合，但却不是一回事。二、每种力量都与其器官协调一致地产生作用，因为它仅是为了彰显其本质而使器官成形，并且自我调适。三、当外壳脱落时，力量依然存在；尽管这种力量事先是在一种低级的状态中，而同样是有机的，但却在这个外壳之先已经存在。"[30]接着，作者对唯物论者说道："即令我们的心灵与物质、刺激、运动、生命底所有力

26 【译注】见同上书，S. 265-270。
27 【译注】见同上书，S. 270。
28 【译注】见同上书，S. 273。
29 【译注】见同上书，S. 274, 275, 276。
30 【译注】见同上书，S. 277。

量原本是一回事，而且只是在一个更高的阶段里，在一个更完善、更精致的组织中产生作用而已，那么，有人就算只有一次看过运动与刺激底力量消逝吗？再者，这些低级的力量与其器官是一回事吗？”[31] 这其中的关联意谓：这只能是向前进展。“我们能将人类视为低等的有机力量之大总汇，而这些力量会在人类身上萌芽，以培养出人道。”[32]

51 人底组织在一个精神力量底王国出现，这显示于：“〔一、〕[33] 相较于感觉提供给它[34] 的东西，思想是一种完全不同的东西；关于这些组织底起源的所有经验，都证明了一个固然是有机的但却是自主的、依精神联结底法则而产生作用的存有者之作用。〔二、〕就像身体靠食物增长那样，精神则是靠理念增长；甚至我们就在精神之中看到类化、生长与创生底法则。简言之，在我们里面形成一个内在的精神的人，他有他自己的本性，而且将躯体仅当做工具来使用。……〔三、〕[35] 更清明的意识——人类心灵底这种伟大的优越性——是以一种精神的方式，经由人道，才成形于心灵之前云云。”[36] 一言以蔽之，如果我们正确理解的话，心灵最初是由逐渐添加的精神力量变成的。——“我们的人道只是预备，只是一朵未来的花卉之蓓蕾。自然逐步抛弃低下之物，另一方面则扩充精神之物，使精致之物更加精致；而我们便能期待其艺匠之手将使

31 【译注】见同上书，S. 279f.。

32 【译注】见同上书，S. 287。

33 【译注】此标号依赫德尔原文补。

34 【译注】康德引述此句时有所省略。依赫德尔原文，此“它”（“ihr”）词系指“心灵”（“die Seele”）。

35 【译注】此标号依赫德尔原文补。

36 【译注】见 Herder: *Ideen zur Philosophie der Geschichte der Philosophie*, I, S. 289-293。

我们的人道底蓓蕾在未来的存在中也会以其本然的、真正的、神性的人底形态出现。”[37]

结语如下：“人底目前状态或许是联系两个世界的居间环节[38]。……当人作为最高且最后的环节而终结尘俗组织之系列时，他正好也由此开启了一个更高种属底受造物之系列，而为其最低的环节；且因此他或许是两个相互衔接的造化系统之居间环节[39]。……他一下子向我们展示了两个世界，而且这构成其本质在表面上的双重性[40]。……生命是一场奋斗，而纯粹不朽的人道之花是一顶不易赢得的冠冕[41]。……因此，我们在更高阶段中的兄弟对我们的爱，的确多过我们对他们能有的渴求与爱；因为他们更清楚地了解我们的状态，……而且他们或许会培养我们成为其幸福底分享者[42]。……我们或许无法设想：未来的状态会完全无法由目前的状态得悉，就像动物可能愿意相信：人之于它亦复如此[43]，……故若无更高级的指导，语言与初步的科学似乎是无法解释的[44]。……甚至在往后的时代里，对于地球的最重大作用系由于无法解释的情况而发生，……甚至当器官变得对于地球上的生命
之日常循环无用时，疾病往往成为这方面的工具；然则，不息的 52

37 【译注】见同上书，S. 299, 304f.。

38 【译注】见同上书，S. 308。这是赫德尔此书第 1 部第 5 卷第 6 章之标题。

39 【译注】“当人作为最高且最后的环节〔……〕两个相互衔接的造化系统之居间环节”，见同上书。

40 【译注】见同上书，S. 310。

41 【译注】见同上书，S. 311。

42 【译注】“因此，我们在更高阶段中的兄弟〔……〕成为其幸福底分享者”，见同上书，S. 313。

43 【译注】“我们或许无法设想〔……〕亦复如此”，见同上书。

44 【译注】见同上书，S. 313。

内在力量或许会得到一个不受干扰的组织所无法得到的印象，这似乎是理所当然的。……但是人却不会直观到自己进入其未来的状态之中，而是相信自己进入其中[45]。”（可是，他一旦相信他能直观到自己进入其中时，我们又如何能阻止他试图偶尔使用这种能力呢？）——“可以肯定的是：在他的每一种能力当中，都有一种无限性，宇宙底力量似乎也隐藏于他的心灵中，而且心灵只需要有一个组织或是一系列的组织，就可以使这些力量有所活动和操作。因此，如同花朵站在这里，并**以直立的姿势**终结了尚无生命的地下造化之王国，……人也超越于所有匍匐在地上之物（动物）而**挺直地**站在这里。他带着崇高的目光，高举双手，站在这里，像是家中的一个儿子在等待其父亲之召唤。”[46]

本书（其规模看来有数册之多）第一部之理念与终极目标如下。它避免一切形而上学的探讨，而要从与物质底自然形态（尤其是在其组织之中）之间的类比去证明人类心灵底精神本性、其常住性及在圆满性方面的进步。职是之故，它假定有精神力量（物质仅是其建材而已），即造化之某种无形的王国，而这个王国包含将一切事物组织起来的生发力，并且是以这样的方式去进行：这个组织底圆满性之样板是人，而地球上所有的受造物从最低的阶段起，都向他靠拢，直到最后，正是借由这个已完成的组织（其主要条件是动物之直立而行）而形成人。人底死亡绝无法终结先前已在各类受造物中不厌其烦地显示出来的各种组织之进展与上升，而是毋宁令人期待自然会超越至更加精致化的手法，而借此将人

45 【译注】“甚至在往后的时代里〔……〕相信自己进入其中”，见同上书，S. 314f.。

46 【译注】见同上书，S. 315-318。

推进并提升到未来更高的生命阶段，且就此进入无限之境。评论者得承认：纵使他愿意同意自然中的受造物之那种连续的递进，连同其规则（即“向人靠拢”之规则），他却不理解这种由自然底 53
类比所作的推论。因为在此有**各种不同的**存有者，它们占据日趋圆满的组织之各种阶段。因此，根据这样一种类比，我们只能推断说：在**其他**什么**地方**，或许在另一个星球上，可能还会有受造物，它们在组织上据有在人之上的次一个更高的阶段；但却无法推断说：**同一个体**会达到这个阶段。在由蛆或毛虫发展出来的飞虫身上，存在一种十分独特且与自然底通常程序不同的安排；而即使是在这种情况下，重演性发生（Palingenesie）亦非随着**死亡**而来，而仅是随着**虫蛹状态**而来。反之，这里必须证明的倒是：即使在动物腐烂或焚化以后，自然还是让它们由其灰烬上升到在种类上更为圆满的组织；如此，我们才能根据类比，也对在此化为灰烬的人作这种推论。因此，同一个人在来生上升到一个更圆满的组织之阶段，与我们可能在一个自然王国之极其殊异的种属与个体当中设想的阶段之梯，这两者之间并无丝毫类似之处。在后一情况下，自然让我们看到的不外乎是：它任由个体完全毁灭，而仅保存种属；但在前一情况下，我们却期望知道：人底个体在地球毁灭后，是否还会活着——这或许能从道德的或者（如果我们愿意的话）形而上学的根据去推断，但绝无法根据任何一种与有形的繁衍之间的类比去推断。而至于那个有作用且自主的力量之无形王国，我们无法明白看出：作者在相信自己能从有机的繁衍确切地推论出这个王国底存在之后，何以不愿让人底思维性原则直接过渡到那里，作为纯精神的本性，而非借由组织底构造，从混沌之中凸显出这个王国呢？除非他把这些精神的力量当做与人类心灵完全不同的某种东西，并且不将心灵视为特殊的实体，而仅视之为一种影响物质并且赋予它以生命的无形的普遍的自然之效果——但我们怀疑能公允地将这种见解加诸他。然而，对于产生组织的无形力量之假设，从而对于想要根据**我们更不了解的东西**去解释**我们所不了解的东西**之计划[47]，我们究竟该有何想法呢？对于后者，我们至少还能凭借经验去认识其法则（尽管其原因的确依然不得而
54 知）；对于前者，我们甚至被剥夺一切经验，而哲学家在此，除了纯然绝望于在某种自然知识中探求消息，并且被迫决定在虚构能力底肥沃田野上寻求这种知识之外，还能援引什么，来为其托辞辩护呢[48]？这仍然还是形而上学，甚至极为独断的形而上学——尽管由于时尚所趋，我们的作家摒弃形而上学。

但至于各种组织底阶段之梯，如果不足以达成作者那远远超乎这个世界之外的目标，我们也不必为此对他多所责难；因为它在地球上的自然王国方面之运用，也同样一无所成。如果我们将各种属按其**类似性**加以排比，则在如此庞然的多样性当中，其差别之细微正是这种多样性底一个必然结果。在它们之间只有一种**亲缘关系**（Verwandtschaft），而在这种关系中，若非一个种属起源于另一个种属，而所有的种属均起源于一个唯一的原始种属，就是譬如说，所有的种属均起源于一个唯一的生育的母胎——这会

47 【译注】“我们所不了解的东西”，是指人类心灵（灵魂）之本性。康德在《纯粹理性批判》中虽然将人类心灵（灵魂）理解为一种实体，但同时强调其本性之不可知；因此，他严厉批判西方传统形而上学中有关“灵魂不灭”的所有论证。“我们更不了解的东西”是指“产生组织的无形力量”，亦即上文所谓“一种影响物质并且赋予它以生命的无形的普遍的自然”。依康德之见，这种假设涉及“物自身”，而逾越了人类知识之界限。

48 【译注】译文中的“前者”、“后者”与原文正好相反，这是为了迁就中文的语法。译文中的“前者”是指“我们更不了解的东西”，“后者”则是指“我们所不了解的东西”。

导向一些理念，但这些理念浩瀚得惊人，使理性望而却步。我们不能将这类事物归诸我们的作者，而不失公道。至于他通过所有的动物类，下迄植物，而对比较解剖学所作的贡献，则研究自然学的人可以自行判断：他在此为新的考察所作之指示对他们能有多大的用处？以及，这种指示究竟是否真的有些根据？但是，有机力量底统一性（页 141）——这种力量在一切有机的受造物之多样性方面是自成的，随后再依这些器官之不同，借由它们，以不同的方式产生作用，而构成受造物底诸多种与类之全部区别——是一个理念，它完全落在实测的自然论底领域之外，而且属于纯思辨的哲学。当这个理念进入思辨哲学之中时，它也会在已被采纳的概念当中造成严重的破坏。头部之何种组织化——外而在其形状之中，内而在其脑部方面——与直立而行之禀赋有必然的联结？进而言之，一个纯然为此目的而设的组织如何包含理性能力底基础，而使动物分享理性能力？单是要决定这些问题，显然就超出了全部的人类理性——不论理性是要循着自然学的引线去摸 55
索，还是要循着形而上学的引线去飞翔。

然而，对于这部如此富于思想的著作，我们不该由于这些商榷而将其贡献一笔勾销。其中的一项优点是（在此且不提许多不但言辞优美而且思想高尚又真切的反思）：对于理性在其纯然的试验中单凭自己能有多少成就这一点，作者底职业蒙受各种疑虑，这些疑虑往往使所有哲学都受到局限，而作者却有勇气想去克服它。在这方面，我们希望他有很多追随者。此外，自然本身为它在其受造物底组织与分类上的工作所覆盖之神秘的晦涩性，也要为一部哲学人类史底这第一部分所带有的晦涩性与不确定性承担一部分的责任。这第一部分旨在将这部人类史底两个极点——即它出发之点与它越过地球史而迷失于无限之域的那一点——尽可能地相互联系起来。这项尝试固然大胆，但对于我们的理性之探索欲却是自然的，而且即使做得不尽成功，亦非不光彩。但我们更加期望：我们这位富于才智的作者在继续撰写这部著作时，将发现眼前有一片坚实的土地，而对其奔放的天才多少加以约束；再者，但愿哲学——其要务是修剪浓密的嫩芽，更甚于促使它们生长——并非借提示，而是借确定的概念，并非借臆想而来的法则，而是借观察所得的法则，并非凭借一种无论是受到形而上学还是情感所激励的想象力，而是凭借一种精心策划但审慎执行的理性，来引导他完成其事业。

56 *II*

赫德尔《人类史底哲学之理念》底评论者（《文学通报》第4期及增刊）对《德意志信使报》2月号中反驳本评论的一篇投书之商榷

在《德意志信使报》2月号页148，有人以一位牧师底名义，出面为赫德尔先生此书辩护，而反驳在我们的《文学通报》上所谓的攻击。让一位受到尊敬的作者底名字一起卷入评论者和反评论者之间的争论中，这是不得体的；因此，我们在此只想为我们在介绍与评断上述著作时的处理方式辩解，认为它符合这份刊物奉为圭臬的准则，即谨慎、公正与节制。这位牧师在其投书中痛斥他心目中的一位形而上学家；依他的想法，这位形而上学家对一切透过经验途径而得到的教导，或者（如果问题还没了结的话）

对根据自然底类比而作的推论，都完全无动于衷，并且想要把所有东西都套进其烦琐哲学的无用的抽象之模子里。评论者很能容忍这种争执，因为在这一点上，他与这位牧师底意见完全一致，而评论本身就是其最佳的证明。但既然评论者相信自己对一门人类学底材料极为娴熟，而且对于运用人类学来尝试就人底全幅分命建立一部人类史的方法也略有所知，则他确信：这些材料既无法在形而上学中，也无法在自然标本室中，借由比较人与其他动物类之骨架去寻求；而后一种办法尤其不可能引导我们甚至去探知人对于另一个世界的分命；倒是这些材料只能在他借以彰显其性格的**行为**之中找到。这位牧师也劝评论者相信：赫德尔先生从未打算在其著作底第一部（它只是在普遍的自然系统中将人当做动物而提出来，且因此包含未来的理念底一个先声）里为人类史提供实际的材料，而是仅提供思想，这些思想能提醒自然学家尽可能地扩展其探究（自然学家通常将其探究仅针对于动物构造之机械面），直到与理性之运用于这个受造物相宜的组织为止——尽 57
管他[49]在这当中赋予这些探究的分量，已多过它们过去所能获得的。持后一种看法的人也无必要（像这位牧师在页161所要求的）去证明：人类理性**在另一种形式**底组织中至少是**可能的**；因为这一点正如同说：**唯有**在目前的形式中它才是可能的，都是绝对无从洞悉的。对于经验的理性运用也有其界限。经验固然能使人明白：某物是如此这般的状态，但绝无法使人明白：**它绝不会是别的样子**；甚至没有任何类比能填满偶然之物与必然之物间这道深不可测的鸿沟。我在评论中说过："如果我们将各种属按其**类似性**加以排比，

49 【译注】这是指赫德尔。

则在如此庞然的多样性当中，其差别之细微正是这种多样性底一个必然结果。在它们之间只有一种**亲缘关系**，而在这种关系中，若非一个种属起源于另一个种属，而所有的种属均起源于一个唯一的原始种属，就是譬如说，所有的种属均起源于一个唯一的生育的母胎——这会导向一些**理念**，但这些理念浩瀚得惊人，使**理性**望而**却步**。我们不能将这类事物归诸我们的作者，而不失公道。”[50]这段话令这位牧师误以为：在对这部著作的评论当中可以发现**形而上学的正统思想**，因而发现不宽容；而他又补充说：“**享有自由的健全理性也不会对任何理念望而却步**。”[51]但是在他所臆想的一切东西当中，并没有任何可怕之物。这仅是一般人类理性对于空无的恐惧（horror vacui），亦即：当我们碰到一个理念，在其中**根本没有任何东西可以思考**时，会**望而却步**；而在这方面，存有论的规范或许可以为神学的规范所师法，而且正是为了宽容之故。此外，这位牧师还感到：将**思想自由**这项功绩归诸本书，对于一位如此知名的作者来说，未免太过平凡了。他无疑是认为：书中所谈的是**外在的**自由，而由于外在的自由依待于地点与时间，事实上它根本就不是什么功绩。不过，这篇评论却已注意到那种**内在的**自由，亦即从习以为常的且经舆论强化的概念与思考方式之束缚中超脱的自由；而这种自由**极不**寻常，以致连唯哲学是从的人也只
58 有少数能奋力得到了这种自由。他指摘这篇评论说：“**它摘录那些表示成果的段落，却未同时摘录酝酿这些成果的段落**。”[52]对于所有

---

50 【译注】莱因侯尔德引述这段文字，文字略有出入，但无关宏旨；引文见 *Teutsche Merkur*, 1985, I, S. 164。

51 【译注】见同上书，S.165。

52 【译注】见同上书，S.166。

作者来说，这可能是一种无法避免的不幸；尽管如此，这较诸根本单凭东摘录一段，西摘录一段，就加以褒贬，还是稍堪忍受的。因此，我们怀着一切应有的尊敬，甚至怀着对作者**声名**尤其是其**身后之名**的同情而对上述著作所下的评语并无改变；是以，这项评语与这位牧师在页 161（不太负责地）强加于他的评语——**本书并未完成其书名所承诺之事**——大异其趣。因为在本书第一册（它仅包括一般自然学的预习）里，其书名根本未承诺去做以下各册（就我们所能判断的范围而言，这几册将包括依本义而言的人类学）被期待去做的事；再者，以下的提醒并非多余的：在第一册对自由加以限制，而在以下各册，这种自由或许可以赢得宽谅。此外，如今要做到本书书名所承诺之事，就只能看作者本人了；由于他的才华与博学，我们也有理由期望他会做到。

III

赫德尔著《人类史底哲学之理念》
第二部，344 页，8 开本。
里加与莱比锡，出版者哈特克诺克，1785 年。

第二部写到第十卷为止。首先它在第六卷底六章里描述北极附近与亚洲地脊周遭各民族、已开化民族底地理带、非洲各民族、热带岛屿居民与美洲人[53]之组织。作者在结束其描述时，表示希望搜集关于各民族的新图片，而这份工作已由尼布尔、

53 【译注】指美洲印第安人。

帕尔金森、库克、赫斯特、格欧尔吉[54]等人开其端。“如果某个堪任其事的人将散布各地、有关我们人类底差异的忠实图绘加以搜集，且因此为一门**关于人的生动的自然学与面相学**打下基础，这会是一份美妙的礼物。艺术很难再以更为哲学的方式去
59 应用了。**齐默曼**曾尝试绘制一张动物学的图表，在上面只能勾勒构成人底殊异性的东西[55]，但是一张人类学的图表也要考虑所有现象与各个方面——这样的一张图表将会使博爱主义的著作登峰造极。”[56]

第七卷首先考察以下的命题：尽管人类有极为殊异的形式，但他们在各处都只一个种属；而这个种属在地球各处都已适应了水土。接着，它阐明气候对于人在躯体与心灵方面的形态之作用。作者深具慧识地看出：在我们能建立一门自然学的、感性的气候学，遑论建立一门关于人类底全部思考能力与感觉能力的气候学之前，还欠缺许多预备工作；再者，要将一团混乱的原因和结果——在此是由地理带之高低、地理带及其产物之特质、饮食、生活方式、工作、衣着，乃至习惯态度、娱乐与艺术，连同其他情况共同形成的——安排成一个世界，其中的每件事物、每一个别的地区都各得其宜而无过与不及之处，这是不可能的。因此，他以值

---

54 【译注】尼布尔（Carsten Niebuhr，1733—1815）是德国探险家；帕尔金森（James Parkinson，1730?—1813）是英国的博物馆经营者；库克（James Cook，1728—1779）是英国航海家；赫斯特（Höst），其全名及生平不详；格欧尔吉（Ivan Ivanovich Georgi，1729—1802）是出生于德国的俄国探险家及人种学家。

55 【译注】齐默曼（Eberhard August Wilhelm von Zimmermann，1743—1815）是德国自然学家兼地理学家，曾撰《人与遍布各地的四足动物之地理史》（*Geographische Geschichte der Menschen und der allgemein verbreiteten vierfüßigen Tiere*, 3 Bände, 1778—1783）。

56 【译注】Herder: *Ideen zur Philosophie der Geschichte der Menschheit*（Riga u. Leipzig 1785），II, S. 69f.

得称道的谦逊，甚至将页 99 以下的通论也仅当做问题而提出来（页 92）。这些通论包含于以下的主要命题之中：1）各式各样的原因在地球上促成一种气候上的联属性，而为生物底生活之所需。2）我们地球上的可居之地集中在大多数生物以令他们最满足的形式产生作用的地区；大陆底位置对所有这些地区底气候都有影响。3）地球之造山运动不仅使地球底气候对于各种各样的生物有千变万化，而且尽其所能地防止人类之扩散[57]。在此卷第四章里，作者主张：生发力是地球上的一切形构之母，而气候只是对它产生有利或不利的作用而已；并且以关于**生发**（Genesis）**与气候之冲突**的若干评论作结。在此，他特别还**希望**有一部**我们人类依气候与时代而起源与变种的自然地理学史**。

在**第八卷**里，赫德尔先生探索人类感觉之运用、人底构想力、其实践知性、其冲动与幸福，并且借不同民族之事例来阐明传统、 60
意见、锻炼与习惯之影响。

第九卷探讨人在发展其能力时对别人的依待，讨论语言之作为人底教育工具，讨论艺术与科学之经由模仿、理性和语言而被发明，讨论政府之作为人与人间已确立的而大多是沿袭传统而来的秩序，并且以关于宗教和最古老传统[58]的评论作结。

第十卷大多是作者在别处已阐述过的思想之成果；其中，它除了考察人最初的栖息地与亚洲关于大地与人类之创造的传

---

57 【译注】“扩散”（Ausbreitung）在赫德尔原书作“退化”（Ausartung），可能是康德认为赫德尔有笔误而加以修改。

58 【译注】贝克（Lewis White Beck）指出：赫德尔此书第 9 卷第 5 章之标题为“宗教是地球上最古老且最神圣的传统”，故康德在此处将宗教与最古老的传统分为二事，不合赫德尔之原意。贝克之说见其译注 *On History*（Indianapolis: Bobbs-Merrill 1963），p. 45, footnote 9。

统而外，还根据其《**人类最古老的文献**》(*Älteste Urkunde des Menschengeschlechts*) 一书，重述了他关于摩西创世记的假说之要点[59]。

即使在这第二部，这份枯燥的报告应当也只是本书内容之报导，而非其精神之阐述；它要邀人去阅读本书，而非代人阅读本书，或是使本书之阅读成为不必要。

第六与第七卷几乎绝大部分只是民族志底摘录，当然是挑选精当，安排出色，并且随处附以意味深长的独特评断；但正因如此，更难以详尽摘录。我们在此的目标也不包括摘录或分析如此多充满诗意雄辩的美妙段落，每一位有感触的读者都会认出这些段落。而同样地，我们在此也无意探讨：使其文辞富有生气的那种诗性精神是否偶尔也闯入了作者底哲学中？是否有时同义词被当成了解释，而比喻被当成了真理？是否作者有时并非从哲学语言之领域转入相邻的诗性语言之区域，而是将两者底界限与领地完全搅乱了？以及，是否在许多地方，大胆的隐喻、诗性的图象、神话的暗示之组合毋宁是用来将思想底躯体有如隐藏在一条**大蓬裙**(Vertugade)[60]底下，而非让它有如在一件透光的长袍底下闪耀悦人的光彩。我们留待优美哲学文笔底批评家去做或是留待作者本
61 人最后完成的是以下的探究，譬如：“**不仅是日与夜，而且季节之更迭也改变了气候**”的说法较诸页 99 所说：“不仅是日与夜，而且交替的季节之**圆舞**也改变了气候”，是否可能更好？在页 100

59 【译注】此书系赫德尔于 1774—1776 年出版的著作。他在书中根据《旧约 · 创世记》来说明人类文化之起源，即此处所谓“对于摩西创世记的假说”。

60 【译注】这是指十六世纪前后开始在西欧贵族妇女中流行的以鲸骨箍撑起的大圆裙。

里，在对于这些变化的一段自然史描述之后，是否适合接上在一首酒神颂歌中的确美妙的如下图像：“其（大地之）**侯兰**环绕着朱庇特底王座，跳一曲圆舞[61]，而且在她们脚下形成的，固然只是一种不圆满的圆满性，因为一切都是建立在不同类事物之统一上，但是借由一种内在的爱与相互婚配，到处都诞生了自然之儿女，即感性的规律性与美。”或者，对于从游记作家对不同民族底组织与气候之评论过渡到对由此抽绎出的通则之搜集而言，第八卷开头的如下转向是否太过于**像史诗**了：“对我来说，这就像是一个人要从海涛里航行到空中一样，因为我现在就根据人底形态与自然力量来探求其精神，而且胆敢在我们辽阔的地球上根据不熟悉的、残缺的且部分不可靠的报导来研究其精神之变动不居的特质。”我们也不探究：其滔滔雄辩是否偶尔使他陷于矛盾？例如，他在页 248 提到：发明家必然会将其发现底好处留给后世，而这往往甚于他们为自己而发明；这岂非一个新的例证，证实了以下的命题：人之涉及其理性底运用的自然禀赋只会在种属之中、而非在个体之中得到完全的发展 62？但作者在页 206 却倾向于责怪这个命题，以及若干由此推论出（尽管并未十分正确地被领会）的命题，认为它们近乎**侮辱自然底庄严**（其他人则在散文中称之为亵渎神明）。对于这一切，由于篇幅所限，我们在此必须置之不论。

有一件事，评论者不但寄望于我们的作者，也寄望于所有

---

61 【译注】“侯兰”（Horen）是指古希腊神话里的三位女神欧诺米亚（Eunomia）、艾伦内（Eirene）、迪凯（Dike）。在赫西奥德（Hesiod）底诗里，她们分别掌管法律秩序、和平与正义。其后，她们成为掌管时序的女神。“朱庇特”（Jupiter）则是古罗马神话里的众神之王，相当于希腊神话中的“宙斯”（Zeus）。

62 【译注】这是康德《在世界公民底观点下的普遍历史之理念》一文中所列举的“第二定律”（*KGS*, Bd. 8. S. 18）。

其他从事于人底普遍自然史的哲学工作者，此即：有一个历史考证的头脑为他们全体预先作好了准备工作，从不计其数的民族志
62 或游记及其所有可能关乎人性的报导中，特别摘录出那些互相矛盾的资料，并且将它们（但是附上关于每位叙述者底可信程度的提示）加以排比。因为这样就不会有人如此大胆地以片面的报导为凭，而不事先仔细衡量别人底报告了。但如今，如果我们愿意的话，便能根据大量的风土志去证明美洲人、西藏人与其他地道的蒙古民族都没有胡须；但谁要是更有兴致的话，也可以证明他们天生都有胡须，只不过将胡须拔掉了。我们也能证明：美洲人与黑人是一种在精神禀赋上低于其他人种的种族；但是在另一方面，也能根据同样似是而非的报导去证明：就其自然禀赋而言，他们与世界上所有其他的居民都应得到同等的评价。因此，哲学家究竟要假定本性上的差异呢？还是要根据"一切都像我们这里一样"（tout comme chez nous）的原理来评断一切呢？这就有待于他的抉择了。这样一来，其所有建立于如此不稳固的基础上之系统必然看起来都像是摇摇欲坠的假说。我们的作者不赞同将人类区分为**种族**，尤其是根据遗传的肤色去区分，大概是由于"种族"底概念对他来说，尚未有明确的规定。在第七卷第三章里，他将人在气候上的差异之原因称为一种**生发**力。评论者按照作者底意思为此词底涵义形成以下的概念。作者一方面要拒绝演化系统，但另一方面又要拒绝外在原因之纯然机械性的影响，视之为不恰当的解说根据，并且采纳一项依外在环境之不同而在内部相应地**自我**调节的生命原则，当做它[63]的原因。在这一

63 【译注】这是指上文所说的"人在气候上的差异"。

点上，评论者完全赞同他，只是有一项保留，即是：如果这个**自内部**从事组织的原因由于其本性，比如说在其受造物底发展中仅被局限于某一数量与程度上的差异（经此安排之后，它就不再有进一步的自由，能在环境改变时按照另一种类型去形塑了），我们或许也能将形塑的自然之这种自然决定称为胚芽或原始禀赋，而毋须因此将这些差异视为自始就已禀受而仅是偶尔开展的机器与蓓蕾（像是在演化系统中那样），而是视同纯属一种自我形塑的能力之无法进一步解释的局限，而这种能力我们也同样难以解释或 63
阐明。

从**第八卷**起，便开始了一条新的思路，它一直延续到第二部底结尾，而且包括人（作为一种理性的与道德的受造物）底教育之起源，因而包括一切文化之肇端。按照作者底意思，这个开端不可在人类固有的能力之中，而是要完全在此之外，在其他存有者底教诲和指导之中去寻求。自此以往，文化中的一切进步都不外乎是一个原始传统之继续传播和偶然繁盛而已；人应当将他之趋向于智慧完全归功于这个传统，而非他自己。既然当评论者跨出自然界与理性底知识途径一步时，他就无能为力了，又既然他完全不精通学术性的语言研究与古文献之知识或鉴定，因而完全不懂得以哲学的方式去使用其中所陈述且同时由此得到验证的事实，那么他自然安于在此不作判断。然而，从作者之博学多闻与他根据一个观点去掌握零散资料的特殊才能，我们或许能事先猜想到：至少对于人类事务底进程——就这个进程能有助于进一步认识这个种属底性格，而且可能的话，甚至认识这个种属底某些在种类上的差异而言——，我们会读到许多美妙的东西；即使对于那些对所有人类文化底最初肇端另有见解的人来说，这也会有所开示。作者（在页 338—339 及注释中）将其见解底基础简短地表达如下：“这个（摩西底）教诲的历史陈述说：最初创造出来的人与教导他们的诸神有所交通；在诸神之引导下，他们借由对动物的认识而获得了语言与支配性的理性；而且既然人还想以一种被禁止的方式在关于‘恶’的知识方面变得与诸神一样，他便以其损失为代价，而得到了这种知识，并且从此占据了另一个位置，开始了一种新的更不自然的生活方式[64]。因此，假如神愿意让人行使理性和先见的话，他一定也会以理性和先见来照顾人。……但是，诸神如何照顾人呢？也就是说，他们如何教诲、告诫并谕知人呢？假如提出这个问题并非像回答这个问题
64 那样放肆，则传统本身当会在另一个地方就此问题向我们提出说明。”

在一片杳无人迹的荒漠中，一个思想家必然像旅行者一样，可以任意选择其道路。我们必须等待，看他是如何走对路，以及，在他达到其目标之后，他是否安然而及时地回到家里，亦即回到理性底安宅，且因此也能指望自己有追随者。为此缘故，评论者对于作者所采取的独特思路并没有什么话可说；只是他自认为有权为作者在这条道路上所攻击的若干命题辩护，因为作者必然也拥有为自己预先规划其路径的那种自由。因为页 260 上说：“关于人类史底哲学，有一项固然**简易**但却**邪恶**的原理：人是一个动物，他需要有一个主人，并且将其终极分命底幸福寄望于这个主人或

---

64 【译注】这段叙述涉及《旧约 · 创世记》第 3 章底经文。康德在《人类史之臆测的开端》一文中对这段经文也提出了他自己的哲学诠释（*KGS*, Bd. 8, S. 111f.）；读者可参看本书底译文，加以比较。

众多主人之结合。”[65] 这项原则可能始终是简易的，因为所有时代与所有民族底经验都证实了它；但何以邪恶呢？页 205 上说：“神意（Vorsehung）宅心善良：相较于大社会底人为的终极目的，它更偏爱个别的人之较简单的幸福，并且尽其所能地为时代省去那种昂贵的国家机器。”十分正确！但首先是一个动物底幸福，然后是一个孩子、一个青年底幸福，最后是一个成人底幸福。在人类底所有时代中，以及在同一个时代中的所有阶层里，都存在一种幸福，它正好相应于受造物底概念及他对于其出生与成长的环境之习惯。就这一点而论，比较幸福底程度，并且指出人底一个阶级或一个世代对于另一个阶级或世代之优越性，甚至是根本不可能的事。但如果神意底真正目的并非每个人为自己所勾勒的这种幸福影像，而是因此而启动且不断前进与成长的活动与文化，而其最大可能的程度只能是一个依据人权底概念而安排的国家宪法之产物，因而是人本身底作品，则又如何呢？根据页 206 所说，“每一个别的人自有其幸福底尺度”，而在幸福之享受方面，较诸任何一个后代人，均无逊色之处。但是论及其存在本身而非其存在状况底价
值——亦即，他们究竟为何而存在——，则唯有在这一点上才会 65
全幅呈显出一种智慧的意图。难道作者先生认为：如果从未有文明民族访问过的大溪地岛上的幸福居民，注定要在其宁静闲散之中生活几千个世纪，我们就能为以下的问题提出一个令人满意的答案：他们究竟为何而存在？再者，让幸福的牛羊居住在这个岛上，与让仅知享受的幸福的人居住在这个岛上，是否一样好呢？因此，

65 【译注】这段文字显然是针对康德在前一年（1784）发表的《在世界公民底观点下的普遍历史之理念》一文之“第六定律”（*KGS*, Bd. 8, S. 23）。

那项原理并不如作者先生所以为的那么**邪恶**。或许是一个**邪恶的人**道出了那项原理吧[66]！第二个要加以辩护的命题如下。页 212 上说："如果有人说：并非个别的人而是人类这个种属受教育，则其所说，对我而言，是不可理解的；因为类与种，除了它们存在于个别存有者当中之外，便只是普遍概念而已。……就像我们一般性地谈起动物性、岩石性、金属性，并且以最堂皇的但在个别的个体中却相互矛盾的属性来装饰它们一样。……我们的历史哲学不该走在这条阿维罗埃思哲学[67]底道路上。"当然，谁要是说：没有任何一匹马有角，但是马这个种属却有角，他便是完全胡说八道。因为在这种情况下，"种属"不过是意指一种特征，而所有的个体正是在这种特征上彼此一致。但如果人类是意指一个前进至无穷之境（无法确定之境）的繁衍系列之**整体**（这个意义可是十分平常），而且我们假定：这个血缘底系列不断地接近其与之协同一致的分命，则我们可以毫无矛盾地说：这个系列底所有部分均逐渐接近此一分命，而且就整体而言，的确与之相合；换言之，并非人类底所有繁衍中的任何环节而只是人类这个种属完全达成其分命。数学家能对这个问题加以阐释；哲学家则会说：人类全体之分命就是**无休止的前进**，而其完成则是一个纯然的但在各方面均极有用的理念，即关于我们必须按照神意底意图努力追求的目标之理念。但是在上述争论性的段落中之错误只是小事。更重要的
66 是其结论："（文中说）我们的历史哲学不该走在这条阿维罗埃思

66 【译注】这是康德本人底自我嘲讽。

67 【译注】阿维罗埃思（Mohammed ibn Rushd Averroës，1126—1198）是中世纪出生于西班牙的阿拉伯哲学家。他主张：精神是不朽的，而且是非个人的，所有个别的心灵（灵魂）最后都合而为一；因此，唯有普遍的精神才是不朽的，个别的心灵则有生灭。

哲学底道路上。”由此可以推断：我们的作者过去经常对人们迄今冒充为哲学的一切东西感到厌恶，如今他会在这部详细周备的著作里，不以一种毫无成果的字面解释而是借由实事与例证，向世界阐述一下一个真正的哲学思考方式之典范。

人类史之臆测的开端

译者识

康德之撰写本文，隐然是针对他早年的学生赫德尔（Johann Gottfried Herder，1744—1830）之历史观。赫德尔于七十年代曾撰写《人类最古老的文献》（*Älteste Urkunde des Menschengeschlechts*，1774—1776）一书，根据《旧约·创世记》来说明人类文化之起源。康德对赫德尔在此书中所提出的历史观很不同意。对此，康德在一则写于1776年与1778年之间的札记中评论道："赫德尔败坏了人底思想，因为他鼓励它们**不对原则思考透彻**，就单凭经验的理性去下普遍的判断。"[1]此后，赫德尔在1785年出版的《人类史底哲学之理念》第二卷中，也讨论到人类文化之起源问题。康德为此写了一篇书评（参阅本书之译文与《译者识》）。在这个背景之下，康德撰写了本文，从他自己的历史哲学出发，对《旧约·创世记》

1 【译注】*Kant's handschriftlicher Nachlaß*, Bd. 2, in : *KGS*, Bd. 15.1, S. 399, Nr. 912.

第 2—4 章提出与赫德尔完全不同的诠释。诗人席勒（Friedrich Schiller，1759—1805）在阅读了本文之后，于 1790 年在他自己所主编的文学刊物《塔丽亚》（*Thalia*）第 11 期发表了《略论最初的人类社会》（“Etwas über die erste Menschengesellschaft”）一文，介绍并发挥本文底思想。

本文最初发表于《柏林月刊》（*Berlinische Monatsschrift*）第 7 卷（1786 年）元月号。本译文系根据普鲁士皇家科学院底《康德全集》译出（第 8 册，页 107—123）。

在一部历史底**进程**中**插入**臆测（Mutmaßungen），以填补报导 109
中的阙漏，的确是容许的；因为作为远因而先行发生之事与作为结果而随后发生之事，能为居间原因之发现提供一条相当可靠的线索，以使这种过渡可以理解。然而，让一部历史完全由臆测**形成**，似乎比为一部小说拟定提纲好不了多少。甚至它不能称为一部**臆测的历史**，而只能称为一种纯然的**虚构**（Erdichtung）。不过，在人类行为底历史**进程**中不可冒险尝试之事，对于其**最初的开端**——就自然造成这个开端而言——，却大可凭臆测去尝试。因为这个开端不可虚构，而是只能得自经验——如果我们预设：自然在最初的开端，较诸我们目前所见到的，并非更好，亦非更坏；这个预设合乎自然底类比[2]，并且不具有任何冒险的成分。因此，一部出自人性中原始禀赋的自由底最初发展之历史完全不同于自由进展底历史（这种历史只能以报导为根据）。

不过，既然臆测不可过高地要求为人所同意，而是充其量只能宣称自己是构想力（Einbildungskraft）被容许在理性底伴随下为心灵之休养与健康而从事的一种活动，而非一件严肃的工作，那么它们就不能与那种作为同样一个事件底真实报导而建立起来并且为人所相信的历史——其检验有赖于与纯然的自然哲学完全不同之根据——相比。正因此故，并且也由于我敢于在此进行一场纯然的旅游，我或许可以期望得到恩准，让我为此使用一份神圣的文献作为地图，同时想象我凭借构想力底翅膀——尽管并非没

---

2 【译注】所谓“自然底类比”当是指康德在《纯粹理性批判》中所讨论的“经验底类比”，即是：“唯有借着知觉底必然联结之表象，经验始为可能。”这是“纯粹知性底原理”之一，其下包括“实体常住性原理”、“依据因果性法则的时间继起底原理”及“依据相互作用或交互性底法则的同时性原理”。请参阅 *KrV*, A176/B218。

110 有一条透过理性而与经验相联结的线索——所进行的游历，正好采取那份文献以历史的方式勾勒出的同一路线。读者可以打开那份文献底卷页（摩西第一经，第 2—6 章[3]），并且逐步检查：哲学依据概念所采取的道路是否与历史所标示的道路相吻合。

如果我们不想沉湎于臆测，就必须以人类理性无法从先前的自然原因推衍出来的东西作为开端，也就是以**人底存在**为开端；而且是以其**发展成人**为开端，因为他必须不靠母亲底协助；他还得**匹配成对**，以便繁衍其种属；并且这还得是**仅有**的一对，从而当人相互接近而又彼此陌生时，战争才不会立即发生，或者甚至自然才不会被指摘说：由于起源之不同，自然并未为社会性（作为人类分命底最伟大目的）作最恰当的安排——因为所有的人都出身于单一的家族，对这个目的而言，无疑是最佳的安排。我把这一对伴侣置于一个不会受到猛兽侵袭，并且由自然提供一切丰富食物的地点，因而仿佛在一座**园囿**里，在一个终年温暖的气候带。尤有甚者，我仅仅在这对伴侣已经在利用自己力量的技术方面有了重大进步之后才来考察他们，且因此不是从他们的本性之全然粗野状态开始；因为如果我想着手填补这段可能包括一段极长时期的阙漏，读者会很容易觉得臆测太多，而或然性却太少。因此，最初的人能够**站立**与**行走**；他能够**说话**（摩西第一经，第 2 章第 20 节）[4]，甚至**谈论**，也就是说，按照连贯的概念来说话（第

3 【译注】《旧约》前五卷合称“摩西五经”，“摩西第一经”是指《创世记》。“第 2—6 章”恐有笔误，当依舒伯特（F.W. Schubert）改为“第 2—4 章”。

110 4 **自我表达之冲动**必定曾促使依然独处的人首度对他以外的生物，特别是发出声音的生物（他能模仿这种声音，且随后以之命名），宣告他自己的存在。我们还在孩童与无思
111 想的人们——他们借着格格作响、喊叫、吹口哨、唱歌及其他喧嚣的娱乐（转下页）

23 节[5]），因而能够思考。这些纯粹的技术他全都得自己去获取（因为如果它们是天赋的，它们也会遗传下去，但这与经验相抵牾）。但是我如今假定他已具备了这些技术，以便仅对其行止——它必 111
然预设这种技术——中的道德性之发展加以考察。

起初，这种本能——这种为所有动物一体服从的**上帝之声**——必然单独引导这个新手。这种本能允许他以某些东西作为食物，禁止他以其他的东西作为食物（第 3 章第 2 及 3 节[6]）。但是我们并无必要为此缘故而假定一种如今业已丧失的特殊本能；这可能只是嗅觉及其与味觉器官间的亲近关系、后者与消化器官间为人所知的交感，以及仿佛是对于一道菜肴适于或不适于享用的预感能力（我们目前仍察觉到这类的能力）。我们甚至可以假定：在第一对伴侣身上的这种感觉并不比它在目前来得更强烈；因为在仅关心其感觉的人与同时也关心其思想因而逃避其感受的人之间，在知觉技巧上存有怎样的差别，这是够明白的了。

只要无经验的人听从自然底这种召唤，他就会安于其中。然而，**理性**立刻就开始活动，并且试图将所享用的东西和另一种与本能不相联属的感觉（例如视觉）向他呈现为与往常所享用之物

（接上页）（往往还有这类的祷告）来骚扰共同体中有思想的那部分人——当中看到这种冲动底类似作用。因为除了他们想要四处宣告他们自己的存在之外，我看不出其中有任何其他的动因。

【译者按】《创世记》第 2 章第 20 节："他给牲畜、飞鸟和野兽起了名。〔……〕"（引文依据联合圣经公会"现代中文译本"，以下皆同。）

5 【译注】《创世记》第 2 章第 23 节："那人说：我终于找到我骨里的骨、我肉中的肉。我要叫她做'女人'，因为她从男人出来。"

6 【译注】《创世记》第 3 章第 2—3 节："那女人回答：'园子里任何树的果子我们都可以吃；只有园子中间那棵树的果子不可吃。上帝禁止我们吃那棵树的果子，甚至禁止我们摸它；如果不听从，我们一定死亡。'"

相类似的东西加以比较，借此将他关于食物的知识扩展到本能底界限之外（第 3 章第 6 节[7]）。只要本能不反对（尽管它并不建议），这种尝试偶然还是能有不错的结果。然而，理性却具有一种特质，即是：它能借助于构想力来假造欲望，而不仅**没有**一种以此为目标的自然冲动，甚至还**违背**这种冲动。这些欲望起初得到“**贪婪**”（Lüsternheit）之名，但是透过它们，却逐渐有一大堆不必要的甚至违反自然的爱好被编想出来，统称为“**淫佚**”（Üppigkeit）。背弃自然冲动的机缘可能只是一桩小事；然而，这个首度的尝试之
112 效果——亦即，意识到自己的理性是一种能力，能使自己扩展到羁束所有动物的界限之外——却是非常重要，并且对生活方式有关键性。因此，即使这只是一颗果实，由于其外貌类似于我们往常品尝过的其他可口的果实，它会诱人去品尝；此外，还有一种动物底例子：这样一种享用适合于其本性，但对于人类却反而有害，结果在人底身上便出现一种反抗这种享用的自然本能。这就能够提供理性以最初的机缘，来刁难自然之声（第 3 章第 1 节[8]），并且不顾自然底反对，首度尝试去作一次自由的选择——以首度的尝试来说，其结果可能与预期不符。不论这种损失是如何微不足道，人却对此打开了眼睛（第 7 节[9]）。他发现自己有一种能力，能为自己选择一种生活方式，而不像其他动物一样，被唯一的生活方式所拘束。在这种被察觉的优越性可能在他身上引发的瞬间欣悦之

7 【译注】《创世记》第 3 章第 6 节：“那女人看见那棵树的果子好看、好吃，又能得智慧，就很羡慕。她摘下果子，自己吃了，又给她丈夫吃；她丈夫也吃了。”

8 【译注】《创世记》第 3 章第 1 节：“蛇问那女人：‘上帝真的禁止你们吃园子里任何果树的果子吗？’”

9 【译注】《创世记》第 3 章第 7 节：“他们一吃那果子，眼睛开了，发现自己赤身露体；因此，他们用无花果树的叶子编了裙子来遮盖身体。”

后，必然立刻继之以恐惧和忧虑：他还不认识任何事物之隐蔽特质与长远作用，要如何操作他这种新发现的能力呢？他仿佛站在一个深渊底边缘；因为由于本能过去为他所指定的个别欲望对象，无穷的对象展现于他面前，而他根本还不知道如何去选择这些对象；而从这种一度被体验到的自由状态，他如今却不可能重新回到奴役状态（在本能底支配下）。

自然借以保存每个个体的，是饮食底本能；此外，最重要的是**性底本能**，自然借此来照管所有种属之保存。理性一旦活动起来，便不会犹豫也在这上面显示其影响。人立刻就发现：性底吸引力在动物身上仅是基于一种短暂的、多半是周期性的冲动，但是对人而言，却能够凭借构想力而延长，甚至增加；对象越是**脱离感觉**，构想力固然越是节制地但也越是持久与一贯地进行其工作；由此便防止了因满足一种纯然的动物性欲望而产生的厌烦。因此，比
起理性在其发展底初期阶段所显示的，无花果叶（第 7 节[10]）是理 113
性底一种更为重要得多的表现之结果。因为人借着使其对象脱离感觉而使一种爱好更加热切与持久一事，就显示了理性多少能控制冲动的这种意识，而不是像前一步骤那样，仅是一种在或大或小的范围内为冲动服务的能力而已。**拒绝**是一种技巧，为的是将纯然感受的吸引力转为理想的吸引力，将纯然动物性的欲望逐渐转为爱，并且随之将纯然适意之情转为对于美的品味（起初只是对于人之美，但其后也对于自然之美）。此外，**端庄**(Sittsamkeit)——借良好的风度（对可能惹人轻视的东西加以掩饰）引发别人对我们的尊敬之一种爱好——是一切真实的社会性之真正基础，它

10 【译注】见上注。

为作为一种道德性受造物的人之发展提出了最初的暗示。这是一个微小的开端，但由于它为思考方式提出了一个全新的方向，它开创了时代；它比继之而来的一连串数不清的文化扩展还要重要。

在理性介入了这些直接感受到的最初需求之后，它的第三个步骤便是慎思地**期待于未来**。不单是享受眼前的生活片刻，而是想到未来（往往是极遥远的未来）的这种能力，是人类优越性之最具关键性的标志，为的是按照其分命为遥远的目的做准备；但这也是不确定的未来所引起的忧虑和苦恼之无穷尽的根源，而所有的动物均免于这些忧虑和苦恼（第 13—19 节[11]）。男人得供养自身和一个妻子、连同未来的孩子；他预见其工作越来越辛劳。女人预见自然使女性承受的麻烦，此外还预见更有力的男人加诸她的麻烦。双方均在辛劳的一生之后，还在画幅底背景中，怀着恐惧预见所有动物固然不可避免地会遭遇但却不会令它们忧虑的东西，即死亡；而且他们似乎责备自己运用为他们带来这一切灾祸的理性，并且使这种运用成为犯罪。鼓舞他们、安慰他们的唯一前景或许是：活在他们的后代之中，这些后代或许会过得更好，

---

11 【译注】《创世记》第 3 章第 13—20 节："主上帝问那女人：'你为甚么这样做呢？'她回答：'那蛇诱骗我，所以我吃了。'于是，主上帝对那蛇说：'你要为这件事受惩罚。在所有动物中，只有你受这咒诅：从现在起，你要用肚子爬行，终生吃尘土。你跟那女人要彼此仇视；她的后代跟你的后代要互相敌对。他们要打碎你的头；你要咬伤他们的脚跟。'主上帝对那女人说：'我要增加你怀孕的痛苦，生产的阵痛。虽然这样，你对丈夫仍然有强烈的欲望；他要管辖你。'主上帝对那男人说：'你既然听从妻子的话，吃了我禁止你吃的果子，土地要因你违背命令而受咒诅。你要终生辛劳才能生产足够的粮食。土地要长长出荆棘杂草，而你要吃田间的野菜。你得汗流满面才吃得饱。你要工作，直到你死了，归于尘土；因为你是用尘土造的，你要还原归于尘土。'亚当给他妻子取名夏娃，因为他是人类的母亲。"

或者身为一个家族底成员，还能减轻其家族底劳苦（第 16—20 节[12]）。 114

理性——它将人完全提升到不与动物为伍的地位——底第四及最后步骤是：他理解到（尽管只是隐晦地）自己其实是**自然底目的**，而且没有任何生活于地球上的东西能在这方面能成为其竞争者。当他第一次对着羊说：“**自然赐予你身上的皮，并不是为了你，而是为了我。**”并且把皮从羊身上剥下来，穿在自己身上时（第 21 节[13]），他认识到自己由于其本性，对所有动物拥有一项特权；如今他不再将动物视为他在造化中的同侪，而是视之为任由其意志支配以达成其所欲目标的手段和工具。这个想法包含（尽管是隐晦地）其对立面底思想，即是：他不可以对任何人这么说，而是得将人视为对于自然底赏赐的平等分享者；这是为理性未来应针对其同胞而加诸其意志的限制所做之一项长远的准备，而这种准备对于社会之建立来说，是远比好感和爱还要必要。

于是人便**与所有有理性者**处于一种**平等**之中，而不管他们有何地位（第 3 章第 22 节[14]），也就是要求：**他本身就是目的**，被其他每个人均尊为目的，而且不被任何人仅当做达成其他目的之手段来使用[15]。即使对于更高级的存有者——他们在自然禀赋上通常可能远远地优于人，但他们均不因此便有权恣意地去支配人——，

---

12 【译注】见同上书。

13 【译注】《创世记》第 3 章第 21 节：“主上帝用兽皮做衣服给亚当和他的妻子穿。”

14 【译注】《创世记》第 3 章第 22 节：“主上帝说：‘那人已经跟我们一样，有了辨别善恶的知识。〔……〕’”

15 【译注】康德在《道德底形而上学之基础》一书中提出“定言令式”底不同程序，其中一个程序如下：“**如此行动，即无论在你的人格还是其他每个人底人格中的‘人’，你始终同时当做目的，绝不只当做工具来使用！**”（*GMS*, *KGS*, Bd. 4, S. 429）

人也拥有无限制的平等，其理由在此，而不在于理性——就理性仅被视为一个满足各种各样的爱好之工具而言。因此，这个步骤也与人之**脱离**自然底怀抱相联系：这种变化固然可敬，但也十分危险，因为自然将他逐出无害而安全的襁褓状态，仿佛逐出一座不待其操劳而供养他的园囿（第 23 节[16]），并且将他赶进广阔的世界中，在那里有诸多烦恼、辛劳与未知的灾祸在等待他。生活之辛劳未来往往会诱使他想望一个乐园，这是其构想力底创造物，
115 在那里他能在平静无事与持久安宁之中虚度或消磨其生命。但是在他与那个想象的福地之间，却横踞着永不休止而又不可遏制地驱使他所禀受的能力去发展的理性，并且这种理性不容许人回到粗野与纯真底状态——它曾将人从这种状态引出来（第 24 节[17]）。这种理性驱使人耐心地承受他所憎恶的辛劳，追求他所不屑的虚饰之物，并且由于他更担心失去的那一切琐物而忘却他所恐惧的死亡本身。

解说

从对于人类最初历史的这番描述可知：人之脱离这座乐园（理性使人将它视为其种属底最初居留地），不外乎是从一个纯动物性的受造物之粗野状态过渡到“人”[18]，从本能底学步车过渡到理性底

---

16 【译注】《创世记》第 3 章第 23 节：“于是主上帝把他赶出伊甸园，让他去耕种土地——就是那用来造他的原料。”

17 【译注】《创世记》第 3 章第 24 节：“主上帝赶走那人以后，在伊甸园东边安排了基路伯，又安置了发出火焰、四面转动的剑，为要防止人接近那棵生命树。”

18 【译注】引号中的“人”字，即德文的 Menschheit，在本文中意指就整体来看的人，而有别于个别的、具体的人（Mensch）。故以下翻译此字时，一概加上引号。

指导，一言以蔽之，从自然底监护过渡到自由底状态。如果我们考虑到我们的种属之分命，而这不外乎是向圆满性而**进展**——不论为达到此目标而作的最初尝试（甚至是其一长串的成员前后相继的尝试）有多么不美满的结果——，则人经过了这场变化，究竟是有得还是有失，可能就不再是问题了。然而，对于整个种属来说，这个过程是由较坏的境地**进展**到较好的境地，而对于个人来说，则并非同样如此。在理性觉醒之前，尚无诫命或禁令，且因此尚无违犯可言。但是当理性开始它的工作，并且——不论它是多么软弱——与动物性及其全部力量发生冲突时，就必然会产生灾祸，以及更糟的是，随着开化的理性而来之罪恶，而对于无知因而无辜底状态而言，这些事物是完全陌生的。因此，脱离这种状态的第一步，在道德方面是一种**堕落**；而在自然方面，这种堕落底后果是许多闻所未闻的生命灾祸，也就是惩罚。因此，**自然**底历史始于"善"，因为它是**上帝底作品**；**自由**底历史始于"恶"，因为它是**人底作品**。对个人——他在运用其自由时仅考虑自己——
而言，这样的一种变化是损失；对自然——它使其关乎人的目的 116
指向种属——而言，这样的变化则是收获。因此，个人有理由将他所忍受的一切灾祸和他所犯下的一切恶行都归咎于自己，但同时也以全体（一个种属）底成员之身份赞赏且颂扬这种安排底智慧与合目的性。借着这种方式，我们还能使知名的**卢梭**极常被误解而表面看来相互抵牾的主张彼此一致，并且与理性一致。在其**《论科学底影响》**与**《论人底不平等》**[19]中，他极正确地指出了文化

---

19 【译注】《论科学底影响》即卢梭于1749年所撰的论文《论科学与艺术的复兴是否有助于淳化风俗？》（*Discours sur cette question: Le rétablissement des sciences et des* （转下页）

与作为一个**自然**种属（其中的每个个体都会完全达成其分命）的人类底本性之间不可避免的冲突；但是在他的**《爱弥儿》、《社会契约论》**及其他论著中，他又试图解决以下的难题：文化必须如何进展，才能使作为一个**道德**种属的“人”底禀赋得到恰如其分命的发展，从而使这个“人”不再与作为自然种属的人相抵牾。从这种抵牾（既然以人与公民底**教育**之真正原则为依据的文化或许也仍未真正开始，遑论完成）就产生了一切压迫人生的真实灾祸及一切玷辱人生的罪恶[20]。然而，引发这些罪恶的刺激（我们因

（接上页）*arts a-t-il contribué à épurer les mœurs?*），通常简称《论科学与艺术》。《论人底不平等》即卢梭于 1755 年所撰的论文《论人底不平等之起源与基础》（*Discours sur l'origine et lesn fodements de l'inégalité parmi les hommes*）。

116 20 一方面，“人”致力于其道德的分命；另一方面；它始终不渝地遵循为其本性中之粗野的且兽性的状态而设的法则。以下我为这两者之间的抵牾仅举出若干例子。

自然将成年期——亦即，具有繁衍其种属的冲动与能力之时期——定在大约十六七岁的年龄。在粗野的自然状态中，少年到了这个年龄，不折不扣就是个成人了，因为此时他具有养活自己、繁殖其种属，并且还养活其种属及妻子的能力。需求之单纯使他不难做到这点。反之，在开化状态中，这还需要许多掌握技巧及有利外在环境的手段，以致在文明状态中，成年期至少平均要延迟十年之久。然而，自然并不随着社会优雅化之进展而同时改变其成熟时刻，而是固执地遵守它为了维持作为兽类的人类而设之法则。由此便产生了自然目的与道德间的一种无法避免的相互损害。因为在某个年龄，
117 当文明人（但他并不中止为自然人）只是少年，甚至可能只是儿童时，自然人就已是成人了。因为我们的确能如此称呼那种由于其年纪（在文明状态中）而根本无法养活自己，遑论养活其种属的人——尽管他拥有了繁衍其种属的冲动和能力，亦即自然底召唤。因为自然的确不曾让生物禀有本能与能力，以便让它们抗拒并压制这类的召唤。因此，自然底禀赋绝非为文明状态而设的，而只是为作为兽类的人类之保存而设的；而且文明状态便因此与自然禀赋产生了无法避免的冲突。唯有一个完美的公民宪法（这是文化底最终目标）才能消除这种冲突，而目前的这个中间地带往往充斥着罪恶及其后果，即各种各样的人祸。

另一个例子可证明以下命题之真实性：自然在我们身上为两个不同的目的——即作为兽类的“人”与作为道德种属的“人”——建立了两种禀赋；这个例子就是希波克拉底所说的：艺术长久，生命短暂。一个科学与艺术底天才，一旦经由长期的练习与学得的知识而在判断上达到了完全的成熟时，只要他凭借上述精神上的青春力量度过历代学者合在一起所享有的时间，就能够使科学和艺术远远超出历代学者前后（转下页）

此归咎于这些刺激）本身却是善的，而且就其为自然禀赋而言，117
是合乎目的的；但既然这些禀赋是为纯然的自然状态而设，它们
便受损于进展的文化，并且反过来损害这种文化，直到完美的艺
术重新成为本性为止；而这就是人类底道德分命之最终目标。118

历史底归结

下一个时期底开端是：人从安佚与和平底时代过渡到**工作与纷争**底时代（作为社会统合之序幕）。在此，我们必须再作一次大跳跃，让人一下子拥有驯养动物及他自己能借播种与栽植而增殖以供其食用的植物（第4章第2节[21]）——尽管从粗野的狩猎生活

（接上页）相继可能达到的成就。而自然在决定人底寿限时所依据的观点，显然不是科学推展底观点。因为当最幸运的天才濒临于他因其技巧与历练而可以期望的最重大发现时，老境却来临了；他变得迟钝了，而且必须指望下一代（他们得再度从头开始，并且重新经历已走过的全部行程）在文化进展中再加上一段。因此，人类完成其全部分命的历程似乎不停地中断，并且始终有重新沦于先前的粗野状态之虞；而希腊哲学家底悲叹并非全无道理：**遗憾的是，正当我们开始了解自己该如何过真正的生活时，就得死了。**

第三个例子可以是人与人之间的**不平等**，但并非他们在天赋或财富方面的不平等，而是
在普遍**人权**方面的不平等：这种不平等**卢梭**曾相当真切地悲叹过，但只要文化仿佛是 118
毫无计划地进展（长期而言，这也是无法避免的），这种不平等就无法与文化分开。再者，自然的确并未注定人去承受这种不平等，因为自然赋予人以自由，还有理性，以限制这种自由——所凭借的不外乎是他们固有的普遍而外在的合法性，而这称为**公民权**。人应当使自己摆脱其自然禀赋底粗野状态，但在超越这些自然禀赋时，却得留意不要违逆它们。人只有在经过许多次失败的尝试之后，才能迟迟地期待这种技巧；而在这期间，“人”在他因无经验而加诸自己的灾祸之中叹息。

【译者按】希波克拉底（Hippokrates，460?—377 B.C.）是古希腊医学家与著作家。“艺术长久，生命短暂”（Ars longa, vita brevis）一语见其 *Aphorisms*, in: *Hippocratic Writings*（London: Penguin Books 1983）, Sec. I, No. 1, p. 206。

21 【译注】《创世记》第4章第2节：“亚伯是牧羊人；该隐是农夫。”

过渡到第一个状态[22]，以及从不安定的掘根与采果过渡到第二个状态[23]，可能进行得极其缓慢。此时，在迄今为止尚和平地共同生活的众人之间必然开始有了龃龉，其后果是他们因不同的生活方式而分离，并且分散到地球上。**放牧生活**不仅是安佚的，而且也提供最有保障的生计，因为在一片广阔而无人居住的土地上，饲料是不会缺乏的。反之，**农耕**或栽植是非常辛劳的，受制于气候之无常，因而是无保障的；它还需要固定的居所、地产与足以保卫土地的武力；但牧人却憎恨这种限制其放牧自由的财产。就农耕而言，农人似乎会羡慕牧人之得天独厚（第4节[24]）；但在事实上，只要牧人还是他的邻居，就会使他感到非常
119 厌恶；因为草食的牲畜并不顾惜他的庄稼。牧人在造成了损失之后，不难带着他的牧群远去，并且逃避一切赔偿，因为他并未留下来任何东西，是他无法随处不打折扣地重新获得的。既然如此，农人便可能会使用武力来对抗这类在另一方看来并非不容许的损害。再者，既然所以致此的机缘绝不会完全停止，则当农人不愿意丧失他长期勤奋底成果时，终究必须尽其可能地**远离**那些以放牧为生的人（第16节[25]）。此一分离便造成了第三个时代。

当一块土地之耕作与栽植（尤其是树木之栽植）为生计之所

22 【译注】“第一个状态”指畜牧生活。

23 【译注】“第二个状态”指农耕生产。

24 【译注】《创世记》第4章第3—5节：“过了一些日子，该隐带了一些土产，作祭物献给上主；亚伯也从他的羊群中选出头胎最好的小羊，作祭物献给上主。上主喜欢亚伯，接受了和他的祭物，但是不喜欢该隐，拒绝了他的祭物；因此该隐非常生气。”

25 【译注】《创世记》第4章第16节：“于是该隐离开上主面前，来到伊甸园东边名叫‘流荡’的地方居住。”

系时，这块土地就需要有固定的居所；而要保卫这块土地，以防止一切侵犯，就需要有一群相互扶持的人。于是人在这种生活方式之下无法再以家庭底形式分散而居，而是必须团结起来，并建立村落（若不依本义，则称为**城市**），以便针对野蛮的猎人及游牧部落来保护其财产。一种**不同的生活方式**要求备置之最初的生活必需品，如今能够互相**交易**（第 20 节[26]）。由此必然会产生**文化**，以及**艺术**（不仅是消遣底艺术，还有勤勉底艺术）之滥觞（第 21—22 节[27]）。但最重要的还是为公民宪法与公共正义所作的若干部署，最初当然是仅针对最严重的暴行——对这些暴行的报复如今不再像在野蛮状态中那样，托付于个人，而是托付于一种将全体聚合起来的合法权力，亦即一种政府，而对于这种政府本身则无从施加强制力（第 23—24 节[28]）。从这种最初的且粗野的禀赋中，如今一切人类的艺术——其中最有用的是**社会性**与**公民安全**底艺术——能逐渐地、缓慢地发展起来；人类能繁殖，并且能借着派遣受过教育的垦殖者，像蜂房一样地从一个中心点散布到各地。随着这个时代，人底**不平等**——这是如此多的“恶”但也是一切“善”之丰富泉源——也开始了，并且继续增长。

而今，只要游牧民族（他们仅认上帝为他们的主）、城市居民

---

26 【译注】《创世记》第 4 章第 20 节：“雅八是游牧人的祖师。”

27 【译注】《创世记》第 4 章第 21—22 节：“犹八是一切弹琴、吹笛的人的祖师。〔……〕土八该隐是铸造铁器铜器的人的祖师。”

28 【译注】《创世记》第 4 章第 23—24 节：“拉麦对他两个妻子说：亚大、洗拉，要听我说；拉麦的妻子啊，要细心听：我杀害那伤我的人；我杀死那击伤我的少年。杀害该隐的人要赔上七条命；杀死我的人必须赔上七十七条命。”

120 与农民（他们奉一个人——当权者——为主）（第 6 章第 4 节[29]）[30]仍麇集在一起，并且游牧民族作为一切土地所有权之死敌，仇视城市居民与农民，而又为他们所憎恨，则双方之间固然有持续的战争，至少有无休止的战争危险，且因此双方的民族至少能在内部欢享自由这个无价之宝。（因为即使在今天，战争底危险依然是唯一缓和独裁制的东西。此系由于目前一个国家要成为强国，就需要有财富；但没有**自由**，就不会有能够创造财富的勤奋。在一个贫穷的民族中，必须代之以对于维持共同体的踊跃参与，而唯有这个民族在其中感受到自由时，这种参与才有可能。）但此时城市居民初萌的奢侈，尤其是讨人欢心的本事（城市妇女借此使龌龊的沙漠少女相形失色），对于那些牧人必然逐渐成为一个有力的诱饵（第 2 节[31]），使他们与城市居民发生联系，并且被引入城市里硬装的门面之中。此时由于过去相互敌对的两个部族融合在一起，而结束了一切战争底危险，同时在一方面是一切自由之终结，因而是强横暴君底独裁——在文化几乎刚肇端之际，无灵魂的淫佚却在最可耻的奴役之中与粗野状态底一切罪恶混杂在一起——；

29　【译注】《创世记》第 6 章第 4 节："从那时以后，地上有巨人出现。他们是'神子'跟人类的女子所传下的后代；他们是古代的英雄和名人。"

120 30　阿拉伯的**贝都因人**依然自称为一位先前的**酋长**（Schech）——即其部落底创立者（如**贝尼·哈雷德**〔Beni Haled〕之流）——之子孙。但是酋长绝不是他们的**主人**，而且无法随己意对他们施加强制力。因为在一个游牧民族里，既然没有任何人拥有他必须遗留下来的不动产，则每个家庭感到不顺心时，都能十分轻易地脱离其部落，而加入另一个部落。

【译者按】贝都因人（die Beduinen）是生活于中东沙漠（尤其是阿拉伯、伊拉克、叙利亚、约旦等地）、说阿拉伯语的游牧民族。

31　【译注】《创世记》第 6 章第 2 节："那时有些'神子'看见人类的女子美丽，就随自己所喜欢的娶她们作妻子。"

在另一方面，人类无法自持地偏离自然为他们所指定的那个发展其向善的禀赋之进程；职是之故，人类使自己不配作为一个注定要统治地球而非像禽兽般享受并且像奴隶般服役的种属而存在（第17节[32]）。

结语

当有思想的人衡量极度压迫人类且（似乎）无望改善的灾祸时，他感到一种忧虑，这种忧虑甚至可能会成为道德之沦丧，而无思想的人对此全无所知；这就是对统治整个宇宙行程的神意 121
（Vorsehung）之不满。但最重要的却是要**满意于神意**（尽管神意已经为我们在地球上的世界指定了一条极艰辛的道路），一则是为了在艰困之中依然鼓起勇气，再则是为了在我们将此事之罪责推诿于命运之际，不会因此无视于我们自己的罪责（这或许是这一切灾祸之唯一原因），并且在自我改善之中不会忽略防止这些灾祸的助力。

我们必须承认：我们之所以招致压迫文明民族的最大灾祸，是由于**战争**，而且与其说是由于目前的或是过去的战争，不如说是由于对于未来战争之从未减少且甚至不断增加的**准备**。国家底全部力量、其文化底全部成果（它们能被用来造成一个更伟大的文化），都被用到这上面。自由在如此多的地方受到严重的损害，而且国家对于个别成员之母亲般的照顾转变为严峻的要求，而这

32 【译注】《创世记》第6章第17节："〔上帝对挪亚说：'〕我要使洪水泛滥大地，消灭所有的动物。地上的一切都要灭绝。〔……'〕"

种要求却由于担心外来的危险而被视为正当。然而，若非这种始终令人担忧的战争本身迫使国家元首表现这种**对“人”的尊重**，会有这种文化吗？共同体中的各阶层会为了相互促进他们的富裕而紧密地结合起来吗？会有这么多的人口吗？甚至尽管在极度限制性的法律之下，却依然余留下来的那种程度的自由会出现吗？我们只消看看**中国**：中国由于它的位置，固然偶尔必须害怕一场意外的侵袭，但毋须害怕任何强敌，且因此自由底一切痕迹在那里都被灭绝。是故，在人类目前所处的文化阶段里，战争是使文化继续进展的一种不可或缺的手段；唯有一种文化完成（上帝才知道是在什么时候）之后，持久的和平对我们才是有益的，而且也唯有通过这种文化，它才是可能的。因此，就这点而论，对于那些令我们如此痛苦地发出悲叹的灾祸，我们自己的确有责任；而且这部神圣的文献将诸民族之融合为一个社会，以及他们在其文化几乎刚肇端之际就完全摆脱了外来的危险，视为所有进一步发展的文化之一种障碍，并且是向无可救药的腐化而沉沦，这是极有道理的。

122 人底**第二种不满**涉及自然底秩序，而关乎**生命之短促**。的确，如果我们还会希望生命之延续比它的实际期限还要长，则我们必然不懂得珍惜生命底价值；因为这不过是在延长一场纯然与艰苦不断地奋斗的游戏罢了。但是我们绝不可怪罪于一种幼稚的判断力，说它恐惧死亡而不爱惜生命，而且它要差强人意地勉强度过每一天底生活尚有困难，却还始终嫌没有足够的日子去重复这种折磨。但只要我们想想，为了想办法度过如此短暂的一生，受到了多少忧虑之折磨，又由于期望一种未来的（尽管是不甚持久的）享乐，做了多少不义之事，那么，我们必然有理由相信：如果人能够预见自己会活到八百岁以上[33]，则父亲在儿子面前、一个兄弟在另一个兄弟面前，或者一个朋友在另一个朋友旁边，其生命就几乎不会再有保障了；再者，以人类活得如此之久，其罪恶必然会上达于一种高度，使得他们除了在一场泛滥各处的洪水中从地球上被灭绝之外，就不配享有更好的命运（第 12—13 节[34]）。

第三个希望，或者不如说是空洞的渴望（因为我们意识到：我们绝无法得到所希望的东西），便是诗人所称颂的**黄金时代**之景象：在那里，人会摆脱淫佚加诸我们的一切想象的需求，会满足于自然底单纯需求，人会有普遍的平等，人与人之间会有一种持久的和平；一言以蔽之，人会单纯地享受一种无忧无虑、在懒散中虚度或是以童騃的游戏消磨的生活。这种渴望使得鲁滨逊游记[35]与南洋群岛游记极其迷人，但却根本证明了当有思想的人仅在**享受**中寻求文明生活底价值时，他对这种生活感到的厌烦；它也在诸如理性提醒此人要借**行为**来赋予生命以一项价值之时，施展懒散在其中的平衡力量。如果我们从上述关于原始状态的说法领悟
到：由于人不满足于原始状态，他无法停留在这种状态之中；他 123
更不乐于有朝一日刻重回到这种状态中；因此，他总是得把目前的艰困状态归诸自己及他自己的选择——这便充分显示了回返到那个纯真无邪的时代之愿望是无意义的。

---

33 【译注】根据《创世记》第 5 章之记载，直到挪亚为止，亚当底子孙多半活到八百岁以上。

34 【译注】《创世记》第 6 章第 12—13 节："上帝俯视世界，看见世界非常腐败，人的行为非常邪恶。上帝对挪亚说：'我决定要灭绝人类。世界充满着他们的暴行，我要把他们跟世界一起消灭。〔……〕'"

35 【译注】英国小说家笛福（Daniel Defoe，1660?—1731）于 1719 年出版冒险小说《鲁滨逊漂流记》（*The Life and Strange Adventures of Robinson Crusoe*）。其主角鲁滨逊于船难之后，独自飘流到一个荒岛上，过着与世隔绝的生活。

因此，关于人底历史的这样一种阐述，对他是有用的，而且有益于教诲和迁善。它向人显示：他不可为了压迫他的灾祸而归咎于神意；他也没有理由将他自己的犯过归诸其祖先底一项原始的罪行，借此使诸如后代子孙身上一种导致类似的违失之性癖成为遗传的（因为任意的行为无法包含任何遗传的东西）；而是他必须完全依理承认在祖先身上所发生的事是他自己所做的，并且将他因误用其理性而产生的所有灾祸完全归咎于自己，因为他能十分清楚地意识到：在相同的情况下，他也会有完全相同的举止，并且他在第一次使用理性时，就（甚至违背自然底指示）误用了它。当由于道德灾祸而产生的分数结算清楚时，依本义而言的自然灾祸在功过相抵之中很难产生对我们有利的一份盈余。

这便是一部借哲学来尝试的最古老的人类史之结果：要满足于神意及人类事务底整个行程，这个行程并非由“善”开始而前进到“恶”，而是由“较坏”逐渐发展到“较好”；对于这种进步，自然本身召唤每一个人尽其最大的力量完成他的一份贡献。

论俗语所谓：这在理论上可能是正确的，但不适于实践

译者识

关于康德撰写此文的动机与背景、此文底要旨，以及它所引起的回响，佛兰德尔（Karl Vorländer）与克雷梅（Heiner F. Klemme）曾有详细的说明[1]，以下的说明主要以此为根据。康德撰写此文的直接动机是莱比锡大学哲学教授加尔维（Christian Garve，1742—1798）于1792年出版的《试论道德学、文学与社会生活底各种对象》（*Versuche über verschiedene Gegenstände aus der Moral, der Litteratur und dem gesellschaftlichen Leben*, Breslau）一书。加尔维深受苏格兰道德哲学之影响，是当时德国“通俗哲学”（Populärphilosophie）之代表。他在此书中撰文批评康德底批判哲学及其方法论。康德对他的批评甚为重视，感到

---

1 【译注】见 I. Kant: *Kleinere Schriften zur Geschichtsphilosophie, Ethik und Politik*（Hamburg: Meiner 1913），S. XXV-XXXIV; I. Kant: *Über den Gemeinspruch: Das mag in der Theorie richtig sein, taugt aber nicht für die Praxis. Zum ewigen Frieden*（Hamburg: Meiner 1992），S. VII-XXXV, ILf。

有必要加以响应。但是康德并不单独针对加尔维底批评，而是在一个更大的问题脉络（即理论与实践底关系）中，在本文底三节里分别从道德学、国家法与国际法底层面来反驳加尔维、霍布斯与门德尔松底观点。本文首先发表于《柏林月刊》（*Berlinische Monatsschrift*）第 12 期（1793 年 9 月），页 201—284。本译文系根据普鲁士皇家科学院底《康德全集》（第 8 册，页 273—313）译出。

康德此文发表之后，引起了热烈的讨论。其中最重要的是根茨（Friedrich Gentz，1764—1832）与雷贝尔格（August Wilhelm Rehberg，1757—1836）之回应。1783 年根茨十九岁时，曾在柯尼希贝尔格（Königsberg）从学于康德，成为他的忠实门徒，并且与他维持密切的关系。1789 年法国大革命爆发后，他对这场革命所揭櫫的自由思想极为倾心。为此，他撰写了《论法权底根源与最高原则》（"Über den Ursprung und die obersten Prinzipien des Rechts"）一文，发表于《柏林月刊》1791 年 4 月号。在文中，他根据康德底法权理论，将由纯粹理性推衍出来的自然权利（即理性与自由）视为一切公民权之来源，而为之辩护。康德此文发表之后，根茨于《柏林月刊》1793 年 12 月号发表了《附论康德教授先生关于理论与实践底关系之思考》（"Nachtrag zu dem Räsonnement des Hrn. Professor Kant über das Verhältnis von Theorie und Praxis"）一文。在此文中，根茨表面上虽然对康德推崇如故，但实际上却对康德底基本观点提出了不少质疑。此后，根茨与康德渐行渐远，终至成为反对革命的保守派政治家，并且成为以精于权谋著称的奥地利首相梅特涅（Klemens Wenzel Metternich，1773—1859）之亲信。雷贝尔格则是出身于汉诺威（Hannover）的保守派政治家，一度也是康德思想底追随者。他在《柏林月刊》1794 年 2 月号发表了《论理论对于实践的关系》（"Über das Verhältnis der Theorie zur Praxis"）一文，对康德此文提出了批评[2]。尽管《柏林月刊》主编毕斯特（Johann Erich Biester）请求康德回应这两篇文章，但为康德所婉拒。

2 【译注】这两篇文章均收入 Dieter Henrich（Hg.）: *Kant. Gentz. Rehberg. Über Theorie und Praxis*（Frankfurt/M.: Suhrkamp 1967）。编者在此书底《导论》中详细说明了此一争论之来龙去脉及其要点。

275 如果实践规则在某种程度的普遍性中被当做原则，并且在此从对其履行必然有所影响的诸多条件中抽离出来，我们就甚至把这些规则底总合称为**理论**。反之，并非所有的操作都称为**实践**，而是只有一项目的之促成——而这被视为对某些普遍设想的程序原则之遵循——才称为实践。

无论理论是如何完备，在理论与实践之间仍然需要有一个中间环节，以联结两者，并且从一者过渡到另一者，这是显而易见的。因为包含规则的知性概念必须再加上判断力底一种活动，让实践者借此分辨：某件事物是否为这个规则之事例。再者，既然对于判断力，我们无法始终再提供规律，使它在涵摄[3]时有所依循（因为这将是无穷无尽的），则可能会有些理论家，终其一生都绝无法成为实践的，因为他们欠缺判断力：例如，有些医生或法学家曾有良好的课业，但是当他们必须提供建议时，却不知道该怎么办。但即使有这种天赋存在，却仍可能欠缺前提；也就是说，理论可能是不完备的，而且理论补充或许只能通过尚待进行的试验与经验才能达成——从这些试验与经验，出身学院的医生、农学家或财政学家能够且应该为自己抽取出新规则，并且使其理论完备。然则，如果理论仍然不太适合于实践的话，问题并不在于理论，而是在于**无足够的**理论存在；此人当会从经验学得这种理论，而且这是真正的理论——纵使他没办法自行提出这种理论，并且以教师底身份用普遍的命题有系统地阐述它，因而无法要求一个理论的医师、农学家之类底名号。因此，没有人能冒充在实践上精

3 【译注】“涵摄”（Subsumtion）意谓将殊相（个别对象、特殊概念）归诸共相（原则、规则、普遍概念）之下，这是判断力之功能。

通一门学问，却又轻视理论，而不会暴露出他对于这门学科的无知。 276
盖他相信：凭着在试验和经验中到处摸索，而不为自己搜集某些原则（其实，这就是我们称为理论的东西），也不曾对其工作设想一个整体（如果这个整体在此经过有条理的处理，就称为系统），他能够比理论所能引导他的，还要走得更远。

然而，较诸一个无知的人冒称理论在他所臆想的实践中是不必要且可有可无的，更不可容忍的是，一个自命聪明的人承认理论及其对于教学的价值（像是仅仅为了训练头脑），但同时又断言：这在实践上完全是另一回事；当我们从学院走入世界时，就会领略到我们是在追求空洞的理想与哲学的梦幻；一言以蔽之，在理论上听起来不错的东西，对于实践是无效的。（我们经常也将此义表达为：这个或那个命题在学理上〔in thesi〕固然有效，但在实际上〔in hypothesi〕则不然。）而今，经验的机械师想要贬低一般机械学，或是炮手想要贬低关于弹道的数学理论，而说：有关的理论固然构思精巧，但在实践上却是完全无效的，因为在执行时，经验提供与理论全然不同的结果；对于他们，我们只会加以嘲笑（因为如果对前一套理论再补上摩擦理论，对后一套理论再补上空气阻力理论，因此一般而言，只要再补上更多的理论，这些理论就会和经验协调无间）。然而，对于一种涉及直观对象的理论而言，其情况迥然不同于对象在其中仅通过概念而呈现之理论（分别关乎数学底对象与哲学底对象）。后一种对象或许能十分妥当且无可疵议地（从理性方面）**被设想**，但或许根本无法**被给与**，而是极可能仅为空洞的理念，而这些理念若非在实践中完全无法运用，就是甚至会有一种不利于实践的运用。因此，在这类的情况下，上述的俗语就可能有极大的正确性。

然而，在一套以**义务底概念**为基础的理论中，对于这个概念底空洞的观念性之忧虑完全消失了。因为如果我们的意志底某项
227 作用连在经验中（不论经验被设想为已完成的，还是被设想为不断趋近于完成）都是不可能的，那么，追求这项作用就不会是义务；而在本文中所谈的只是这类的理论。因为令哲学蒙羞的是，这类的理论经常被当做借口说：在其中可能是正确的东西，对于实践却是无效的；而且是以一种高傲而轻蔑的口气，充满自负，想要在理性寄托其最高荣誉的领域中以经验来改造理性本身，且自以为拥有智慧，凭其死盯住经验的鼠目，能比天生昂首直立、凝视天际的存有者[4]所禀有的眼睛还看得更远、更准。

在我们这个言论充斥而无行动的时代里已十分常见的这项格律，当它涉及道德之事（德行义务或法律义务）时，造成极大的危害。因为此处所关切的是理性底法规(在实践领域中),而在这里，实践底价值完全建立于它对于作为其基础的理论之合宜性；再者，如果法则底履行之经验的且因此偶然的条件被当成法则本身底条件，而且这样一来，以按照**过去的**经验而可能的结果为考虑之一种实践就变得有权去主宰自身独立的理论，那么一切都完了。

我根据三项不同的观点来为本文分节——那位极大胆地否定理论与系统的可敬人士，也经常根据这三项观点来评断其对象[5]——，也就是根据三重资格来分节：1）作为私人，但却是**职务**

---

4 【译注】“天生昂首直立、凝视天际的存有者”当是指人类。

5 【译注】“那位极大胆地否定理论与系统的可敬人士”，当是指英国思想家伯克（Edmund Burke，1729—1797）。伯克在其名著《对法国大革命的反思》（*Reflections on the Revolution in France*, 1790）中严厉抨击那些空谈政治理论而不顾实际的人。此书由根茨（Friedrich Gentz）译成德文，于1792年出版。康德可能读过此译本。

人；2）作为**政治人**；3）作为**世界人**（或是一般而言的世界公民）。而今这三种人都一致攻击为他们全体并针对其福祉探讨理论的**学术人**，以便——既然他们自以为对此懂得更多——将他赶进其学院里（“让他在其庭院里卖弄吧！”[6]），作一个学究，而他不适合于实践，只是在妨碍他们的历练智慧而已。

因此，我们将分三节来阐述理论对于实践的关系：**首先**是在一般而言的**道德**中（着眼于每个人底福祉），**其次**是在**政治**中（关乎**国家**底福祉），**最后**是在**世界主义的**观点中（着眼于**人类**整体底福祉，并且是就人类置身于在未来所有时代底繁衍系列里朝向这种福祉的进程之中而论）。但基于来自本文自身的理由，我们将这 278
三节底标题分别表述为在**道德**、**国家法**与**国际法**中理论对于实践的关系。

6 【译注】illa se iactet in aula，语出罗马诗人维吉尔（Vergi，即 Publius Vergilius Maro，70—19 B.C.）底史诗《埃涅阿斯纪》（*Aeneis*, I,140）。

I

论在一般而言的道德中理论对于实践的关系

（敬答**加尔维**教授先生底若干异议[7]）

在我开始讨论关于在使用同一个概念时可能仅对理论有效或者对实践有效的事物之真正争论点以前，我必须将我的理论（如同我在他处对它作过的表述），与**加尔维**先生对它所作的表述摆在一起，以便事先看看：我们是否也互相了解。

A. 我曾暂且将道德学解释为教导我们如何才会配得幸福，而非如何才会得到幸福的一门学问之引介[8]。在此，我并未忘记指出：人并不因此被要求在攸关义务之遵循时，应当**放弃**其自然目的，即幸福；因为就像任何有限的有理性者一样，他根本做不到这点。而是他必须在义务底命令出现时，完全**排除**这种考虑；他必须完全不使这种考虑成为“遵从理性为他所规定的法则”一事之**条件**，
279 甚至尽其所能地设法留意，不让任何由这种考虑衍生出来的**动机**

278 7 **加尔维著：《试论道德学与文学底各种对象》**，第 1 部，页 111—116。我把这位可敬人士对我的命题之辩驳称为他对于他希望（一如我所希望）与我达成共识的看法之**异议**，而非作为否定性论断而会引起对方底辩护之攻击。对于这类的攻击，既不宜在此讨论，我也没有兴致去讨论。

【译者按】此书底全名为《试论道德学、文学与社会生活底各种对象》（*Versuche über verschiedene Gegenstände aus der Moral, der Litteratur und dem gesellschaftlichen Leben*, Breslau: Wilhelm Gottlieb Korn 1792-1800）； 收 入 *Christian Garve: Gesammelte Werke*（Hildesheim: Georg Olms 1985），1. Abteilung, Bde. 1/2。其中与本文相关的文字亦收入 Dieter Henrich（Hg.）: *Kant. Gentz. Rehberg. Über Theorie und Praxis*, S. 134-138。

278 8 “配得幸福”是一个人格基于主体本身的意志而有的资格，根据这种资格，一种普遍地（不但为自然，也为自由意志）立法的理性才会与这个人格底所有目的相协调。因此，这与获取一种幸福的技巧截然不同。因为如果他所拥有的意志无法与唯一适合于理性之普遍立法的那种意志相协调，并且无法被包含于其中（也就是说，它与道德性相抵牾）的话，则他连这种技巧及自然为此而赋予他的才能都不配拥有。

不知不觉地混入，来决定义务。之所以如此，系由于我们宁可将义务设想为与因遵从它（德行）而付出的牺牲相联结，而非与因遵从它而为我们带来的好处相联结，以便就义务底命令之要求无条件服从的、自足的且不需要任何其他影响的全部威望去设想它。

a. 而今加尔维先生将我这个命题表述如下："我曾断言：遵守道德法则而完全不考虑幸福，是人**唯一的终极目的**；它必须被视为造物主底唯一目的。"（按照我的理论，创造主底唯一目的，既非人底道德性本身，亦不单是幸福本身，而是在世间可能的最高善——它是这两者之统一与协调。）

B. 我还曾进一步指出：这个"义务"概念不需要以任何特殊的目的为基础，反倒是为人底意志**带来**另一项目的，亦即尽一切能力去谋求在世间可能的**最高善**（即在宇宙整体中与最纯粹的道德也相结合且与之相称的普遍幸福）。既然我们的力量虽能及于其中的一面，却无法两面兼顾，这便使理性不得不**在实践方面**相信有一个道德的世界主宰及一个来世的生命。并非仿佛唯有预设这两者，普遍的"义务"概念才会取得"支撑与稳固性"，亦即取得一个稳当的基础与一个**动机**所需要的强度；而是唯有这样，这个概念才会为那个纯粹理性底理想[9]也取得一个**对象**[10]。因为义务本身 280

---

9 【译注】"那个纯粹理性底理想"指最高善。

10 要在世间假定一种因我们的共同参赞而成为可能的**最高善**、以作为万物底终极目的之 279
这种需求，并非由于欠缺道德动机而有的需求，而是由于欠缺外在境况而有的需求——
唯有在这种外在境况中，才能按照这些动机产生一个作为目的自身（作为道德的**终极目
的**）的对象。因为没有**意志**能完全不具目的——虽然当问题仅关乎依法则来强制行为
时，我们必须不考虑目的，而且唯有法则才是意志底决定根据。但并非每项目的都是
道德的（例如，"自身的幸福"这项目的就不是），而是道德的目的必须是无私的。再者， 280
对于一个由纯粹理性所交付、将所有目的底整体都包摄在一项原则之下的终极目的（作
为因我们的共同参赞而成为可能的最高善之一个世界）之需求是对于无私的（转下页）

不外乎是将意志**限制**于一种由于一个被采纳的格律而成为可能的普遍立法之条件下，无论意志底对象或目的为何（因而也包括幸福）；但是这种对象与甚至我们可能有的任何目的在此都完全不予以考虑。因此，在道德底原则之问题上，最高善（作为一种由道德所决定并且符合其法则的意志之最后目的）底学说能被（当做附带之物）完全略过，且撇开不论；如下文还会说明的，在事关真正的争论点时，我们根本不考虑这点，而是仅考虑普遍的道德。

b. 加尔维先生将这些命题表述如下："有德者绝无法也不可无视于那项（自身幸福底）观点，因为否则的话，他就会完全丧失通往无形世界、通往对于上帝存在及〔灵魂〕不朽的信念之通道；
281 但是根据这套理论，这种信念是绝对必要的，以便**为道德系统提供支撑与稳固性**。"最后，他把他归诸我的全部主张总括如下："有德者依循那些原则，不断地致力于使自己配得幸福，但**只要**（in so fern）他是真正有德的，就绝不会致力于使自己幸福。"（"只要"

（接上页）意志之一种需求，这种意志还**扩展**到对形式法则的遵循之外，而产生一个对象（最高善）。这是一种特殊的意志决定，亦即由所有目的底整体之理念来决定意志，而其基础在于：**如果**我们与世间的事物处于某些道德的关系之中，我们就得随处都服从道德法则；并且在此之外还要再加上一种义务，即尽一切能力去促成**一事**，即这样一种关系（一个合乎最高道德目的之世界）之存在。在此，人按照与神之间的类比来设想自己，而尽管神在主观方面不需要任何外在的事物，我们却无法设想他将自己封闭在自身之内，而是甚至其完全自足性底意识就决定了他要在自身之外产生最高善：就最高存有者而言的这种必然性（就人而言，它是义务）只能**被我们**设想为道德的需求。因此，就人而言，存在于因其参赞而在世间成为可能的最高善底理念当中之动机，亦非在世间所企望的自身幸福，而仅是这个作为目的自身的理念，亦即以遵循这个理念为义务。因为这个动机绝对不包含对于幸福的指望，而仅包含对于幸福与主体之配得幸福两者间的一种比例之指望，无论主体为何。但如果一种意志底决定将自己及它想要归属于这样一种整体的意图加上这种条件之限制，它就**不是自私的**。

一词在此造成一种歧义，这种歧义必须事先予以消弭。此词可以意指：**在**他作为有德者而服从其义务的**行动中**；而在这种情况下，这个命题完全符合我的理论。或者它意指：只要他一般而言是有德的，且因此即使是在问题不涉及义务，且与义务不相抵牾的情况下，有德者也根本不该考虑到幸福；而在这种情况下，这与我的主张完全相矛盾。)

因此，这些异议无非是误解（因为我不愿视之为曲解）。人类有一种癖好，就连在评断他人底思想时，都要依循其过去习惯的思路，且因此把这种思路带进他人底思想中；如果这种癖好不足以说明这样一种现象的话，上述误解底可能性必然会令人诧异。

在以这种争辩的方式讨论过上述的道德原则之后，而今继之以一个反面的独断主张。加尔维先生分析地推断说："在排列**概念**时，对状态加以察觉与分辨，从而使一种状态对于另一种状态具有**优先性**，这必须先于从其中选择一者，且因此先于预先决定某一项目的。但是对于一个有才能意识到自己及其状态的存有者，当这种状态当下呈现，且为他所察觉时，他相较于其他的存在方式而**更为偏好**的状态便是一种**良好的**状态；而一系列这类的良好状态，便是'**幸福**'一词所表示的最普遍的概念。"又说："一项法则预设动机，而动机则预设一种事先察觉到的关于较坏状态与较好状态之区别。这种察觉到的区别是'幸福'概念之要素云云。"又说："**由幸福**——就此词之最普遍意义而言——**产生一切努力之动机**，因此也产生遵循道德法则之动机。在我能探问，履行道德义务是否属于'善'之类别以前，我必须先一般性地知道某物是

善的；**在**我们能为人设定一项其活动应当归趋的**目标之前**[11]，他必
282 须有一项**动机**使他活动。”

这种论证不过是在玩弄“**善**”这个词底歧义而已：这个词或是意指就自身而言的且无条件的“善”，而相反于就自身而言的“恶”；或是与更好或更坏的“善”相比较，而意指始终只是有条件的“善”；在后一情况下所选择的状态可能只是一种比较好的状态，但自身却是恶的。“无条件地遵从自由意念之一项定言地发出命令的法则，而根本不考虑任何被置为基础的目的”之格律（亦即义务底格律），与“追求自然本身加诸我们而作为某种行为方式底动机的目的（这一般称为幸福）”之格律，两者在本质上，也就是说，**在种类上**，是不同的。因为前一格律本身是善的；后一格律根本不是善的，在与义务冲突的情况下，它可能是极恶的。反之，若是某一项目的被置为基础，因而没有任何法则无条件地（而是仅这在此项目的底条件之下）发出命令，则两个相对立的行为便可能都是有条件地善的，只不过是一者比另一者更好而已（后者因此就称为比较恶的）；因为它们并非**在种类上**而仅是**在程度上**彼此不同。凡是不以无条件的理性法则（义务）为动机而是以我们任意置为基础的一项目的为动机之行为，其情况都是如此。因为这项目的是全体目的之一，而全体目的之达成就称为幸福；再者，对于我的幸福，一个行为能贡献较多，另一个行为则贡献较少，

282 11 这一点正是我所坚持的：在我们为人设定一项目标（目的）之前，他事先所能怀有的动机显然不外乎是法则本身，但借由法则（不论我们可能怀有什么目的，并且可能由于遵守法则而达到什么目的）所引发的敬畏。因为就意念底形式面而言，法则就是我排除掉意念底质料（加尔维先生所说的“目标”）之后唯一余留下来的东西。

因而一个行为能比另一个行为更好或更坏。但是在意志底决定中**偏好**一种状态甚于另一种状态，这仅是自由底一种活动而已（就像法学家所说的，纯属机缘之事〔res merae facultatis〕）；在这种活动中，此事（意志底决定）本身究竟是善是恶，完全不予以考虑，因而对于双方是等价的。

与某项**既定的目的**相联系，而我偏好这项目的，甚于任何其 283
他**同类的**目的，这种状态是一种比较好的状态，亦即属于幸福底领域（除非仅在“我们配得幸福”之条件下，否则**理性**绝不承认幸福为**善的**）。但是当我的某些目的与义务底道德法则冲突之际，我意识到自己偏好道德法则，这种状态就不仅是一种更好的状态，而是单就自身而言即是良好的状态：这是出自一个完全不同的领域之“善”；在这个领域里，可能供我选择的目的（因而这些目的之总合，即幸福）根本不予以考虑，而且并非意念底质料（一个被置为基础的对象）而是其格律底普遍合法则性之纯然形式构成其决定根据。因此，我们绝不能说：我相较于任何其他存在方式而**更为偏好**的所有状态，都被我归入幸福之列。因为首先我必须确定：我的行为并未违反我的义务；然后我才获准在我能将幸福与我在道德方面（而非在自然方面）的良好状态统一起来的范围内去寻求幸福[12]。

12　幸福包含（而且也仅包含）自然为我们所取得的一切东西；德行则包含除了人自己之外， 283
无人能给与或取走的东西。若是有人要针对这点而说：由于偏离了德行，人至少会招致谴责与纯粹的道德自责，亦即招致不满足，因而使自己不幸福，则这点或许可以承认。但是唯有有德者或是在成德之途中的人才能有这种纯粹的道德上的不满足（并非由于行为为他带来的不利后果，而是由于其违背法则本身）。是故，这种不满足并非他之所以为有德者的原因，而是其结果；而且成为有德者的动因无法得自这种不幸福（如果我们愿意如此称呼由一桩罪行而来的痛苦的话）。

意志诚然必须具有**动机**；但这些动机并非某些作为目的而涉
及**自然情感**的预定对象，而不外乎是无条件的法则本身——意志
对于这种法则的感受性，即感觉受到其无条件的强制，称为**道德**
情感。因此，道德情感并非意志底决定之原因，而是其结果。如
284 果这种强制不先出现于我们的心中，我们在心中根本就不会察觉
到道德情感。因此，主张说这种感情，亦即我们当成自己的目的
之一种愉快，是意志底决定之最初原因，是故幸福（这种愉快是
其要素）本就是行为底一切客观必要性之根据，从而是一切义务
之根据，这种陈腔滥调便属于诡辩的**把戏**。因为如果我们在为某
项结果提出一项原因时能不停地追问下去，我们终究会使结果成
为其自身的原因。

现在我要谈到我们在此真正要考虑的要点，即是借事例来证明并检查哲学中所谓理论与实践之相互抵牾的兴趣。加尔维先生在其上述的论著中，为此提供了最佳的证明。首先，他说（当他谈到我在关于“我们要如何才会**幸福**”与“我们要如何才会**配得**幸福”的这两种学说之间发现的区别时）：“就我来说，我承认：在我的**脑**中，我很能理解对于理念的这种划分，但是在我的**心**中，我却找不到对于愿望和志向的这种划分；我甚至无法理解，任何人如何能意识到自己已将其对幸福本身的期望清除殆尽，且因此完全无私地履行了义务。”

首先我回答后一问题。就是我愿意承认：没有人能确切地意识到自己完全无私地**履行了**他的义务。因为这属于内在的经验，而且要对其心灵状态具有这种意识，就需要对一切透过构想力、习惯与爱好而与义务概念相伴而生的附带表象与考虑，具有一种

透彻明晰的表象，而这是绝无法去要求的事；而某物（因而也包
括一项暗中怀想的好处）之不存在也根本无法成为经验底对象。
但是，**人应当**完全无私地**履行**他的义务，并且**必须**将他对幸福的
期望同义务底概念全然分离开来，以便完全纯粹地保有这个概念，
这却是他以最大的清晰性所意识到的。否则，若他不相信自己是
这样，我们可以要求他尽其所能地去做到；因为道德底真正价值
正是见诸这种纯粹性之中，且因此他必定也做得到。或许从未有
一个人完全无私地（无其他动机之掺入）履行了他所认识并且也
尊崇的义务；或许也绝不会有一个人在经过最大的努力之后，达 285
到这个地步。但是，他在最审慎的自我省察当中能在自己心中察
觉到，自己不但未意识到任何这类共同发生作用的动机，反倒是
在许多与义务底理念相对立的动机方面意识到自我否定，因而意
识到“力求这种纯粹性”的格律，这却是他做得到的；而这对于
他之奉行义务也足够了。反之，若是他以人性不容许这类的纯粹
性(但他也无法确切地作此断言)为借口,使“助长这类动机之影响”
成为自己的格律，这便是一切道德之沦亡。

至于加尔维先生方才的告白，说在他的心中找不到那种划分（其实是分辨），则我毫不犹豫地直接反驳他的自我谴责，并且为他的心辩护，而反对他的脑。实际上，他这位正直的人始终在他的心中（在其意志之决定中）发现这种划分。但是这种划分可不会为了思辨底缘故，且为了理解无法理解（无法解释）的事物，即定言令式（义务底令式即属于此类）之可能性，就在他的脑中与心理学解释底通常原则（这些解释一概以自然底必然性之机械

作用为基础）相协调[13]。

但是加尔维先生最后说："在我们**思索**特殊对象时，对于理念的这类精微区分就已变得**隐晦**了；但若这类区分应用到欲望与意
286 图上，而事涉**行动**时，它们就**完全消失了**。我们由考察动机过渡到实际行动的步骤越是简单、迅速而欠缺清楚的表象，我们就越不可能确切而可靠地辨识每一个以此种而非其他方式主导这个步骤的动机所添加之特定分量。"此时我却必须大声而强烈地反对他。

"义务"底概念在其完全的纯粹性之中，较诸任何得自幸福或者与幸福及对幸福的考虑相混杂的动机（这总是需要有许多技艺与思虑），不单是无可比拟地更为简单、更为清楚、对每个人底实践运用都更易把握且更为自然，而是甚至在最通常的人类理性之判断中——只要这个概念被提到人类理性之前，并且在摆脱这些动机，甚至与之对立的情况下，被提到人底意志之前——，较诸一切来自后一种自私原则的动因，都远远**更为有力**、更为强势且更有成功的希望。例如，有这样的情况：某人手中持有一笔他人信托的财产（depositum），其所有人已经去世，而其继承人对此

---

285 13 加尔维教授先生（在他对于**西塞罗**《论义务》之书的注释，1783 年版，页 69）提出以下值得注意且与其洞察力相称的告白："按照其最真切的信念，自由永远是解不开的，也绝不会得到解释。"关于其现实性的证明，无论是在直接的还是间接的经验中，都绝对找不到；而若无任何证明，我们也无法假定它。如今，既然自由底证明无法得自纯然理论性的根据（因为这些根据必须在经验中去寻求），因而是得自纯然实践性的理性命题，但亦非得自技术性的实践命题（因为这些命题也需要有经验底根据），因此仅是得自道德性的实践命题，则我们一定会感到奇怪：何以加尔维先生不托庇于自由底概念，以便至少挽救这类令式之可能性。

【译者按】西塞罗（Marcus Tullius Cicero，106—43 B.C.）是古罗马的政治家与作家，著有《论义务》（*De officiis*）。加尔维曾为此书撰写《对西塞罗〈论义务〉之书的哲学注释与论文》（*Philosophische Anmerkungen und Abhandlungen zu Ciceros Büchern von den Pflichten*, Breslau 1783），收入 Christian Garve: *Gesammelte Werke*, 3. Abteilung, Bd. 10。

一无所知，也绝不会有所知悉。我们甚至向一个约莫八九岁的孩子说明这种情形；而同时，这笔财产底持有人（并非由于其过错）正好在此时完全丧失了其优渥的处境，而环顾其悲惨的家庭中为匮乏所苦的妻小；只要他侵占这笔信托物，就会立即摆脱这个困境。同时，他是博爱而慈善的；而那些继承人却是为富不仁且又极度奢侈浪费，以致他们这笔额外的财富若是被丢入海中，也不会更糟。如今我们问道：在这种情况下，我们是否能认为，将这笔财产据为己用是容许之事。毫无疑问，被询问的人会回答道：不可；而且撇开千万理由，他只能说：**这是不公道的**，也就是说，这与义务相抵牾。这是最清楚不过的事了；但这的确不是说：由于他交还这笔财产，他会促进他自己的**幸福**。因为如果他指望由他对于幸福的希冀来决定其决心，他可能譬如会这么想："如果你将他人存放在你那里的财产主动归还给真正的所有人，他们可能会为 287
你的诚实而酬谢你；或者如其不然，你也会赢得一个广为人知的好名声，这可能会对你十分有利。但这一切都是极不确定的。在另一方面，当然也会有若干顾虑：如果你为了一举摆脱你的窘境，而想侵吞这项信托物，则当你迅速地运用它时，你就会引起别人对你的怀疑，你是如何且用什么办法这么快就改善了你的处境；但如果你想慢慢地利用它，困境就会在这期间加剧到根本无法再补救的地步。"因此，意志根据幸福底格律，摇摆于其各种动机之间，不知它应当作何决定；因为他考虑到功效，而功效是极不确定的；要从成堆的正反理由中挣脱出来，而又不在总结算时自欺，就需要有一副好头脑。反之，如果他自问：在这种情况下的义务是什么，则他对于他必须给自己的答案，绝不会不知所措，而是当场就确知他应该做什么。的确，如果"义务"底概念对他多少还起作用的话，即使他仅是着手估算他由违犯义务所能得到的利益，他甚至会感到一种厌恶，仿佛他在此还作了这项选择似的。

因此，加尔维先生说：**当事涉行动时**，这些区分（如上文所示，这些区分并非如他所想的那样精微，而是以最粗俗且最易懂的文字写在人底心灵中）**就完全消失了**，这甚至与他自己的经验相抵牾：更确切地说，并非与出自一项或另一项原则的格律底**历史**所阐述之经验相抵牾，因为这种经验不幸证明了这些格律多半来自后一项原则（自私底原则）；而是与只能见于内心的经验相抵牾，这种经验即是：提升人类心灵并鼓舞其热情的理念莫过于一种纯粹的道德存心之理念——这种存心将义务推崇到超乎一切，并与生命中的无数灾咎甚且其最惑人的引诱斗争，而仍然战胜它们（我们有理由假定：人做得到这点）。人意识到：由于他应当这么做，他就能够做到；这在其内心开启了神性禀赋底一个纵深，这个纵深使他对其真正分命之伟大与崇高仿佛感觉到一种神圣的颤怖。如
288 果我们经常提醒人，并且使他习惯于将德行从其由于遵循义务而能获取的利益之全部财富中完全脱卸出来，并且就其完全的纯粹性来设想它，又如果在私人教学与公共教学中，我们以“经常运用这个办法”为原则（这是一种使人牢记义务的方法，几乎总是为人所忽略），则人底道德一定会迅速改善。迄今为止，历史底经验尚未能证明德行论之良好成效，这或许正要归咎于以下的错误预设：源于义务底理念本身的动机，对于一般人底理解而言，是太过精微了；反之，源于因遵循法则（但不把它当做动机而加以留意）而能在此世，甚至也在一个来世期待的某些利益之较为粗俗的动机，却会更有力地影响心灵；再者，迄今为止，我们都使对幸福的追求优先于理性当成最高条件的东西，即“配得幸福”，

而以此为教育与授课底原理。因为关于“我们如何能使自己幸福，至少防止对自己的不利”的**准则**（Vorschriften）并非**命令**（Gebote）。它们绝对约束不了任何人；而且在一个人受到警告之后，如果他愿意忍受其遭遇，他可以选择他认为恰当的事。在这种情况下，由于他忽视他所受到的劝告而可能招致的灾祸，他就无理由视为惩罚：因为惩罚仅关乎自由的但违反法则的意志；但是，自然与爱好却无法为自由制定法则。对于义务底理念而言，情况就完全不同了：对义务的违犯——即使不考虑由此而对他产生的不利——直接影响心灵，并且使人在他自己的心目中成为卑鄙而应受惩罚的。

在此就清楚地证明了：凡是在道德中对于理论是正确的东西，对于实践也必然有效。因此，以一个人底资格，作为一个由于其自身的理性而受到某些义务底约束的存有者，每个人都是一个**职务人**；再者，既然作为人，他绝不会因成长而至于不需要智慧底学校，则他绝不能自以为从经验得到了有关“人是什么”及“我们能要求他什么”的更佳指导，而以傲慢的轻视将理论底拥护者
赶回学院里去。因为所有的这些经验均无法使他可以回避理论底 289
准则，而是至多只能在我们已将理论纳入我们的原理中时，使他学会如何能更妥善而普遍地来应用理论；但是这里所谈的，却不是这种实用的技巧，而只是上述的原理。

II
论在国家法中理论对于实践的关系
（反驳**霍布斯**[14]）

在众人借以组成一个社会的所有契约（社会契约〔pactum sociale〕）当中，要在他们之中建立一部**公民宪法**的契约（公民联合契约〔pactum unionis civilis〕）是极其独特的，以致尽管在**执行**方面，它与其他的每项契约（它同样是针对随便任何一种必须共同促成的目的）之间都有许多共同之处，但是在其成立底（公民宪法底〔constitutionis civilis〕）原则上，它与其他所有的契约却有本质上的区别。在所有的社会契约当中，都可见到许多人为了任何一项（共同的）目的（它是全体所**拥有**的）而结合起来；但是若他们的结合本身就是目的（它是每一个人都**应该拥有**的），因而是在彼此无法不相互影响的人之每一种一般而言的外在关系中无条件的且首要的义务，则这样一种结合只能见诸一个处于公民状态，亦即形成一个共同体[15]的社会之中。而在这样的外在关系中本身就是义务，甚且是其余一切外在义务底最高形式条件（必要条件〔conditio sine qua non〕）的目的，是人**在公开的强制性法则之下的权利**，这些法则能为每个人决定其应得之分，并且保障它免于受到其他任何人之侵犯。

但是，一般而言的外在法权底概念完全出自人在相互的外在

14 【译注】霍布斯（Thomas Hobbes，1588—1677）是英国政治思想家。康德在本文对他的批评主要是针对他在《公民论》（*De cive*, 1642）与《利维坦》（*Leviathan*, 1651）中所提出的社会契约论。

15 【译注】在康德底用法里，“共同体”（gemeines Wesen）与“国家”（Staat）二词可以互换。

关系中之**自由**底概念，而且与所有人自然怀有的目的（对于幸福的希冀）及达到幸福的手段之准则完全无关；也因此，这种目的绝对不可混入上述的法则[16]之中，作为其决定根据。**法权**（Recht）是将每个人底自由局限于它与所有人底自由相协调之条件下—— 290
就这种协调根据一项普遍的法则是可能的而言；而**公法**（das öffentliche Recht）则是使这样一种普遍的协调成为可能之**外在法则**底总合。如今，既然凡是他人底意念对于自由的限制，均称为**强制**，则可知公民宪法是**自由**人底一种关系，但这些自由人（尽管在他们与别人结合成的整体中，他们是自由的）却受拘于强制性法则。因为理性本身意愿如此，更确切地说，是不考虑任何经验目的（这类的目的全都可以包括于"幸福"底共名之下）之先天立法的纯粹理性意愿如此。对于经验的目的，以及每个人想要将它置于何处，人有完全不同的想法，以致他们的意志无法被归于一项共同的原则之下，因此也无法被归于一项与所有人底自由相协调的外在法则之下。

因此，公民状态仅当做法律状态来看，系建立于以下的先天原则之上：

1. 社会中作为**人**的每个成员之**自由**；
2. 社会中作为**臣民**的每个成员与其他成员间的**平等**；
3. 一个共同体中作为**公民**的每个成员之**独立**。

这些原则并不就是已建立的国家所制定的法律，而是唯有依

---

16 【译注】这是指上文所谓"公开的强制性法则"。

据它们，一个国家才有可能按照一般而言的外在人权底纯粹理性原则而建立起来。因此：

1. 作为人的**自由**：对于一个共同体底宪法而言，我以下列的程序来表达这种自由底原则：无人能强迫我按照他的方式（他设想其他人底福祉的方式）去获取幸福，而是每个人都可以依循他自己认为恰当的途径去寻求其幸福——只要他不损害他人追求一项类似目的的自由（亦即他人底这项权利），而这种自由能按照一项可能的普遍法则而与每个人底自由并存。若一个政府建立在对于人民的仁爱（就像一个**父亲**对于其子女那样）底原则上，就是**父权的政府**（väterliche Regierung；imperium paternale）。因此，臣民在这里有如无法分辨什么对自己真正有利或有害的未成年子女，
291 不得不仅采取被动的态度，以便对于他们**应当**如何才会幸福，仅期待于国家元首底判断，而对于国家元首之亦有此意愿，则仅期待于其善意。这种政府是可设想的最大的独裁主义（这种宪法取消臣民底一切自由，臣民因之完全不拥有任何权利）。唯一能为能够拥有权利的人且亦针对统治者底仁爱而设想的政府，并非一个**父权的**政府，而是一个**祖国的**（vaterländische）政府（imperium non paternala, sed patrioticum）。因为如果国家中的每个人（其元首亦不例外）都将共同体视为母亲底怀抱，或是将国土视为父亲底土地——他自己生于斯，长于斯，并且还得将它当做珍贵的信物传下去——，只是为了借共同意志底法律来保卫共同体底权利，而非自以为有权使共同体供其无条件的愿望所运用，这种思考方式便是**爱国主义的**。这种自由底权利应属于作为人的共同体成员——就这个成员是一个毕竟能够拥有权利的存有者而言。

2. 作为臣民的**平等**：其程序可以如下所述：共同体底每个成

员对其他每个人都拥有强制权，只有共同体底元首是例外（因为他并不是共同体底一个成员，而是其开创者或维持者），唯独他有权去强制，而本身不居于一项强制性法则之下。但是在一个国家里，凡是居于法律**之下**者，均是臣民，因而就像共同体中的其他所有成员一样，受制于强制性法律；唯一例外的（自然人格或道德人格）是国家元首，一切法律上的强制唯有通过他才能执行。因为如果他也会受到强制的话，他就不是国家元首了，而隶属关系底系列就会无限地向上延伸。但如果他们有两个（不受强制的人格），就没有任何一者会受拘于强制性法则，而且一者也不会对另一者做出不公之事，而这不可能的。

但是，在一个国家里作为其臣民的人底这种一体平等，却与他们在财产底数量与等级方面的最大不平等——不论是在身体或精神上对于他人的优越性方面，还是在身外的财物方面，以及在对于他人之一般而言的权利（这种权利可能有许多种）方面—— 292
配合得很好。于是，一个人底福利就非常仰赖于另一个人底意志（穷人底福利仰赖于富人），以致一个人必须服从（像是子女服从父母，或妻子服从丈夫），另一个人则命令他，一个人服务（作为临时雇工），另一个人则付酬等等。但是就法权而言（作为普遍意志之表示，法权只能有一种，并且它涉及权利底形式，而不涉及我对它拥有一项权利的质料或对象），他们作为臣民，却都是彼此平等的。因为除非借由公法（及其执行者，即国家元首），否则没有任何一个人能强制某人，但是其他的每个人也同样借由公法来抗拒他。但是除非由于他自己的罪行，否则没有人能丧失这种强制的权限（亦即对他人拥有一项权利的权限），并且也无法自行放弃这项权利，也就是说，借由一项契约，因而借由一项法律行动，使得自己不具有权利，而仅具有义务。因为这样一来，他就会剥夺自己订立一项契约的权利，因而这项契约就会取消自己。

如今，从“共同体中作为臣民的人底平等”这个理念也得出以下的程序：共同体中的每个成员都得能够达到他凭其才干、辛勤与幸运而能在其中达到的每一层级底地位（这个层级是一个臣民所能拥有的）；而其同为臣民的同胞不可凭借一种**世袭的**特权（对于某一地位的特殊优待）来妨碍他，而将他及其后代永远压制在这种特权之下。

因为既然一切法权均仅在于将其他每个人底自由局限在“其自由与我的自由能按照一项普遍的法则而并存”这项条件之下，而且公法（在一个共同体中）仅是一种合乎这项原则且与权力相结合的现实立法之状态，而由于这种立法，同属一个民族的所有臣民处于一种一般而言的法律状态（status iuridicus）中，即是依普遍的自由法则相互限制的意念在作用和反作用上的平等（这称为公民状态）。既然如此，则就每个人强制其他的每个人，使之始终停留于“其自由底运用与我的自由相协调”的界限以内之权限
293 而言，每个人在这种状态中之**天生的权利**（亦即在其一切法律行动之先）是一体**平等的**。如今，既然出生并非出生者底一个**行动**（Tat），因而这不会为此人招来法律状态之不平等与对强制性法律之屈从，唯独他作为唯一最高的立法权力之臣民而与其他所有人共有的那种屈从除外，则共同体中同为臣民的一个成员对于另一个成员就无法拥有天生的优先权，而且没有人能将他在共同体中所占有的**地位**之优先权传给其子孙，因而仿佛是出生使他有资格占有统治者底地位，也不能强行阻止其子孙凭自己的功绩去达到隶属关系（是上级〔superior〕与下级〔inferior〕之隶属关系，而

非其中一者为统治者〔imperans〕，另一者为臣属〔subiectus〕）中的更高层级。凡是其他属于“物”（不涉及人格性），并且作为财产而能被取得也能被他转让的东西，他都可以传下去，且因此经过数代子孙之后，他可以在一个共同体底成员当中造成一种财富状况上的显著不平等（佣兵与雇主、地主与农奴等之不平等）；但是他不可妨碍这些成员跻升到同样状况之权限（如果其才干、辛勤与幸运使他们有此可能的话）。因为如其不然，他就可以强制，而又能不受他人底反制，并且逾越了一个臣民同胞底层级。生活在一个共同体底一种法律状态中的人，除非由于其自己的罪行，否则也绝无法借由契约或是借由战争底强占（occupatio bellica）而丧失这种平等。因为他无法借由任何法律行动（无论是他自己的，还是另一个人的）而停止做他自己的主人，并且加入家畜之列，而我们任意使用家畜来从事各种劳役，并且只要我们愿意，甚至不经其同意，便让它一直保持在这种状态中——即使有不得残害或杀戮它的限制（这种限制有时甚至可能得到宗教之认可，像是在印度人那里）。只要此人意识到：他之所以未跻升于与他人同等的层级，只是缘于他自己（其能力或真诚的意志），或是缘于他无法归咎于其他任何人的情势，而非缘于他人之无法抗拒的意志，而他人与他同为共同体中的臣民，在法权方面并无优于他之处，则我们能假定他在任何状态中都是幸福的[17]。 294

---

17 如果我们想要将一个特定的（与“善良的”、“慈善的”、“保护的”之类仍然有区别的） 294
概念与“慈惠的”（gnädig）一词联系起来，则它只能加诸**不受到强制性法律**约束的人。因此，只有**国家行政机构**底元首——他产生并分配一切依公法而可能的善的事物（因为制定公法的**主权体**仿佛是无形的；它是人格化的法律本身，而非代理人）——才能被冠以**“慈惠的主人”**之头衔，而作为唯一不受到强制性法律约束的人。所以，甚至在一个贵族政体中，例如在威尼斯，**元老院**（Senat）才是唯一的慈惠的主人；（转下页）

3. 共同体中作为**公民**——亦即，作为共同立法者——的一个成员之**独立**（sibisufficientia）：在立法本身底问题上，所有在现有的公法之下自由而平等的人，就**制定**这些法律的权利而言，却无法都被视为平等的。那些无法拥有这项权利的人，作为共同体底成员，仍然得服从这些法律，而且，因此根据这些法律而受到保护——但并非作为**公民**，而是作为**受保护的伙伴**（Schutzgenossen），因为一切权利均取决于法律。但是，一项公法——它为所有人决定他们在法律上，可容许或不可容许去做的事——是一种公共意志底活动，而一切权利均由这种意志开始，且因此这种意志本身必然无法对任何人不公。但是除了全体人民底意志（既然所有人为所有人作决定，因而每个人为自己作决定）之外，没有任何其他的意志有可能做到这点，因为只有对于自己，一个人才无法有所不公。但如果这涉及另一个人，则单是一个与他不同的人底意志无法为他决定任何不可能不公的事；因此，这另一个人底法律还需要有另一种法律来限制他的立法，故无任何特殊的意志能为一个共同体立法。（其实，"外在自由"、"平等"与"**全体**底意志

（接上页）而构成元老院的贵族（Nobili），连**大公**（Doge）也不例外（因为只有**大参议会**才是主权体），都是臣民，而且就权利底行使而言，他们与其他所有人都是平等的，亦即臣民对于其中的每个贵族都拥有一项强制权。而今，王储（亦即对政府拥有一项继承权的人）固然由于对他们将来继位的指望，并且基于他们继位的资格，也（按照宫廷礼仪〔par courtoisie〕）被称为慈惠的主人；但是以他们的财产状况而论，他们却同为臣民，连他们最卑微的仆人借由国家元首，也必然对他们拥有一项强制权。因此，在一个国家中只能有唯一的一位慈惠的主人。而至于慈惠的（究实而言，高贵的）夫人，则我们可以如此看待她们：她们的地位连同其**性别**（因此仅是针对**男性**而言）使她们有权得到这项头衔；而且这是缘于道德之精致化（所谓的"殷勤"）——男性相信：较诸他承认优美的性别有优于自己之处，这样的方式更加令他感到自豪。

【译者按】康德常将女性称为"优美的性别"（das schöne Geschlecht），将男性称为"崇高的性别"（das erhabene Geschlecht）。

之**统一**”底概念共同构成“共同体”这个概念；如果前两者合并起来，则既然最后一者需要投票，其条件便是独立。）我们将这个只能由人民底普遍的（联合的）意志所产生的基本法称为**原始契约**。

如今，在这种立法中拥有投票权的人，称为一个**公民**（citoyen，亦即**国民**〔Staatsbürger〕，而非市民〔Stadtbürger〕，即 bourgeois）。除了**自然的**资格（即他不是孩童，不是妇女）之外，公民所需要的资格只有一项：他是**他自己的**（自身权利底〔sui iuris〕）**主人**，因而拥有某种**财产**（甚至任何技艺、手艺、美术或科学都能算在内）来维持生计。这就是说，在他必须从他人那里赚取生活之资的情形下，他仅借由**转让其所有物**[18]来赚取，而非借由他同意他人运用他的力量来赚取；因此，除了为共同体服务之外，他不为任何人**服务**（依此词底本义而言）。而在这一点上，艺匠与大的（或小的）地主均彼此平等，亦即，每个人均仅有权投一票。因为论及地主， 296
姑且不考虑以下的问题：某人所占有的土地多过他自己凭双手所能利用的土地，这如何可能依法权发生呢（因为借战争之掠夺而取得并非原初的取得）？再者，许多原本都能取得一份固定资产的人，为了要能生活下去，而沦于仅为地主服务的地步，这如何

---

18 制造一件作品（opus）的人，能借由**转让**将把它移交给另一个人，仿佛它是自己的财 295
产。但是劳力之付出（praestatio operae）却非转让。家仆、店员、临时雇工甚至理发匠均仅是劳动者（operarii），而非艺匠（artifices）（就此词底广义而言），而且不是国家成员，因而也没有资格成为公民。尽管将我交付的柴火加以清理的人与将我交付的布料缝制成一件衣服的裁缝，这两个人与我的关系似乎十分类似，但是前者却不同于后者，正如理发匠不同于假发制造者（我也可能为此将头发交付给他），因而正如临时雇工不同于艺术家或工匠——艺术家或工匠制造一件作品，而只要他尚未得到酬劳，这件作品便属于他。因此，作为行业从事者的后一种人与他人交换自己的财产（作品〔opus〕），而前一种人则同意另一个人来使用他的力量（劳力〔operam〕），以为交换。我承认，要为拥有“一个作为自己主人的人”底地位之资格定出要求，是有些困难。

发生呢？如果有一种法律赋与地主一种地位上的优先权，使他们的子孙或者永远都会是（封地底）大地主，而这些封地不得出售或借继承而分割，且因此不得为更多人所利用，或者即使加以分割，但除了属于某个为此而任意设定的人类族群之外，无人能取得其中的任何东西，这就抵触了上述的平等原理。因为大地主消灭了许多原本能占有其位置的较小的地主，连同其选票；所以，他不以他们的名义投票，且因而只有一票。因此，既然要使共同体中的每个成员分别取得其中的一部分，而全体取得全部，必须仅取决于每个成员底能力、辛勤与幸运，但是这种区别在普遍的立法中无法加以考虑，则对立法有资格投票者底数目就必须按照拥有财产者底人数而非按照财产底多寡来判定。

但是，**所有**拥有这种投票权的人也必须同意这种公共正义底法律；因为如其不然，在那些不同意它的人与前一种人[19]之间就会有一场法律争执，而这场争执本身还需要有一项更高的法权原则，才能加以裁决。如果我们无法期待全体人民都是前一种人，因而在我们的预期中唯一可以达到的，只是选票之多数，更确切地说，并非（在众多人民中）直接投票者之多数，而只是受委托去投票的人民代表之多数，则甚至“让这种多数得到满足”的原理——我们假定它得到了普遍的同意，且因而基于一项契约——也必须是建立一部公民宪法的最高依据。

19 【译注】这是指同意这种公共正义底法律的人。

结论 297

这便是一种**原始契约**，而唯有在这个基础上，一部公民的因而完全合乎法权的宪法才能在人与人之间成立，而且一个共同体才能建立起来。然而，这种契约（名为原始契约〔contractus originarius〕或社会契约〔pactum sociale〕）作为一个民族中所有特殊而私己的意志之联合为一个共同而公共的意志（为了一种纯然合乎法权的立法之故），绝不需要被预设为一项**事实**（甚至根本不可能成为一项事实），仿佛我们首先得从历史上去证明：一个民族（我们作为其子孙，继承了其权利与责任）曾经实际上完成了这样一个行动，并且必然曾以口头或书面留给我们关于此事的一份可靠的报导或是一份文件，以使我们认为自己受到一部既存的公民宪法之约束。它反倒是理性底一个**纯然的理念**，但是它却具有无可置疑的（实践的）实在性，亦即，约束每个立法者，使他制定的法律仿佛**能够**从整个民族底联合意志中产生出来，并且将每个臣民（只要他愿意成为公民）都视同仿佛也同意了这样的一种意志，因为这是一切公法底合法性之试金石。因为如果公法之性质使整个民族**不可能会**赞同它（例如说，某一阶级底**臣民**应当凭世袭而优先拥有**统治者底地位**），它就不是公正的；但**只要**一个民族**有可能**同意它，他们便有义务将法律视为公正的——即使假定这个民族底思想态度目前处于某种状况或气氛中，以致当他们被询及此事时，他们或许会拒绝同意[20]。

---

20 例如，当一种对所有臣民按比例摊派的战争税被公布时，他们不能因为这种税是强制的，就说：由于比方说，这场战争在他们看来是不必要的，故这种税是不公正的。（转下页） 297

但是这项限制显然只是针对立法者底判断，而非针对臣民底判断。因此，假如一个民族判断在某种现行的立法之中极有可能
298 会丧失其幸福，他们该怎么办呢？他们不该反抗吗？答案只能是：除了服从之外，他们什么都不能做。因为这里所谈的，并非臣民从共同体之建立或治理可以期待的幸福，而首先只是“每个人应当由此而得到保障”的权利：这是最高的原则，凡是涉及一个共同体的格律都得由此出发，而且这项原则不受任何其他原则之限制。对于前者(幸福)，我们根本无法提出任何普遍有效的立法原理。因为不但时势，而且有人寄托其幸福于其中的那种极度相互抵牾而又始终变动不居的妄想（但是，没有人能为他规定，他应该寄托其幸福于何处），都使一切稳固的原理成为不可能，并且使幸福不适合单独作为立法底原则。“公共福祉是国家底最高法律”(Salus publica suprema civitatis lex est.）这个命题底价值与威信依然无损；但是**首先**要考虑的公共福祉正是借法律来保障每个人底自由的那种法律上的宪章：在此情况下，只要他不损害上述普遍的合法的自由，因而不损害其他臣民同胞底权利，他就可以任意以一切他认为最佳的方式去寻求其幸福。

如果最高权力所制定的法律首先着眼于幸福（公民底富裕、人口等等），则这种做法并非建立一部公民宪法的目的，而仅是**保障法律状态**的手段，特别是针对人民底外敌。在这方面，国家

（接上页）因为他们无权作此判断；反倒是由于战争之不可避免与这种税之不可或缺始
298 终是**可能的**，则在臣民底判断中，这种税必须被视为合法的。但如果在这样的一场战争中，某些地主被课以捐输之负担，但是同一地位底其他地主却得以豁免，则我们不难看出：全体人民不会同意这样一种法律，并且由于对捐税的这种不平等摊派无法被视为公正的，他们有权至少对这种法律提出异议。

元首必然有权自行判断：这类的事情是否属于为求在内部且针对外敌以确保共同体底势力与稳固而必要有的繁荣？但是，这并非仿佛要违逆人民底意志而使他们幸福，而只是要使他们作为共同 299
体而存在[21]。而在判断“采取上述的措施是否**明智**”时，立法者固然会犯错，但是若他自问：这种法律是否也符合于法权原则，则在这项判断上他却不会犯错。因为在此他掌握有“原始契约”底理念，作为可靠无误的准绳，而且是先天地掌握（而且不可像在涉及幸福原则时那样，期望于经验，而经验必须先就其手段之合宜性来教导他）。因为只要整个民族之同意这样一种法律并不自相矛盾，则不论他们感到多么艰苦，这种法律还是合乎法权的。但如果一种公法是合乎法权的，因而在法权方面是无可疵议的（irreprehensibel），则它也与强制底权限，并且在另一方面，与“切不可以暴力来反抗立法者底意志”之禁令联系起来。这就是说，在国家中使法律生效的权力也是不可抗拒的（irresistibel），而且若无这样一种强制力来镇压一切内部的反抗，就不会有任何依法权成立的共同体存在。因为这种抵抗会依一项格律来进行，而这项格律若成为普遍的，就会摧毁一切公民宪法，并且消灭唯一能让人一般地拥有法权的状态。

由此可知：对于最高立法权力的一切反抗、使臣民之不满酿成暴力的一切煽动、爆发为叛乱的一切起义，都是共同体中最大的且最应受惩罚的罪行，因为它摧毁共同体底基础。再者，这项

---

21 这包括某些对于进口的禁令，以便为臣民之福利而非为外国人之利益，且为鼓励他人 299
底勤奋而促进谋生手段；因为若无人民底富裕，国家就不会拥有足够的力量，来抵抗外敌，或是作为共同体而维持下去。

禁令是**无条件的**，故即使这项权力或者其代理人（即国家元首），因授权政府极度残暴地（像暴君一样地）行事，而甚至违反了原始契约，并且依臣民底看法，使自己因此丧失了作为立法者的权利，臣民仍然不得以暴制暴，加以反抗。其理由在于：在这样一
300 部既存的公民宪法之下，人民不再有权经常提出判断，以决定这种宪政应该如何去治理。因为假定人民有权提出这样一种判断，并且还违逆当前国家元首底判断，那么该由谁来决定权利归于何方呢？双方均无法在他自己的案件中充当法官来作裁决。因此，在元首之上还必须有一位元首，在他与人民之间作裁决，而这是自相矛盾的。在此也绝无法动用一种紧急避难权（Notrecht；ius in casu necessitatis）——作为在最高度的（自然的）急难中行**不公之事**的一项所谓的**权利**，这本来就一个子虚乌有之物[22]——，并且为打开限制人民底专横的横栏提供钥匙。因为正如臣民认为，对其无端苦难的怨尤使他们有理由反叛元首，国家元首同样也能认为，臣民之桀傲不驯使他有理由严厉地对付他们；而在此该由谁来作裁决呢？唯独拥有公法底最高执行权的人——而这正是国家

300 22 除非是在义务相互冲突——亦即**无条件的**与（虽则或许是重要的，但仍然是）**有条件的义务**相互冲突——的情况下，否则并无紧急情况（casus necessitatis）；例如，当一个人要借由出卖另一个与他有诸如父子关系的人，来防止国家之不幸时。防止国家底灾祸是无条件的义务，而防止这另一个人底不幸却只是有条件的义务（只要他并未犯有叛国之罪）。当这个人向当局告发另一个人底举动时，他或许极其不情愿去做，而是迫于必要性（即道德的必要性）。但是当一个人为了保全他自己的生命而抢走另一个遭遇船难者底木板时，我们说他由于其必要性（自然的必要性）而有权这样做，这完全错误的。因为保全我的生命仅是有条件的义务（如果能不犯罪而做到的话）；但是对于另一个并未冒犯我甚至从未**陷**我于丧失生命之危险的人，不剥夺其生命却是无条件的义务。但一般民法底教师还是非常一贯地处理他们所承认的这种紧急救助底合法权限。因为当局无法将任何**惩罚**与这项禁令联系起来，因为这种惩罚必然是死刑。但是，当某人在危险的情势中不愿让自己死亡时，以死刑来威胁他，是一种荒谬的法律。

元首——才能作裁决；且因此，共同体中无人拥有一项权利，可否定他拥有这项执行权。

但我还是发现有些值得尊敬的人士主张臣民在某些情况下有 301
权对其上司以暴制暴；在这些人士当中，我在此只想举出那位在其自然法学说中极其谨慎、明确且谦逊的**阿亨瓦尔**[23]。他说："当由于长期忍受元首底不公而致威胁共同体之危险甚于因拿起武器反抗他而能使人担忧之危险时，人民就可以反抗他，基于这项权利而废除他们的服从契约，并且将他当做暴君而加以罢黜。"他又推断说："以这种方式，人民（对于其原先的统治者）便回到自然状态之中。"

我愿意相信：无论是**阿亨瓦尔**，还是任何一位曾与他一致地对此作过理性思考的正直人士，在任何一种情况发生时，都不会建议或赞同如此危险的举动。我们几乎也不用怀疑：如果使瑞士、尼德兰联省共和国甚或大不列颠赢得它们现今令人称羡的宪法之那些起义[24]失败了，则这些国家底历史之读者就只会将其现今极受推崇的开创者之受到处决视为重大叛国者应受到的惩罚。因为结局经常会介入我们对于法理的判断——尽管前者是不确定的，

---

23 《自然法》，第 5 版，下卷，第 203—206 节。
【译者按】阿亨瓦尔（Gottfried Achenwall，1719—1772）是德国哥廷根大学教授。康德于 1767—1788 年间讲授"自然法"课程时，曾使用其《自然法教本》（*Ius Naturae in usum auditorum*, Göttingen 1755/1756）一书作为教本。

24 【译注】1291 年瑞士联邦初步成立，经过与哈布斯堡王朝的长期抗争，而于 1499 年的许瓦本战役后获得独立。尼德兰自 1556 年起成为西班牙属国。由于西班牙国王腓力二世之横征暴敛，尼德兰各阶层人民纷起反抗。至 1609 年，西班牙于一连串的军事失利后，承认由尼德兰北方七省组成的联省共和国之独立地位。英国于 1688 年爆发"光荣革命"，议会罢黜国王詹姆士二世，推举其女玛丽与荷兰的奥伦治亲王威廉共主英国，并通过限制国王权力的"权利法案"，奠定了英国宪政之基础。

而后者却是确定的。但清楚的是，就法理而论——即使我们承认：这样一种起义并未对君主（他破坏了诸如“欢乐进军”[25]那样一种与人民签订的实际的基础性契约）有所不公——，人民以这种方式追求其权利时，却在最大程度上做了不公之事。因为这种方式（被采纳为格律的话）会使一切合乎法权的宪法成为不确定的，并且导致一种法律荡然的状态（自然状态〔status naturalis〕），而在这种状态中，一切法权至少不再有效。面对这么多心怀善意的作家支持人民（去毁灭自己）之这种倾向，我只想说明：其原因部分在于一种常见的混淆，即他们在谈及法权原则时，以幸福原则来支持他们的判断；部分还在于：当他们无法找到任何有关一项实际上向共同体提出、为其元首所接受且由双方批准的契
302 约之文件时，他们却将一项始终是在理性中植根的原始契约之理念假定为某种**实际上**必然发生过的事物，且因此总想要为人民保有一项权限，即在人民判定这项契约受到严重侵犯时，可以任意撤销它[26]。

在此我们明显地见到：幸福原则（其实，幸福根本无法有任

---

25 【译注】“欢乐进军”（joyeuse entrée）是指布拉邦（Brabant）公爵约翰三世于1356年率军进入首都布鲁塞尔之前宣誓遵守的约法；宪章规定公爵必须维持国土之完整，且未经征询市议会，不得宣战、缔约及征税。布拉邦位于今日的荷兰南部及比利时东部、北部地区。这份约法后来成为类似约法之范本。

302 26 即使人民与统治者间的实际契约受到侵犯，人民此时也无法立即**以共同体之身份**而是只能借由结党来加以反制。因为过去存在的宪法已为人民所撕毁，而一个新的共同体尚有待首先组织起来。在此便出现**无政府**状态，以及至少有可能因此而产生的一切暴行；这样一来，在此所发生的不公是由人民当中的每个党派加诸另一个党派——这点也可以由下述的事例得知：该国造反的臣民最后彼此都想要以暴力强迫对方接受一部宪法，而这部宪法变得远比他们所抛弃的宪法还要有压迫性；也就是说，他们被教士与贵族剥夺殆尽，而无法在一个统治全民的元首之下期待在国家负担底分摊上有更大的平等。【译者按】最后这几句话显然是影射法国大革命时期所发生的政治现象。

何确定的原则）在国家法中也造成的恶果，正如它在道德中所造成的一样——即使幸福原则底导师有最良好的意图。主权体想要按照自己的想法使人民幸福，而成为独裁者；人民不想放弃人类对于自身幸福的普遍要求，而成为反叛者。如果我们一开头就问道：什么是合乎法权的（在这个问题上，原则是先天确定的，而且任何经验论者均无法随便插手其事），则社会契约底理念就会始终保有其无可置疑的威望，但并非作为事实（如**丹东**所想要主张的那样，除非有这项事实，否则他就宣称在实际存在的公民宪法中出现的一切法权及一切所有制均属无效[27]），而是仅作为对所有一般而言的合乎公法的宪法加以评断之理性原则。而且我们会了解：在公共意志存在之前，人民对其统治者根本未拥有任何强制权，因为唯有借由统治者，人民才能依法权行使强制；但若有了公共意志，人民同样无从对统治者施加强制，因为不然的话，人民本身就会成为最高的统治者；因此，人民对国家元首绝无任何强制权（在言辞或行动上的反抗）。

我们也见到这套理论在实践中得到了充分的证实。在大不列 303
颠——那里的人民吹捧他们的宪法，仿佛它是全世界之楷模——
底宪法中，我们却发现：对于君主违反1688年的约法[28]时人民应

---

27 【译注】"丹东"（Georges Jacques Danton，1759—1794）是法国大革命底主要领袖之一。据皇家科学院本《康德全集》此文底编者麦尔（Heinrich Maier）所言，这句话无法证实为丹东所说，而丹东本人也不太可能说这样的话；因此麦尔推测：这很可能是出于康德底记忆混淆。

28 【译注】所谓的"1688年的约法"是指英国议会于"光荣革命"后通过的"权利法案"，法案规定此后的英国君王须为英国教会之教徒，君王不得任意改变法律效力，非经议会同意不得课税或建立军队，议员底行动与言论自由受到保障，人民应受到陪审制度之公平审判等。

有的权限，它绝口不谈；因此，当君主要违背宪法时，由于不存在与此有关的法律，人民就秘密地保留反叛他的权利。因为若宪法针对这种情况而包含一项法律，使人民有权去推翻所有特殊法律所从出的现行宪法（假定契约也遭到破坏），这便是一种显然的矛盾。因为这样一来，宪法也必须包含一种**公开建立**[29]的反对力量，因而还得有第二个国家元首，针对第一个元首来保卫人民底权利，但接着还得有第三个元首，在前两个元首之间来裁决法权归于何方。连那些人民领袖（如果我们愿意的话，可称之为监护人）也担心比方说在他们的行动失败时，会遭到这样的一种指控，故宁可**杜撰**说他们所逼退的君主自愿逊位，而非自命有权废黜他——若是这样做的话，他们就会使宪法陷入显然的自相矛盾之中。

而今，如果大家的确不会由于我这些主张而指摘我借这种不可侵犯性来过分讨好君主，则我也希望避免另一项指摘，即是：当我说人民同样也有其无可丧失的权利，来反对国家元首（尽管这些权利不可能是强制权）时，我的主张过分偏袒人民。

霍布斯持相反的看法。依他的看法(《公民论》第7章第14节)，国家元首并不因契约而受到人民底任何约束，而且不可能对公民行不公之事（他可以任意驱使公民）。如果我们将“不公”(Unrecht)理解为一种损害，它允许受伤害者对于待他不公者有一种**强制权**，
304 这个命题就完全正确；但若是将它普遍化，这个命题就可怕了。

不反抗的臣民必得能够假定：其统治者并不**想要**待他们不公。

---

303 29 国家中没有任何权利能借由一项秘密的保留而仿佛狡猾地被隐瞒起来；至少人民声称属于宪法的那种权利不得如此，因为宪法底一切法律都得被设想为出自一种公开的意志。因此，如果宪法允许起义，它就得公开宣告这种权利，以及如何去行使这种权利。

因此，每个人的确都有其无可丧失的权利，而即使他愿意，也绝无法放弃这些权利，并且他自己有权对这些权利加以判断；但是根据上述的预设，他自以为遭遇到的不公只是出于对最高权力底法律所产生的某些后果之误判或无知：既然如此，国民就得拥有权限（而且得到统治者本人之许可），对于统治者底措施当中在他看来似乎对共同体不公之处公开发表他的意见。因为假定元首永远都不会犯错，或是能无事不知，就是将他设想为禀有得天独厚的灵感，并且超乎人类之上。因此，**言论自由**是人民权利之唯一的守护神——保持在“尊重并热爱我们生活于其中的宪政”之范围内，而这要凭借宪政本身在臣民当中连带地引发之自由的思考方式（而且各种言论也自行相互限制，使它们不致丧失其自由）。因为若是连臣民底这种自由都想要否定，这就不仅等于（依霍布斯之说）剥夺他们对于最高统帅的一切权利要求，而是也使最高统帅（只因其意志代表人民底普遍意志，它才能对作为公民的臣民发号施令）失去有关某类事情——如果他知道这类事情，他就会自行修正——的全部知识，并且使他陷于自相矛盾。但是，引发元首去担忧独立而公然的思考可能会在国内引起不安，就等于是激发他对其自身力量的不信任，以及对其人民的仇恨。

一个民族若要**消极地**判断其权利，也就是说，仅是判断：在最高的立法当中，什么可以被视为**并非**以立法之至善意志**加以规定**者，则他们必须依据的普遍原则包含于以下的命题中：**一个民族无法为自己作成决议的事，立法者也无法为他们作成决议。**

因此，如果问题是例如：将过去订定的某种教会宪章规定为
永远持续不变的一种法律，是否能被视为出自立法者底真正意志 305
（其意图），则我们首先自问：一个民族是否**可以**为自己定下法律，

使外在宗教之某些曾被采用过的信条与形式永远保持不变？因而，这个民族是否可以阻止其后代子孙在对宗教的理解上继续进步，或者纠正过去可能存在的错误？在此显而易见的是：人民底一项原始契约若是将这一点定为法律，它本身就会失效。因为它与人底分命和目的相抵牾；因此，一部据此而制定的法律不能被视为君主底真正意志，故人民对君主可以提出反对意见。但凡是在最高立法依然对某事作如此规定之情况下，人民固然能对此提出普遍而公开的评断，但绝不能呼吁大众对此进行口头上或行动上的反抗。

在每个共同体之中，都得有一种依据强制性法律（这些法律涉及全体）而对于国家宪法底机制之**服从**，但同时还得有一种**自由底精神**，因为每个人在涉及人底普遍义务之事务上，都需要基于理性而相信这种强制是合法的，以免使自己陷于自相矛盾。有服从而无自由底精神，是造成一切**秘密结社**的原因。因为彼此相互沟通（特别是在关乎一般而言的人之事务上），是人底一项天职。因此，如果这种自由得到支持，秘密结社就会消失。再者，政府除了让在其起源与结果方面均极值得尊重的自由精神表现出来之外，还能用什么别的办法获致有助于其本身的根本目标之知识呢？

※ ※ ※

忽略所有纯粹理性原则的一种实践在贬低理论时，从未比在关于一部优良的国家宪法所需要之条件的问题上更为狂妄。其原因在于：一部长期存在的法律宪章使人民逐渐习惯于一种规则，即按照迄今为止一切均平静地进展的状态来评断其幸福及其权利，
306 而非反过来，根据理性为幸福与权利二者所提供的概念来评估上述的状态；亦即，还是宁可偏好上述的消极状态，也不要在充满

危险的处境中追求一个更佳的状态。（在这种情况下，希波克拉底要医生铭记于心的话是适用的："判断不可靠，实验危险。"[30]）而今，既然一切存在得够久的宪法，不论它们可能有什么缺陷，也不管它们之间的一切差异，在这方面都会产生相同的结果，即是：人们满足于其现存的宪法，则在考虑**人民底安乐**时，其实根本没有任何理论适用，而是一切均以一种吻合于经验的实践为依据。

但如果在理性之中存在某种可以借"**国家法**"（Staatsrecht）一词来表达的东西，又如果这个概念对于各以其自由相互对抗的人具有约束力，因而具有客观的（实践的）实在性，而不再考虑由此可能对他们产生的福祸（关于这种福祸的知识仅以经验为依据），则国家法便是以先天原则为基础（因为经验无法使人知道法权是什么），并且还存在一种国家法底**理论**，任何与这种理论不一致的实践都是无效的。

针对这点，如今唯一能提出的反对理由是：尽管人在脑中具有其应有的权利之理念，但由于其硬心肠，他们无缘且不配受到这样的待遇，且因此一种仅依明哲底规则运作的最高权力可以且必须维持他们的秩序。但是这种不顾一切的跳跃（salto mortale）却具有以下的性质，即是：一旦我们所谈的不是权利，而仅是强制力时，人民也可以试用他们自己的强制力，且因此使一切法律宪章都成为不可靠。如果并无某个由于理性而使人不得不直接心生敬畏的东西（像是人权）存在，则对人底意念的一切影响均无

---

30 【译注】希波克拉底（Hippokrates，460?—377 B.C.）是古希腊医学家与著作家。"判断不可靠，实验危险"（iudicium anceps, experimentum periculosum）一语见其 *Aphorisms*, in: *Hippocratic Writings*（London: Penguin Books 1983）, Sec. I, No. 1, p. 206。

法抑制这种意念底自由；但如果在善意之旁，权利也大声说话，人性便显示自己并未堕落到不会怀着敬意去倾听权利底声音。（维吉尔："当他们偶尔瞥见一个由于虔敬与功绩而受到尊敬的人时，他们沉默，并且站着倾听。"[31]）

III

307 论在国际法中理论对于实践的关系
——从普遍仁爱的亦即世界主义的观点来考察[32]

（反驳**摩瑟斯·门德尔松**[33]）

人类全体值得爱吗？抑或人类是一种我们必须怀着厌恶去观察的对象，而我们固然（为了不成为厌弃人类者）期望他们一切都美好，却必然从不指望他们如此，因而宁可将我们的目光从他们身上移开？对这个问题的答复有赖于我们将对另一个问题所给予的答案：在人性之中是否有一些禀赋，使我们能据以推断，人类会不断进至更佳的境地，而且当前与先前时代之"恶"会消失于未来时代之"善"中？因为这样的话，我们至少还能由于这个

---

31 【译注】语出罗马诗人维吉尔（Virgil，本作 Publius Vergilius Maro）底史诗《埃涅阿斯纪》（Aeneis, I, 151-152）："Tum, pietate gravem ac meritis si forte virum quem/Conspexere, silent arrectisque auribus adstant." 康德底引文与原文略有出入。

307 32 一个普遍**仁爱的**预设如何指向一部**世界公民的**宪章，而这部宪章又如何指向一种**国际法**之建立，而作为唯一能让人类之令自己值得爱的禀赋得到适当发展的状态，这无法一眼看出来。本节底结论将说明这种关联。

33 【译注】门德尔松（Moses Mendelssohn，1729—1786）是犹太裔的德国启蒙哲学家，其重要著作有《费东，亦名论灵魂之不朽》（*Phädon, oder Über die Unsterblichkeit der Seele*, 1767）、《黎明，亦名关于上帝存在之演讲录》（*Morgenstunden, oder Vorlesungen über das Dasein Gottes*, 1785）。

种属之不断趋向于“善”而爱他们，否则我们必然憎恨或轻视他们——不论以普遍的人类之爱为标榜的人（在此情况下，这种爱充其量也只会是一种善意之爱，而非惬意之爱）可能会提出什么反对的说辞。因为凡是恶的且始终是恶的东西，尤其是在故意相互侵犯最神圣的人权时的“恶”，我们——即使我们尽最大的努力，勉强自己去爱——的确无法避免去憎恨它：并非偏要使人遭受不幸之事，而是要尽可能地少与他们打交道。

摩瑟斯 · 门德尔松持后一种看法（见《**耶路撒冷**》[34]，第 2 节，页 44—47），以此来反对其友**莱辛**关于人类底神性教育之假说[35]。对他而言，以下的说法是幻想：“在尘世间的全体人类会在时代底序列中不断向前推进，并使自己完善。”他说：“我们见到，人类全体小幅地摆动；他们只要前进几步，接着一定立即以加倍的速度滑回到其先前的状态。”（这正是西西弗斯底石头[36]；而且我们像 308
印度人一样，以这种方式将地球当做对于如今已不复记得的古老罪恶之赎罪场。）“人继续前进，但是人类却不断地在确定的范围内上下摆荡；但整体而观，人类在所有的时期里大致都维持同样的道德等级，同样程度的宗教与无宗教、德行与罪恶、幸福（？）与不幸。”[37] 他提出这些主张时（页 46），开宗明义地说：“你们想

34 【译注】此书之全名为《耶路撒冷，亦名论宗教力量与犹太教》（*Jerusalem, oder Über religiöse Macht und Judentum*, Berlin 1783），收入 *Moses Mendelssohn: Gesammelte Schriften*（Stuttgart-Bad Cannstatt: Frommann-Holzboog 1983），Bd. 8。

35 【译注】莱辛（Gotthold Ephraim Lessing，1729—1781）是德国剧作家与评论家。此处所提到的假说见于其《人类教育》（“Die Erziehung des Menschengeschlechts”，1780）一文。

36 【译注】西西弗斯（Sisyphus）是古希腊神话中科林多的国王。据荷马史诗《奥德赛》底记载，他因作恶多端而于死后被罚推巨石上山，到了山顶，巨石又滚下来，如此周而复始，永无止息。

37 【译注】这段引文中的问号系康德所加。

要猜测神意对人类有何种意图吗？不要编造假说吧！”（以往他称这些假说为理论）“你们只消环顾实际上发生的事，而若你们能对所有时代底历史加以鸟瞰的话，也环顾自古以来发生的事。这就是事实；这必然属于其意图，必然已在智慧底计划中得到了同意，或至少一起被接纳了。”

我有不同的看法。如果说目睹一个有德的人与可厌之事及“恶”之诱惑斗争，而依然坚持不让，这是一幕足以与神明相配的景象，那么，看到人类从一个时期到另一个时期向上迈向德行，而随即又在同样的程度上重新坠回到罪恶与不幸之中，这便是一幕且不说与神明就连与最通常但心怀善意的人都极其不相配的景象。观赏这出悲剧片刻，或许能感动人，并且有所启发；但是到最后，幕还是得落下来。因为长期下来，这就成了滑稽剧；而且纵使演员乐此不疲（因为他们都是傻子），观众却厌烦了——如果他从剧中有理由推断，这出永无终场的戏总是千篇一律，则他看一幕或另一幕也就够了。如果它纯属一出戏，则在终场时随之而来的惩罚的确能再度以结局来弥补不愉快的感受。但若是让无数的罪恶（纵使其间出现德行）在现实中重迭累积，以便有朝一日能大肆惩罚，则至少依我们的看法，这甚至违反了一个智慧的宇宙创造者与统治者之道德。

因此，我就可以假定：既然人类在文化方面不断地向前推进，
309 以之为其自然目的，则这种推进也包含于他们在其存在底道德目的方面之向更佳的境地而前进；而且尽管这种前进偶尔会**中断**，但绝不会**断绝**。我不必证明这项预设；其反对者才必须证明。因为我依据的是我天生的义务，即繁衍系列——我（作为一般而言的人）身处于这个系列之中，而在我被要求具有的道德特质方面

却不像我应该因而也能够具有的那么好——中的每个成员都要影响后代子孙，使他们不断地变得更好（因此，我们也必须假定此事之可能性），并且使这项义务能依法权从繁衍中的一个成员传给另一个成员。而今，我的希望可能还会由于历史而受到不少怀疑，而如果这些怀疑信而有据，就能促使我放弃一件表面看来徒劳无功的工作。但只要这点无法完全被确定，我就不能以这项义务（作为“明确之事”〔liquidum〕）来换取“不为做不到的事而努力”的明哲规则（作为“不明确之事”〔illiquidum〕，因为它纯属假说）。再者，无论我对于“更佳的境地是否可以期望于人类”这个问题是而且始终是多么不确定，这却无损于这项格律，因而也无损于它在实践方面的必要预设，即是：此事是做得到的。

若无这种对于更佳时代之期望，想要做对公共福祉有益之事的一份真诚渴望绝不会使人心温暖，而这种期望也始终都影响了心怀善意的人底工作；而且当善良的**门德尔松**如此热切地为他所属的国族之启蒙与福利尽力时，必然也曾寄望于此。因为若非他人也跟着他继续走上同一条路，他就无法理性地期望自己单独促成启蒙与福利。在目睹人自己互相造成的灾祸而非人类由于自然原因而承受的灾祸之可悲景象时，心灵却由于“人类将来能变得更好”的这个远景而开朗起来，而且是出于无私的善意——如果我们早已在坟墓中，而收获不到我们自己曾参与播种的果实。在此想要以经验的证据来否定这种基于希望而作的决定之成功，是徒劳无功的。因为若是说一事因迄今尚未成功，它也绝不会成功，
这种说法根本无法让人有理由去放弃一项实用的或技术的目标（例 310
如，以空气静力的气球去飞行的这项目标），而更不可能去放弃一项道德的目标——只要这项目标并非明显地不可能实现，它便成

为义务。此外，我们还能为以下的事实提出许多证明，此即：相较于过去的所有时代，人类全体在我们的时代里实际上已显著地甚至朝向道德上更佳的境地而前进[38]（短暂的阻碍无法提供任何反证）；再者，关于人类不断增长的堕落之呼喊，正是起源于：当人类站在一个更高的道德等级时，他们对前面看得更远，而且我们在我们已知的宇宙历程之整体中攀登了越多的道德等级，他们对我们的实际情况之判断，在与我们应有的情况相较之下，就越发严厉，而我们的自责也因之越发严厉。

而今如果我们问道：要用什么办法，这种朝向更佳境地的持续进步才得以维持，甚且或许加速呢？我们立刻看出：这种遥遥无期的成果将不取决于**我们**做什么（例如，我们为更年轻的世代提供之教育），以及**我们**应当采用什么方法来促成此事，而是取决于人类**本性**将在我们身上借由我们做什么，以**强迫**我们进入一条我们不易自然地嵌入的轨道中。因为唯有从人类本性，或者不如说（因为要完成这项目的，就需要最高的智慧）从**神意**，我们才能期待一种成果——这种成果涉及全体，再由此而涉及部分；反之，人连同其**规划**却仅由部分出发，或许甚至始终仅停留于部分之中，而且尽管能将其理念但却无法将其影响延伸到全体（像全体这样的一种东西，对人来说，是太巨大了）；特别是由于他们对于其规划彼此反感，难以出于自己的自由决断而为此目的联合起来。

全面的残暴及由此产生的危难最后必然使一个民族下决心去

38 【译注】此句采取埃宾豪斯（Julius Ebbinghaus）之校改，将原文中的 ansehnlich moralisch zum selbst 改为 ansehnlich selbst zum moralisch；见其所编 Immanuel Kant: *Über den Gemeinspruch: Das mag in der Theorie richtig sein, taugt aber nicht für die Praxis*（Frankfurt/M.: Klostermann 1982），S. 21。

服从理性本身为他们规定为手段的强制，即公法，并且实行一部**国民的**宪法。同样地，由持续战争（在这些战争中，各国又企图相互并吞或征服）而来的危难最后必然也使他们甚至违背己意而实行一部**世界公民的**宪法，或者如果这样一种普遍和平底状态（这的确在过分庞大的国家中甚至多次发生过）在另一方面对自由更 311
加危险的话（因为它导致最可怕的独裁制），这种危难必然迫使他们进入一种状态，这种状态固然不是在一个元首之下的世界公民共同体，但却是一种以共同约定的**国际法**为依据的**联盟**之法律状态。

因为各国向前推进的文化，加上其同时增长的一种倾向，即以其他国家为代价，借诡计或武力去扩张自己之倾向，必然使战争倍增，而且由于（若薪饷不变）日益扩充的、保持备战与训练的且以不断增加的作战工具来装备的军队，必定使花费越来越高；而一切必需品底价格持续增长，却无法期望与这些价格等值的金属会按其比例继续增加；也没有任何和平能如此持久，致使和平期间的积蓄赶得上下一场战争之耗费，而针对这点，国债之发明固然是一种巧妙的辅助工具，但最后却会毁灭自己。既然如此，无力感最后必然促成善的意志应当去做但却未做的事，即是：每个国家在其内部被组织起来，使得本身为战争付出代价的人民，而非根本未为战争付出丝毫代价的国家元首（因为他是以他人，即人民为代价，来从事战争）对于战争是否应当进行有决定权（为此，我们当然必得预设上述原始契约底理念之实现）。因为人民可不会仅由于扩张欲，或是为了纯属口头上的所谓的侮辱，便让自己陷于个人的匮乏之中，而这种匮乏与元首不相干。所以，后代子孙（没有任何非由他们所亏欠的债务被转嫁到他们身上）

也能甚至依道德的意义，始终朝向更佳的境地而前进，而毋须以对后代子孙的爱，而只消以每个时代之我爱为其原因。因为当每个共同体没有能力以武力去伤害另一个共同体时，便只好遵守法权，并且能有理由期待其他以同样方式形成的共同体会在这方面帮助它。

然而，这只是意见，而且纯属假说：其不确定如同想要为一
个并非完全受我们支配的预期结果指出唯一适合于它的自然原因
312 之一切判断一样；而且即使作为这样的一种东西，这个假说在一
个现存的国家里也不包含一项原则，以便让臣民去强制其实现（如上文已指出的），而是只让不受强制的元首去这样做。尽管就常态而言，人底本性正好不会使人随便放弃其支配力，但在紧急情况下这仍然不是不可能的；因此，期待**神意**产生为此而必要的情势，能被视为一种与人（他们意识到自己的无能）底道德愿望与期望并非不相称的表现：神意为“**人**”（Menschheit）底整个种属之目的——即尽可能地凭借对其力量的自由运用来达成其最终的分命——提供了一条出路，而分别观之，**人**（Menschen）底目的正好与这条出路背道而驰。因为正是产生“恶”的各种爱好之相互对抗使理性有余裕将它们悉数制伏，并且使“善”（它一旦存在，就自行维持下去）取代“恶”（它毁灭自己），而居于统治地位。

人性表现得不可爱之处，莫过于在所有民族底相互关系之中。没有任何国家在面对其他国家时，在其独立或财产方面得到片刻的保障。相互征服或掠夺财物的意志始终存在；而且为自卫而进行的备战——这往往使和平甚至比战争还更有压迫性，对于内部福祉还更有摧毁性——绝不可松懈。而今，要对治这种情况，除了一部以每个国家都得服从且有权力作后盾的公法为基础之国际

法（类比于个别的人底公民法或国家法）以外，不可能有其他的办法。因为借由所谓**欧洲的势力均衡**而达成的一种持久的普遍和平仅是一种幻觉而已，就像**史威夫特底**房子一样，它由一位建筑师根据所有均衡法则建造得极为完美，以致当一只麻雀栖止于其上时，它便立刻倒塌[39]。但是有人会说：各国绝不会服从这种强制性法律；而且若是建议组成一个普遍的国际国（Völkerstaat），所有个别的国家都应当自愿顺从其支配，而遵从其法律，则这种建
议不论在**圣皮耶教**士或**卢梭**[40]底理论中听起来是多么美好，它却不 313
适合于实践——连大政治家尤其是国家元首都始终将它当做一种出于学院的迂腐而幼稚的理念而加以嘲笑。

反之，在我而言，我却信赖一种理论，这种理论从关于“人与人之间、国家与国家之间的关系**应当是**如何”的法权原则出发，而且向地球上的诸神[41]推荐以下的格律：始终要如此处理他们的争

39 【译注】史威夫特（Jonathan Swift，1667—1745）是英国作家。这段典故之出处不详。但根据克雷梅（Heiner F. Klemme）之见，它出自史威夫特《格列佛游记》第 3 部第 5 章中所载格列佛访问拉加多（Lagado）学院时的见闻：“那里有一位极有创意的建筑师。他设计了一种建造房屋的新方法，即从屋顶开始，向下施工，而到地基。他以两种最聪明的昆虫——蜜蜂与蜘蛛——之类似工作为依据，向我说明这种方法之合理。”可备一说；其说见其所编 I. Kant: *Über den Gemeinspruch: Das mag in der Theorie richtig sein, taugt aber nicht für die Praxis. Zum ewigen Frieden*（Hamburg: Meiner 1992），S. 109。此段出处则见 J. Swift: *Gulliver's Travels*, edited by Paul Turner（Oxford: Oxford University Press 1998），p. 172。

40 【译注】圣皮耶教士（Abbé Charles-Irenée Castel de Saint Pierre，1658—1743）是法国政治家，曾撰《重建欧洲永久和平的方案》（*Projet pour rendre la paix perpétuelle en Europe*, Utrecht 1713/Paris 1716）一书，倡议成立一个维护和平的国际组织。卢梭（Jean Jacques Rousseau，1712—1778）是法国哲学家，曾撰《圣皮耶教士先生底永久和平方案之节要》（*Extrait de projet de paix perpétuelle de M. l'Abbé de St. Pierre*, 1761）及《永久和平之评论》（*Jugement sur la paix perpétuelle*, 1798）二书。

41 【译注】这是指人类。

论，即由此开创这样一个普遍的国际国，且因此假定这种国家是可能的（在实践上〔in praxi〕），而且**能存在**；然而同时我也（附带地〔in subsidium〕）信赖事物底本性，它迫使我们到我们不情愿去的地方（“命运引导情愿的人，拖曳不情愿的人”[42]）。于是在后面这一点上，人性也要一并加以考虑：既然在人性之中，对法权与义务的敬畏始终在跃动，则我无法也不愿认为人性如此沉溺于“恶”，以致道德的、实践的理性在经过多次失败的尝试之后，终究不会战胜“恶”，并且还显示人性是可爱的。因此，从世界主义的观点来看，我还是主张：凡是基于理性底理由而适合于理论者，也适合于实践。

42 【译注】康德引文作 fata voluntem ducunt, nolentem trahunt，语出罗马哲学家塞内加（Lucius Annaeus Seneca，4 B.C.?—65 A.D.）底《致鲁齐利伍斯的道德书简》（*Epistulae morales ad Lucilium*,XVIII, 4），但略有变更。此句原作：“ducunt volentem fata, nolentem trahunt”。康德在《论永久和平》中也引用过这句话，见 *KGS*, Bd. 8, S. 365。

万物之终结

译者识

此文最初于1794年发表于《柏林月刊》(*Berlinische Monatsschrift*)第23卷6月号。康德在此文讨论《新约·启示录》中有关末日及最后审判之说。此文发表之后两个月，普鲁士当局即禁止康德发表有关宗教问题的言论。本译文系根据普鲁士皇家科学院版《康德全集》译出(第8册，页325—339)。

327 有一种流行的说法（特别是在虔诚的谈话中）是让一个临死的人说：他要**从时间进入永恒**了。

如果“**永恒**”（Ewigkeit）一词在此被理解为一种无止尽地前进的时间，那么这种说法事实上什么都没有说；因为人绝不会脱离时间，而只是不断地从一段时间进入另一段时间。因此，“永恒”必然意谓在人之绵延不绝中**一切时间之终结**，而这种延续（人底存在被视为量）却又必然意谓一种完全无法以时间去比拟的量（duratio noumenon〔理体之绵延〕）——对于这种量，我们当然无法形成任何概念（除非是纯然消极的概念）。这种想法有令人害怕之处，因为它仿佛把人带到一个深渊底边缘，而沉入其中的人不可能再回来。（**哈勒**：“永恒以强壮的臂膀 / 将他拘留在最森严的地方 / 他没有留下任何东西。”[1]）可是它也有吸引人之处，因为人们禁不住一再将其畏缩的眼光投注到那里（**维吉尔**：“他们无法餍足地凝视〔……〕”[2]）。它是可怖而**崇高的**，部分是由于它的隐晦，而在隐晦之中，构想力往往比在光天化日之下有更强烈的作用。最后，它还必然以奇特的方式与普遍的人类理性纠结在一起，因为在一切以理性思考的民族当中，在一切时代里，它都会以一种或另一种面貌出现。而当我们探索从时间到永恒的这种过渡（不论这个

1 【译注】这三行诗句出自瑞士诗人哈勒（Albrecht von Haller，1708—1777）于1736年所作的《论永恒的未完成诗》（“Unvollkommenes Gedicht über die Ewigkeit”），收入 *Hallers Gedichte*, hrsg. von Ludwig Hirzel（*Bibliothek älterer Schriftwerke der deutschen Schweiz*, Bd. 3, 1882）, S. 151。康德在《对冯克先生底早逝之所思》（“Gedanken bei dem frühzeitigen Ableben des Herrn Johann Friedrich von Funk”）一文中也引用了这三行诗句；见 *KGS*, Bd. 2, S. 40。

2 【译注】nequeunt expleri corda tuendo，语出罗马诗人维吉尔（Vergil，即 Publius Vergilius Maro，70—19 B.C.）底史诗《埃涅阿斯纪》（*Aeneis*, Ⅷ, 265）。

理念是否在理论上被视为知识底扩展而有客观实在性）——如同理性在道德方面为自己所作的过渡一样——时，我们就遇上作为时间之物且作为可能经验底对象的**万物之终结**；但是在诸目的底道德秩序中，这种终结也是作为**超感性的**因而不受制于时间条件的存有者之万物底绵延之开始。因此，这种绵延及其状态就只能从道德上去决定其特质。

日子有如时间底孩子，因为后来的日子连同它所包含的东西 328
都是前面的日子之产儿。如同父母最后的孩子被称为幺儿(jüngstes Kind）一样,我们的语言乐于将最后的日子（结束一切时间的时刻）称为**末日**（den jüngsten Tag）。因此，末日仍然属于时间；因为在末日仍然有某件事情**发生**（这件事情不属于永恒，因为时间还继续存在，而在永恒之中不再有任何事情发生），亦即对人一生中的行止加以结算。这便是**审判日**；因此，世界审判者之赦免或诅咒底判决是时间中的万物之真正的终结，也是（有福或无福的）永恒底开始，而在永恒之中，归属于每个人的命运就始终如他在宣判(判决)底那一刻所分得的那样。因此,末日也包括**最后的审判**(das jüngste Gericht)[3]。而如果**最后的事物**还包括以目前的形态呈现的世界之终结，亦即诸星从天顶下坠，天本身倒塌（或者说，天像书卷被卷起来而消失了[4]），两者均被焚，一个新天和一个新地被创造出来，作为有福者底住所，而地狱被创造出来，作为受诅者底住所，那么这个审判日当然不是末日，而是还会有其他不同的日子随之而来。然而，“万物底终结”之理念并非起源于对世间万物底自然

---

3 【译注】关于末日及最后的审判，见《新约・启示录》。

4 【译注】《新约・启示录》第6章第14节：“天空像像书卷被卷起来，不见了。”

进程的推论，而起源于对其道德进程的推论，并且唯独由此产生；这种道德进程也和“永恒”底理念一样，只能关联于超感性之物（唯有在道德方面，超感性之物才是可理解的）。既然如此，关于那些在末日之后会来临的最后事物之想法，便只能被视为末日连同其道德的但在理论上无法为我们所理解的后果之一种具象化。

但必须说明的是：自远古以来，关于未来的永恒已有两种系统：一种是**单一论者**（Unitarier）底系统，它将永恒的至福判给所有人（透过时间或长或短的忏悔而被净化）；另一种是**二元论者**（Dualisten）
329 底系统[5]，它将至福仅判给**若干**选民，但将永恒的诅咒判给**其余的**所有人。因为一个主张所有人都注定要**受诅咒**的系统绝无法占有一席之地，因为不然的话，就没有任何理由可以辩解，他们到底为什么被创造出来。但是将所有人**消灭**就显示一种颠倒的智能，它对于自己的作品不满，除了将之毁灭以外，不知有别的办法来弥补其缺陷。然而，二元论者也总是遭遇到同样的困难，这种困难使人很难设想对所有人的永恒诅咒；因为我们会问：假如就算是

---

328 5 在古代波斯（琐罗亚斯特）底宗教里，这样一种系统系建立于两个在永恒斗争中互涵的
329 原始存有者——善的原则**欧尔穆兹德**与恶的原则**阿里曼**——底预设之上。奇怪的是：两个相距极远而与目前的德语区相距更远之国家底语言，在称呼这两个原始存有者时，均使用德语。我想到曾在**松内拉特**底书中读过：在**阿瓦**（缅甸人底国家），善的原则被称为 Godeman（这个词似乎也出现在 Darius Codomannus 底名字中）；而且既然“阿里曼”（Ahriman）这个词听起来很像“**恶人**”（arge Mann）一词，而现在的波斯语也包含大量源于德语的词，那么古代底研究者可以有一项课题，即以**语言**底类似性为线索，去追溯一些民族目前的宗教概念之根源（见松内拉特底《游记》第 4 卷第 2 章 B）。

【译者按】琐罗亚斯特（Zoroaster）即查拉图斯特拉（Zarathustra），为波斯拜火教（祆教）底创立者。其生卒年不详，约在公元前六世纪。松内拉特（Pierre Sonnerat，1749—1814）为法国自然学家兼旅行家。Darius Codomannus 为公元前四世纪的波斯国王。康德在此提到的《游记》底德译本于 1783 年出版，题为《1774—1781 年奉御旨而进行的东印度及中国之旅》（*Reise nach Ostindien und China auf Befehl des Königs unternommen v. Jahr 1774 bis 1781*）。Godeman 与德语“善人”（guter Mann）发音近似。

少数人，甚至只有一个人存在的目的，只是为了受到永恒的谴责（这比根本不存在还要糟糕），那么他们为什么被创造出来呢？

诚然，在我们所能理解的范围之内，且在我们对自己所能探知的范围之内，二元论的系统（但唯在有一个至善的原始存有者之下）在**实践**方面就每个人必须评断自己而言（尽管不是就他有权评断他人而言），具有一个占优势的理由：因为就他对自己的认识而言，除了他自己的良心根据他至今所表现的品行而在他生命结束时为他所开启的那种展望之外，理性并不留给他任何其他对于永恒的展望。但若要建立**教条**，也就是说，要由此得出一个本身（客观地）有效的理论性命题，则单凭理性判断是极为不足的。因为有什么人认识自己、认识别人到极透彻的地步，而能断定：如果他将我们称为“幸运底功绩”（Verdienst des Glücks）的一切东西，像是他天生的善良气质、他自然而有的更强的高级能力（知性与理性，以克制其冲动），此外还有由于偶然而幸免于他人所受 330
到的诸般试炼之机运，与他所谓的良好品行之原因分别开来，又如果他把这一切与他的真实性格分别开来（为了恰如其分地评价其真实性格，他必须将这一切予以扣除，因为他不能将幸运所赐的这一切归诸他自己的功绩），那么我说，有谁能断定：在一位世界审判者全知的眼中，一个人在其内在的道德价值方面，是否比他人毕竟还是略胜一筹？且因此，以这种肤浅的自我认识而要对他自己或他人底道德价值（以及应得的命运）之优越性作个裁断，是否可能是一种荒谬的自负？因此，不但单一论者底系统，而且二元论者底系统，两者当做教条来看，似乎都完全超出人类理性底思辨能力之外；并且一切似乎都使我们回头将这些理性底理念完全仅局限于实践运用底条件之下。因为我们眼前见不到任何东西，现在就能将我们在来世的命运告诉我们，除了我们自己的良心之裁断——亦即，我们目前的道德境界（就我们所知而言）容我们理性地加以裁断者——以外；这就是说，我们发现直到我们生命结束时都在支配我们的那些品行原则（无论它们是“善”底原则还是“恶”底原则），甚至在死后也会继续这样下去，而我们并无丝毫理由假定：这些原则在来世会有所改变。是故，我们也必得对于永恒预期在善的或恶的原则之支配下，会得到与某种功绩或罪责相称的后果；因此，基于这种考虑，我们要如此行为，**仿佛**另一个生命，以及我们结束此生时的道德境界连同其后果，在我们展开另一个生命时不会改变，这才是明智之举。在实践方面，我们所能接受的系统必然是二元论的系统，却毋须确定这两者中何者在理论与纯然思辨的方面该具有优越性——特别是因为单一论的系统似乎使人太过沉醉于轻率的安全感。

但是，人**究竟**为什么期待**世界底终结**呢？再者，即使他们承认这点，何以正好是一种（对于绝大多数人类而言）恐怖的终结
331 呢？……**前一个问题**底理由似乎在于：理性告诉他们说，唯有当世间的有理性者合乎其存在底终极目的（Endzweck）[6]时，世界之绵延才有价值；但如果这项目的无法达成，则造化本身对于他们而言，似乎是无目的的，有如一出戏，它根本没有结局，也看不出有任何理性的目标。**后一个问题**则建立在“人类底特质堕落到

---

6 【译注】在《判断力批判》中，康德就人创造文化的能力，将人视为自然底“最后目的”（letzter Zweck）。“最后目的”底概念具有相对性，它必须预设无条件的“终极目的”，此即“被视为理体（Noumenon）的人”，亦即作为“道德底主体”的人。请参阅 *KU, KGS*, Bd. 5, §§ 82-84, S. 425-436。

无望的地步”此一看法之上[7]；而给这种情况一个终结，而是一个可怖的终结，是（在绝大多数人看来）与最高的智慧与正义相称之唯一手段。因此，连**末日底预兆**（因为由伟大的期望所激发之想象力怎么会缺乏征兆和奇迹呢？）都具有恐怖的性质。有些人在剧增的不义、富人底纵情享乐对穷人造成的压迫，及忠诚与信任
之广泛沦丧，或者是在全球各角落爆发的流血战争等等之中，一 332
言以蔽之，在道德沦丧与各种罪恶之急增，连同伴随这些罪恶而起的祸害，这类他们相信是前所从未见的东西之中——看到这些预兆。反之，其他人则是在异常的自然灾异、地震、风暴与洪水或是彗星与天象之中，看到这些预兆。

事实上，人（并非无缘故）感到其存在底负担，尽管他们自己就是这种负担底原因。在我看来，此其原因似乎在于以下之所述：在人类底进步中，才能、技巧与品味（连同其后果，即淫逸）之陶冶自然地抢先于道德之发展；而这种状况不但对于道德，而且对于自然的福祉，偏偏都是最麻烦且最危险的，因为需求之滋长比满足需求的手段还要强烈得多。但人底道德禀赋（如贺拉斯

7　在所有的时代都有自命的智者（或哲学家），他们并不认为人性中向善的禀赋值得一顾， 331
而竭力以令人厌恶的、有时令人恶心的比喻将我们的地球世界（人类的住所）极其轻蔑地表述为：(1) 一个**客栈**（沙漠商队旅社），如回教僧侣的看法一样——在那里，每个在其生命之旅中投宿的人都必须准备立刻被一个后继者所取代。(2) 一座**监狱**，婆罗门教、西藏及其他东方的智者（甚至柏拉图）偏好这种见解：这是堕落的从天上被放逐而如今成为人魂或兽魂的精灵受罚与净化之处所。(3) 一座**疯人院**，在这里不仅是每个人自己摧毁自己的目标，而是一个人将一切想得到的悲痛加诸他人，而且还将能够做出这种事的技巧和力量当做莫大的光荣。最后是 (4) 一个**阴沟**，其他世界底所有废物都被祛除到其中。最后一种奇想在某种方式上是独创的，并且要归功于一位波斯的诙谐者，他把乐园（最初一对人类底居所）放在天上。在这座花园里可以见到许多树，树上长满了丰美的果实，它们被享用过之后，剩下的果实就悄悄地因蒸发而消失掉。花园（转下页）

所说："惩罚跛足而行"[8]）尽管往往赶不上这种陶冶，但总有一天会（如我们在一个智慧的宇宙统治者之下或许可以期望的）赶上它（这种陶冶在其仓促的进程中绊住自己，并且经常失足）。再者，由于经验证明了我们的时代相较于以往的所有时代在道德上的优越性，我们甚至可能会怀有一种期望，即是：末日会以一种伊莱贾升天的方式[9]，而非以一种类乎可拉一伙人下地狱的方式[10]而来临，并且导致世间万物底终结。然而，对于德行的这种英雄式的信仰，似乎不如被设想为在最后事物之前出现的、伴随着恐怖的场景，在主观上对心灵之皈依具有更广泛有力的影响。

※ ※ ※

附释：我们在此仅涉及（或者说玩弄）理性为它自己创造的理念，而其对象（如果这些理念有对象的话）完全落在我们的视野之外。然而，尽管这些理念对于思辨知识而言是超越的，却不

（接上页）里唯独有一棵树是例外，它虽然也有一颗诱人的果实，但这颗果实却不会被蒸发掉。可是我们最初的祖先却不顾禁令而想尝一尝它。故为了使他们不污染天上，唯一的办法是有一位天使对他们指着遥远的地球说："这是全宇宙底厕所"，然后把他们带到那里，以完成必须做的事，并且将他们留在那里，而后飞回天上。地球上的人类据说便是起源于此。

8 【译注】poena pede claudo，语出古罗马诗人贺拉斯（Horaz，即 Quintus Horatius Flaccu，65—8 B.C.）底《颂歌集》（*Odes*, III, 2.32）。

9 【译注】伊莱贾（Elia）是以色列先知，其升天底事迹见于《旧约·列王纪下》第 2 章第 11 节："他们〔指伊莱贾和伊莱沙〕一面走一面谈；忽然，一辆火马拉的火车来到他们中间，伊莱贾被一阵旋风接上天去了。"（引文据联合圣经公会"现代中文译本"，以下皆同。）

10 【译注】可拉（Korah）是以色列利未支族人。他与大坍、亚比兰等人一起背叛摩西，因而受到上帝底惩罚。《旧约·民数记》第 16 章第 31—33 节："摩西刚说完话，大坍和亚比兰脚下的地就裂开，把他们和他们的家人，以及所有跟从可拉的人和他们的东西，都吞了下去。他们活活地跟他们的东西一起掉落阴间。地在他们上头又合拢起来，他们就不见了。"

能因此而在所有方面都被视为空洞的，而是在实践方面由立法的理性本身提交给我们；这绝非要去思索：它们的对象自身就其本
性而言是什么[11]，而是要去思索：为了道德的（以万物底终极目的 333
为目标的）原则，我们应如何设想它们（透过这种方式，这些在其他情况下完全空洞的理念就获得了客观的实践的实在性）。既然如此，我们眼前就有了一片**开放的**场域，得以区分我们自己的理性底这个产物，即万物底终结之普遍概念（根据此一概念与我们的认识能力之关系去区分），并且将隶属于此一概念者加以分类。

依此，整个概念被区分且表述为三部分：(1) 万物之**自然的**[12]终结：根据神性智慧底道德目的之秩序，因此我们能（在实践方面）**正确理解**这种终结；(2) 万物之**神秘的**（超自然的）终结：在我们**毫无理解**的致动因底秩序中；(3) 万物之**反自然的**（颠倒的）终结：这种终结是由于我们**误解**终极目的而自行造成的。这三者之中，第一种终结刚才已探讨过了，底下将探讨其余的两种。

※ ※ ※

《启示录》（第 10 章第 5—6 节）中说：“有一位天使举手朝天，并且指着那位创造了天……的永恒存在者发誓道：**此后不会再有时间了。**”[13]

---

11 【译注】这是指这些理念作为“物自身”（Ding an sich）的对象。

12 “**自然的**”（就形式而言）一词意指依某种秩序（无论是何种）——因而也包括道德秩序（故 333
不一定只是物理秩序）——底法则而必然产生的东西。与此相对立的是“**非自然的**”，这可以是“超自然的”，或是“反自然的”。由**自然原因**而产生的必然之物也会被设想为实质上自然的（物理上必然的）。

13 【译注】为了保留“永恒”与“时间”之对比，此处据康德底引文直译。“现代中文译本”之译文略有出入，其文如下：“这事以后，我所见过站在海上和地上的那天使，向天举起右手，指着那创造天、地、海，和其中万物的永生上帝发誓说：‘不会再迟延了！〔……〕’”

如果我们不假定这位天使“以其七个雷底声音”（第三节）[14]所要呼喊的是废话，那么他的意思必然是：此后不会再有**变化**了。盖如果宇宙中仍有变化，那么也就有时间，因为变化只能在时间中发生，而不预设时间，变化就绝无法设想。

在此，万物底终结被设想为感觉底对象，而我们对它根本无法形成任何概念；因为如果我们想要从感性世界踏入智思世界一
334 步，我们就无可避免地使自己陷于矛盾。此事之所以发生，是因为构成感性世界底终结的那一瞬间也应当就是智思世界底开始，因而智思世界被带入感性世界所属的同一个时间序列中，而这是自相矛盾的。

但是我们也说：我们把绵延设想为**无限的**（设想为永恒）；这绝不是由于我们对其量值有任何可确定的概念——既然这种绵延完全欠缺时间作为其尺度，所以这是不可能的——，而是由于该概念仅是对于永恒绵延的一个消极概念（因为在没有时间之处，也**没有终结**发生）。由此，我们在我们的知识上并未前进寸步，而是必须说：在终极目的底（实践的）方面，理性无法在持续变化底道路上得到满足——尽管若理性凭借宇宙存有者底状态之静止与不变性底原则而尝试为之，它在其**理论性**运用方面也同样得不到满足，而毋宁会陷于完全无思想的状态。这样一来，理性只剩下一途，即是在不断趋向终极目的的进步中设想一种（在时间中）无止尽地前进的变化，而在这种进步中，**存心**（它不像这种进步

---

14 【译注】《新约·启示录》第10章第1—3节：“我又看见一个大力的天使从天下降。〔……〕他高声呼喊，好像狮子吼叫。他一呼喊，就有七个雷发出回声。”

一样，是一事相[15]，而是超感性的某物，因而不是在时间中可变化的）保持不变，且始终如一。因此，依此理念而对理性作实践性运用的规则不过是表示：我们必须如此看待我们的格律，仿佛在一切由"善"趋向于"益善"的无止尽的变化中，我们的道德境界就存心而言（作为理体的人[16]，"他周游于天上"[17]），根本不受制于任何时间底更迭[18]。

但是，有一个时刻终会到临，届时一切变化（连同时间本身）均将终止，这却是一个令想象力反感的表象。因为这样一来，整个自然界就会僵化，且仿佛变成化石；那么，最后的思想、最后的感情就会停顿在思想的主体中，并且始终如一而无更迭。对于一个只能在时间中意识到其存在及其存在底量值（作为绵延）的存有者，这样一种生命，如果还可称为生命的话，似乎形同消灭了。因为为了要设想自己处于这样一种状态中，它毕竟还得思想些什么；但**思想**包含一种反省（Reflektieren），而反省本身只能在

15 【译注】在康德哲学中，"事相"（Phänomen/Phänomenon）一词，系相对于"理体"（Noumenon）而言。此一区分大体相当于"现象"（Erscheinung）与"物自身"（Ding an sich）之区分。关于这些术语底涵义，请参阅拙作：《牟宗三哲学中的"物自身"概念》，收入拙著：《当代儒学之自我转化》（台北：中研院中国文哲研究所，1994 年）。

16 原文作 *homo noumenon*。

17 【译注】原文为"dessen Wandel im Himmel ist"，出处不详。但《圣经》中有类似的语句，如《旧约 · 约伯记》第 22 章第 14 节、《新约 · 马太福音》第 24 章第 30 节、《新约 · 马可福音》第 13 章第 26 节、《新约 · 路加福音》第 21 章第 27 节。康德在此可能不是严格地引证《圣经》底文句。

18 【译注】康德在《纯粹理性批判》（A187ff./B230ff.）中讨论"实体"（Substanz）与"附质"（Akzidens）这对范畴时，特别强调"变化"（Veränderung）与"更迭"（Wechsel）之区别。根据他的解释，"变化"是指同一对象（作为实体）由一种存在方式过渡到另一种存在方式；"更迭"则是指此一对象底状态（作为附质）之改变。因此，当我们说"实体底变化"时，这并不是说：实体本身有所变化，而是说：其附质（如生、灭）有所更迭。既然时间不是实体，则它只有更迭，而无变化。

时间中进行。因此，其他世界底居民就被设想为：他们依其居处
335 之不同（在天上或地狱），或者始终唱着同一首歌，即他们的哈利路亚[19]，或者永远唱着同一首悲叹调（第19章第1—6节；第20章第15节[20]）——由此就显示了在他们的状态中完全没有任何更迭。

不论这个理念超出我们的领悟力多远，它在实践方面仍然与理性密切地相关联。即使我们假定人在此生最佳的道德上的自然状态，亦即不断地进步并趋近于（被定为其目标的）最高善之状态，他（即使意识到其存心之恒常不变）还是无法将**满足**与对其（不仅是道德的，而且是自然的）状态底永恒持续的变化之展望联结起来。因为他目前所处的状态，相较于他准备要进入的更佳状态而言，始终是一种不幸；并且“朝向终极目的无止尽地前进”这个想法也是对一连串无止尽的不幸之一种展望，而尽管这些不幸被更大的“善”所压制，它们却不会带来满足。唯有**终极目的**最后一旦**达成**之际，人才能设想这种满足。

于是，苦思冥想的人就陷入了**神秘思想**（因为既然理性不易满足于其内在的——亦即实践的——运用，而是宁愿在超越界冒

---

19 【译注】“哈利路亚”(Hallelujah)源自希伯莱文。耶教徒在歌咏颂歌时以此表示欢乐之意，意谓“赞美上帝”。

20 【译注】《新约 · 启示录》第19章第1节：“这以后，我听见有大声音，好像天上有一大群人在呼喊：‘赞美上帝！救恩、荣耀、权能都是从我们的上帝来的！他的审判是真实公义的！因为他审判了那以淫行败坏世界的大淫妇，惩罚了她杀害上帝仆人的罪。’他们又一次呼喊：‘赞美上帝！焚烧那大城的烟不断地往上冒，永不停止。’于是，二十四个长老和四个活物俯伏敬拜那坐在宝座上的上帝，说：‘阿们！赞美上帝！’接着有声音从宝座发出，说：‘所有上帝的仆人，凡敬畏他的，不论尊贵卑微，都要赞美我们的上帝！’我又听见好像是一大群人的声音，像大瀑布和雷轰的响声，说：‘赞美上帝！因为我们的主——全能的上帝——作王了。〔……〕’”第20章第15节：“凡是名字没有记录在生命册上的，都被扔进火湖里。”

险[21]，则它也有其秘密)；在这种情况下，他的理性并不理解它自己及它想要的东西，而是宁可耽于幻想，却不愿像一个感性世界中的智性居民理所当为的那样，将自己局限在感性世界底界限之内。因此便产生了**老君**[22]关于**最高善**的怪诞系统；此最高善据称存在于**虚无**中，亦即存在于“**感觉到**自己借由与神灵相融合且因此借由消除自己的人格而被吞没于神灵底深渊里”之意识中。为了取得对于这种状态的预感，中国的哲学家在暗室里闭着眼睛，努力去思考和感受他们的这种**虚无**。因此便产生了（西藏人与其他东方民族底）**泛神论**，以及由泛神论底形上升华而引生的**斯宾诺莎主义**，这两者均与远古的流衍系统（Emanationssystem）——所有人底灵魂均自神灵流衍出来（而它们最后会被吸入同一神灵中）——紧密地相关联。这一切仅是为了让人最后可能享有一种**永恒的安宁**，而这种安宁就构成了人所臆想的“万物之至福的终结”——这根本是这样一种概念：随着它，人底知性同时消失，而且一切的思 336
考本身也告终结。

※ ※ ※

万物经由人手而导致的终结，纵使人底目的良善，也是**愚昧**；

21 【译注】在康德哲学中，“内在的”（immanent）与“超越的”（transzendent）这组概念涵有双重意义。在知识论的脉络中，“超越的”意谓：超出我们的某种认知能力（通常是指经验）；“内在的”则意谓：停留在这种能力所及的范围内。例如，他在《纯粹理性批判》中写道：“有些原理底应用完全保持在可能经验底限度内，我们想把这些原理称为内在的原理，而把据称逾越这些界限的原理称为超越的原理。”（A295f./B352）而在存有论的脉络中，“超越的”意谓：超出感性世界或现象底界限，而进入“智思世界”（intelligible Welt）或物自身底领域；“内在的”则意谓：停留在感性世界或现象界底范围内。此处的用法即是其例。

22 【译注】由康德底叙述看来，“老君”（Laokiun）当是指中国的老子。

这就是说，人为了达成其目的而运用正好与这些目的背道而驰的手段。唯有在上帝那里才会有**智慧**，亦即实践理性之恰当地采用其完全符合于万物底终极目的（即最高善）之措施；只要不明显地违反智慧底理念而行，便是我们或可称为人类智慧的东西了。但是对于愚昧的防制——人唯有借由尝试与不时改变计划才可期望做到——更是“一个珠宝，即使是最好的人**想要取得**它，也只能去追求”[23]。对此，他绝不可产生虚荣的想法，更不可依此行事，仿佛他**已取得了**此物。由此也产生了随时变更且往往无意义的策划，以便寻求巧计，使**宗教在整个民族中成为纯洁而又有力**；于是人们或许能高喊：可怜的有死之人！你们除了反复无常之外，没有任何恒常的东西[24]！

但如果这些尝试最后一旦进展到一个地步，以致共同体[25]能够且愿意不仅聆听传统的虔诚学说，也聆听受到这些学说所启发的实践理性（对于一种宗教而言，这甚至是绝对必要的）；又如果（以人的方式表现的）智者在人民当中并非借着他们之间所作的协议（像一个教士团那样），而是以同为公民的身份来从事规划，并在此事上取得绝大多数人底同意，而这无可置疑地证明了这些智者系以真理为怀；再者，人民或许由于普遍感觉到但非基于权威的需求，认为有必要扩充自己的道德禀赋，因而在大体上（纵使

---

23 【译注】这段文字可能不是《圣经》的严格引文，其义似出自《新约·腓利比书》第3章第12—14节：“这不是说我已经成功，或已经完全了。我继续奔跑，只求赢得那奖赏；其实，为要使我达到这目标，基督耶稣已经先赢得了我。兄弟们，我并不以为我已经达到这目标；我只专心一件事：就是忘记背后，全力追求前面的事。因此，我向着目标直跑，为要得到奖赏；这奖赏就是属天的新生命，是上帝借着基督耶稣呼召我去领受的。”

24 【译注】这段话可能是出自法国耶稣会士柯叶（Gabriel François Coyer，1707—1782）底著作，此著作之德译本题为《道德琐事》（*Moralische Kleinigkeiten*），于1761年在柏林出版。

25 【译注】在康德底时代，“共同体”（Gemeinwesen）一词当系指国家而言。

尚未在最微小的细节上）也对这些规划感到兴趣——在此情况下，既然这些智者在他们所追求的**理念**方面曾有良好的进展，则让智者仅是去从事并继续他们的进程，似乎是最合理不过了。但是就为达到最佳终极目的而选择的手段之成效而言，既然这种成效就像它按照自然底过程可能出现的情况那样，始终是不确定的，所以最好将它委诸**神意**[26]。因为无论我们如何**不轻于信仰**，但只要我 337
们绝无可能确切地预见依一切人类智慧（如果它要名实相称，就得仅涉及道德界）而采取的某些手段之后果，我们就得以实践的方式相信上帝底智慧对自然过程的配合（假如我们不愿完全放弃我们的终极目的）。固然有人会反对说：早就时常有人说过，目前的计划是最好的计划；从现在起，这个计划必须永远不变；这就是永恒底状态。“谁（符合此概念而）是善的，就始终是善的；谁（违反此概念而）是恶的，就始终是恶的。”（《启示录》第 22 章第 11 节[27]）仿佛永恒——连同万物底终结——现在已经能出现了。然而，此后总是有新的计划被提出来，而其中最新的计划往往只是重提一项旧计划，并且今后也不乏**更多最后的**规划。

我太清楚地意识到自己无能力在这方面进行一项新的成功的尝试，因此我愿意提出忠告（这当然不需要伟大的发明能力）：让事情保持于它们最后所处的情况，保持于它们几近一个世代以来已证明在后果方面还差强人意的情况！但既然具有伟大精神或是

26 【译注】康德在《论永久和平》中解释道：“若我们考虑到自然在宇宙进程中的合目的性，把它当做一个以人类底客观终极目的为目标、并且预先决定这个宇宙进程的更高原因之深邃智慧，便称之为**神意**（Vorsehung）。”（*KGS*, Bd. 8, S. 361）简言之，“神意”是在目的论观点下所理解的“自然”。

27 【译注】《新约 · 启示录》第 22 章第 11 节：“作恶的人必然继续作恶；污秽的仍然污秽。好人必然继续行善；圣洁的仍然圣洁。”

进取精神的人可能不认为如此，那么容我谦卑地提示，他们得小心提防自己违反什么，而非他们得做什么，因为不然的话，他们的行为就会违背他们自己的意图（即使这是最佳的意图）。

耶教[28]除了其法则底神圣性必然会引发的最大敬畏之外，其自身还具有某种**可爱**之物（etwas Liebenswürdiges）[29]。（在此我指的并非那位以极大牺牲为我们取得该物的人[30]之可爱，而是指该物本身——即他所造成的道德境界——之可爱；因为前者只能由后者推衍出来。）这种敬畏无疑是首出的，因为若没有它，也不会有真实的爱发生——尽管我们没有爱，仍可对某人怀有极大的敬畏。但是如果问题不仅在于义务底表象，而是也在于对义务的遵从，又如果我们追问行为底**主观**根据（如果我们可以预设此根据，我
338 们便能自始凭它去期待人**将会做**的事），而不仅追问客观根据（即**他应当做的事**），则爱（亦即，将他人底意志自由地纳入自己的格律中）还是人性底不圆满（即人性必须被强制去做理性借法则所规定的事）之一项必要的补充物。因为一个人很少做他不情愿做的事，甚至可能以诡辩来规避义务底命令，以致若无爱底参与，我们便不可能对义务（作为动机）有太大的指望。

如果现在我们为了使耶教极尽完善，而再为它附加任何一种权威（即使这是神性的），则不论这种权威底意图是如何善良，也

---

28 【译注】康德所谓的“耶教”（Christentum）涵盖旧教（习称“天主教”）与新教（习称“基督教”）。为避免与新教混淆，此处不译为“基督教”，而译为“耶教”。

29 【译注】此段以下到篇末共七段，显然意在回应席勒于前一年（1793）发表于 Neue Thalia 的《论魅力与尊严》（“Über Anmut und Würde”）一文。在此文中，席勒一方面肯定康德对于“道德”概念的基本观点，另一方面又批评康德将“义务”（Pflicht）与“爱好”（Neigung）完全对立起来，而有陷于禁欲主义之嫌。因此，席勒将“德行”（Tugend）界定为一种“对义务的爱好”（Neigung zu der Pflicht）。

30 【译注】这是指耶稣。

不论其目的事实上是如何良好，耶教底可爱性却消失了。因为**命令**某人不仅做某事，还应当**自愿**做它，这是一项矛盾。

耶教底目标在于：为了遂行对其一般而言的义务之遵从而促进爱，并且也产生爱。因为其创立者并非以一个司令——它请其同侪留心**其**要求服从的**意志**——底资格发言，而是以一个爱人者——他请其同侪留心他们自己正确地被理解的意志；也就是说，如果他们彻底地省察自己，自然会自愿依此意志而行——底资格发言。

因此，这是**自由的**心态（liberale Denkungsart），它距离奴役感与放任同样遥远。耶教期望这种心态为其教义带来**效果**。借由教义，耶教能为自己赢得人底心，而人底知性已受到其义务底法则之表象所启发。在终极目的之选择中的自由底情感使人感到这项立法之可爱。因此，纵使耶教底导师也预示**惩罚**，但我们不可将此理解为：惩罚应当成为遵从耶教诫命之动机——至少这样的说明不合于耶教底真正特质——；因为倘若如此，耶教便不再可爱了。倒是我们只能将此诠释为出于立法者底仁爱的慈悲警告，以防止因违犯法则而必然会造成的伤害（因为**李维**有言：法则是冷漠无情之物[31]），因为并非耶教（作为自愿采纳的生命格律）而是法则在此施加威吓。作为存在于事物底本性之中而不可改变的 339
秩序，法则甚至不任由造物主随意决定这种秩序底结果为如此或如彼。

31 【译注】康德底引文是 Iex est res surda et inexorabilis。此句当系出自罗马史学家李维（Titus Livius，59 B.C.—17 A.D.）底《罗马史》："leges rem surdam, inexorabilem esse, salubriolem melioremque inopi quam potenti."（II. 3.4）

当耶教以**报酬**相许诺时（例如："你们要欢喜而自信！你们将在天上得到一切报偿。"[32]），依据自由的心态，我们不可将此诠释为：这是一种出价，以便借此仿佛**收买**人，使他有良好的品行；因为在此情形下，耶教本身也不再可爱了。唯有对于那种出于无私动机的行为之要求能使人对作此要求者产生敬畏；但没有敬畏，就没有真实的爱。因此，我们不可赋予这种许诺以一种意义，即这些报酬应被当做行为底动机。将一种自由的心态联系于一个施惠者的那种爱，并不取决于穷困者所接受的"善"，而仅取决于愿意施予"善"的人底**意志**之善良——即使他或许无能力做到这点，或是其执行受阻于其他考虑到普遍公益的动机。

这便是耶教本身所具有的道德上的可爱性。这种可爱性从许多自外加诸耶教的强制里，在经常改变的意见当中，仍然透现出来，并且使耶教免于它通常必定会遭遇到的嫌恶；而且值得注意的是，在人类之中曾有过的最伟大的启蒙时代，这种可爱性越来越显得光辉。

如果耶教一旦到了不再可爱的地步（若它不是被其温柔的精神所武装，而是被专横的权威所武装，这种情况便可能会发生），则由于在道德事务中并无中立性可言（遑论相互对立的原则之联合），对于耶教的嫌恶与反抗必然会成为人底主导心态，而且原本就被视为末日底先驱的**反基督者**[33]将开始其（大概以恐怖和自利为

32 【译注】《新约 · 马太福音》第 5 章第 12 节："你们要欢喜快乐，因为在天上将有丰富的奖赏为你们保存着。〔……〕"

33 【译注】原文为 Antichrist，或译为"敌对基督者"。《新约 · 约翰一书》第 2 章第 18 节："孩子们，世界的终局就要到了！你们曾听说那敌对基督者要来；现在基督的许多仇敌已经出现，因此我们知道终局就要到了。"

基础的）统治（尽管是短暂的）。但这样一来，由于耶教虽**注定**要成为普遍的世界宗教，但并非由于命运之**厚爱**而成为如此，则在道德方面，**万物之**（颠倒的）**终结**就会来临。

论永久和平——一项哲学性规划

译者识

由于法国大革命所造成的混乱及其对当时欧洲君主政体的威胁，奥地利与普鲁士于1791年签订皮尔尼兹（Pillnitz）协议，公开要求干涉法国内政，以恢复法国底君主政体。这项协议引起法国人底极大反感，法国国民会议乃于次年4月决议对奥、普两国宣战。奥、普联军遂于同年8月进逼巴黎，但于瓦尔米（Valmy）会战失利后撤军。最后，双方于1795年4月5日签订巴塞尔（Basel）和约，结束了这场战争，奥地利失去尼德兰，普鲁士则必须放弃莱茵河左岸之地。康德对这项和约之签订极感欣慰，便在这个背景之下撰写了《论永久和平——一项哲学性规划》（*Zum ewigen Frieden. Ein philosophischer Entwurf*）。他于同年8月13日写信给科尼希贝尔格（Königsberg）底出版商尼可洛维伍斯（Friedrich Nicolovius），表示愿意让他出版此书。尼氏立即答应其要求，并且于同年秋天出版此书。

此书第一次印了1500本，不久即销售一空，遂又加印。次年，此书以增订版底形式再版。在第二版中，除了一些字句上的小修正之外，主要增加了第二章底第二项附释《永久和平底秘密条款》。此书出版后，立刻引起热烈的讨论，撰文评论此书者包括加尔维（Christian Garve）、许茨（Friedrich Wilhelm von Schütz）、费希特（Johann Gottlieb Fichte）、许雷格尔（Friedrich Schlegel）、格雷斯（Joseph Görres）等人[1]。次年，此书便出现了法文、英文及丹麦文译本。

本译文系根据第二版译出，原文见于普鲁士皇家科学院版《康德全集》第8册，页341—386。

---

1 【译注】有关的评论收入 A. u. W. Dietze（Hg.）：*Ewiger Friede? Dokumente einer deutschen Diskussion um 1800*. München: C.H. Beck 1989。

论永久和平（Zum ewigen Frieden） 343

某位荷兰旅馆主人在其绘有一个教堂墓园的店招上写上这个讽刺性的题辞[2]。这个题辞到底是针对一般而言的人，还是特别针对国家元首（他们绝无法餍足于战争），或者甚至仅针对哲学家（他们怀有这个甜美的梦想），我们可以不论。但本文作者要求保留一项条件。现实政治家以极为自负的态度将理论政治家贬视为一个学究。这种学究凭其空洞的理念，不致危害国家（国家必须以经验原理为依据）；而且人们总能任他去做不可能做到的事，而**老于世故**的政治家可以不将此事放在心上。既然如此，现实政治家纵然在与理论政治家发生争执时，也得保持一贯的做法，而不会在后者贸然提出且公开表达的意见背后预感到其对国家的危险。借着这项**保留条款**（Clausula salvatoria），本文作者想以最佳方式明确地使自己此后免于一切恶意的解释。

第一章　国家之间的永久和平底临时条款

1. “*任何和约之缔结在进行时，若是秘密地为一场未来的战争保留物资，它就不该被视为和约之缔结。*”

因为这样一来，这种和约之缔结便只是一次停火、敌对行为之推迟，而非**和平**。和平表示一切敌对行为之终结，而将“**永久的**”

---

2 【译注】在德文中，Zum ewigen Frieden 一词还有“进入永恒安息”之意。康德运用此语底双关涵义，略带讽刺地点出主题。

这个修饰语加诸其上，是一种大可怀疑的堆砌。导致未来战争的现存原因（尽管缔约者本身目前可能还不知道这些原因）均因和约之缔结而消灭，而不论这些原因被人以多么敏锐的探求技巧从档案文卷中挑出来。缔约者若是保留原来的要求（这些要求未来
344 才可加以策划，但目前没有一方愿意提及它们，因为双方均太过疲殆，而无法继续从事战争），并且怀有邪恶的意志，想利用第一个有利的时机，来达到这个目的，这项保留（秘密的保留）[3]便该成为耶稣会会士底个案鉴别法[4]之对象，并且有失君主底尊严，就像信从这类推论有失其部长底尊严一样（如果我们就这件事本身来评断它）。

但如果按照已启蒙的“治术”（Staatsklugheit）概念，国家之真正荣耀在于权力之不断扩大（不论是用什么手段），则上述的判断当然显得学究而迂腐。

2.“任何独立的国家（在此不论其大小）均不可被另一个国家借继承、交换、购买或馈赠所取得。”

因为一个国家并非（例如像它所位居的土地）一项财产（patrimonium）。它是一个人类社会；除了它本身以外，无人能命

3 【译注】“秘密的保留”（reservatio mentalis）一词系耶稣会会士布森包姆（Hermann Busenbaum，1600—1668）于1645年首度使用，以后成为法律学术语。这是指一个人在宣示意志时未明白表示而在心中所作的保留。

4 【译注】“个案鉴别法”（Kasuistik）是一种以个案为例的指导方法，系由斯多亚学派、犹太法典学者、士林哲学家及耶稣会士逐渐发展出来。其目的在于教人如何将法律或道德法则底规范应用于具体的行为或行为情境中，或者发现在个别情况中有效的法则（尤其是在良心冲突或义务冲突之情况中）。

令和支配它。把它本身当做树干来看，它有自己的根。但是像接枝一样将它归并于另一个国家，等于是取消它作为一个道德人格的存在，并且使这个道德人格成为一个“物”，且因此与原始契约底理念相抵牾（若没有这项理念，我们便无法设想关乎一个民族的任何权利）[5]。每个人都知道：在我们这个时代，直到最近为止，对于这种取得方式的先入之见已将欧洲——因为其他各洲从不知道这种方式——引入何种的危机，此即：连国家也可以相互联姻。这有时是一种新的事业，甚至不费力气地透过家族间的联合为自己取得优势，有时也以这种方式扩展领土。一个国家之部队受雇于另一个国家，以对抗一个非共同的敌人，也属于这种性质；因为在这种情况下，臣属被当做可任意操纵的“物”来使用且消耗。

3.“常备军（miles perpetuus）应当逐渐地完全废除。” 345

因为常备军借由在待命中始终表现出准备作战的姿态，无休止地以战争威胁其他的国家。它们诱使各国在武装人员之数量（这是无止境的）上相互超越。再者，由于应用于常备军的花费最后使和平比一场短期的战争产生更大的压力，故常备军本身成为侵略战争之原因，以期摆脱这种负担。此外，受雇去杀人或被杀，似乎意含把人仅当做在另一者（国家）手中的机械和工具来使用；

5 一个世袭王国并不是一个能被另一个国家遗赠的国家，而是其统治权能被遗赠给另一个自然人。然则，这个国家得到一个君主，而非这个君主以一个君主（亦即已拥有另一个王国者）底身份得到这个国家。

这无法与我们自己的人格中的人权相一致[6]。至于国民定期自愿从事武器演练，借此保障自己及其祖国免于外来的侵略，则是完全不同的情形。财富之累积也会有同样的结果：财富被其他的国家视为战争之威胁，若非其多寡难于探知，它会迫使这些国家作先发制人的攻击（因为在**军事力量**、**同盟力量**和**经济力量**这三种力量当中，最后一种力量可能是最可靠的战争工具）。

4.“任何国家均不该在涉及对外的国际纠纷时举债。”

为了国家经济（改善道路、新辟垦殖区、为可虑的荒年购置仓储等）而在国内或国外寻求援助，这种援助来源无可怀疑。但是在一个信用制度中，债务无限地成长，却始终不虞目前的债权要求（因为所有债权人可不会一下子都提出债权要求）——这是一个经商的民族在本世纪中的巧妙发明[7]——这种信用制度若当做强权间相互对抗的机器，便是一种危险的经济力量；这就是一种用以进行战争的财富，它超过其他所有国家之总财富，而且只能因即将发生的税收亏损（但也由于信用制度反过来影响工业和产业，而使贸易活跃，这种亏损还能延后许久发生）而耗尽。因此，这种进行战争的轻易性与掌权者之好战（这似乎是人性之禀赋）相结合，便成为永久和平之一项重大障碍。禁止此事必然更加是

---

6 【译注】第一版中在此原有个附注：“因此，一位保加利亚君王回答某位希腊皇帝（他想不靠其臣属流血，而是善意地以决斗来解决他和这个君王间的争执）道：‘一个拥有钳子的铁匠不会用手从煤中取出灼热的铁。’”类似的文句也出现于第二章第二项“确定条款”底附注（注 18）中，故康德在第二版中将此处的附注删除。

7 【译注】这个“经商的民族”显然是指英国人。

永久和平之一项临时条款，因为一个国家最后无法避免的破产必 346
然使其他不少国家未负债而蒙受损失，而这将是对它们的一项公开侵害。是故，其他国家至少有权联合起来，反对这样一个国家及其非分要求。

5.“任何国家均不该以武力干涉另一个国家之宪法和政府。”

因为什么能使它有权这么做呢？难道是它在另一个国家底臣属中所引起的反感吗？这另一个国家底功用其实在于借一个民族[8]因其无法纪而招致的重大灾祸之例提出警告；而一个自由人提供给别人的坏榜样（作为所承受的坏榜样〔scandalum acceptum〕）根本不是对后者的侵害[9]。如果一个国家因内部不和而分裂为两部分，每一部分均自认是一个个别的国家，而对全体提出要求，这诚然不会造成这种干涉；此时，一个外国支持其中的一部分，不能被视为干涉他国底宪法（因为这是一种无政府状态）。但是只要这种内部的斗争尚未尘埃落定，外在力量之这种干涉将侵害一个只是与其内在疾病搏斗的独立民族之权利；因此，其本身将是一件十足的可厌之事，并且将危及所有国家之自主性。

---

8 【译注】“一个民族”隐指波兰。波兰因内部不团结，先后于 1772、1793 及 1795 年遭到列强三次瓜分。

9 【译注】康德这段话显然影射当时奥地利与普鲁士两国对法国内政的干涉。请参阅《译者识》。

6.“任何国家在与另一个国家作战时，均不该容许自己采取必会使未来在和平时的互信成为不可能的那种敌对行为，诸如雇用**刺客**（percussores）与**下毒者**（venefici）、**破坏协约**、在敌国**唆使叛逆**（perduellio）等。”

这些均是不光彩的计谋。因为在战争期间，对敌人底心意的某种信任仍得保留下来，否则也不会有任何和约之签订，而且敌对行为终将发展成一场歼灭战争（bellum internecinum）。战争毕竟只是在自然状态中可悲的应急手段（此时并无法庭存在，可作具有法定效力的判决），以武力来维护其权利。在这种情况下，双方均不可被宣告为不义的敌人（因为这已预设了法官之判决），而是
347 由战争之**结果**（像是在所谓上帝底法庭之前）来决定：法权[10]归于何方。但是在国家之间，惩罚战争（bellum punitivum）是无法设想的（因为在它们之间并无上司对属下的关系存在）。由此便可推知：一场歼灭战争（在这场战争中，双方连同一切法权可能同归于尽）唯有在人类底庞大墓园中才会让永久和平降临。因此，这样一种战争，连同导致这种战争的手段之运用，必须绝对禁止。但是，“上述的手段必然会导致歼灭战争”这一点可由以下的事实得知：既然这些伎俩本身是卑鄙的，当它们被使用时，不会长久保持在战争底范围内——像譬如在使用间谍（uti exploratoribus）时，所利用者只是他人之无耻（这从来无法完全根绝）——，而是也

10 【译注】Recht 这个词在德文中兼有“权利”、“法律”、“正当”、“公道”诸义，此处兼取前二义，勉强译为“法权”。以下遇到此词时，若仅涉及以上诸义之一，则依其义译出；若同时涵盖以上诸义，则译为“法权”。

会转移到和平状态中，且因而完全否定其使用之目的。

※ ※ ※

虽然客观而言（亦即就掌权者底意图而言），上述的法则纯属**禁制法则**（leges prohibitivae），但是其中若干法则是**严格的**，在所有情况下一体适用（legis strictae）；它们坚决地要求**立刻**撤销所禁止的行为（如第一、五、六条）。然而，其他法则（如第二、三、四条）虽非法律规则之例外，但就其**执行**而言，却视情况而**在主观方面**对权限有所扩大（leges latae），并且容许**延缓**其实施，而不失却其目的。这项目的并不容许这种延缓（例如，延缓**恢复**某些国家就第二条而被剥夺的自由）遥遥无期地拖延下去（像奥古斯都经常应允的，到希腊的初一）[11]，亦即不恢复，而是仅仅为了使这种恢复不因仓促行事而与目标本身背道而驰，才容许延迟。因为这项禁制在此仅涉及今后不该再适用的**取得方式**，而不涉及**占有状态**；尽管这种占有状态并不具有必要的法律名义，但在其（假想的取得方式底）时代，依据当时的舆论，它被所有国家视为合法的[12]。

---

11 【译注】“到希腊的初一”（ad calendas graecas）一语出自罗马皇帝奥古斯都。在罗马历法中，每月初一叫做 calendae，罗马人通常在这一天结账。但在希腊历法中并没有这一天。据说，奥古斯都在谈到拖欠债务的债户时，曾说：他们到希腊的初一才会还债，也就是说：他们永远不会还债。

12 除了纯粹理性底**命令**（leges praeceptivae）和**禁制**（leges prohibitivae）以外，是否还能 347
够有其**许可法则**（leges permissivae），至今不无理由受到怀疑。因为一般而言的法则 348
包含客观的实践必然性底一项根据，而许可却包含某些行为底实践的偶然性之一项根据。因此，一项**许可法则**将包含“强制去做某人无法被强制去做的事”之义；如果法则底对象在两方面有相同的意义，这将是一项矛盾。但此处在许可法则中所预设的禁制仅涉及未来取得一项权利的方式（例如经由遗产），而对这项禁制的豁免（转下页）

348
第二章　国家之间的永久和平底确定条款

共同生活的人之间的和平状态并非自然状态（status
349 naturalis）；自然状态其实是一种战争状态，也就是说，尽管并非一直有敌对行为之爆发，却不断有敌对行为之威胁。因此，和平状态必须被**建立**；因为放弃敌对行为仍不足以保证和平状态，而且若非一个邻居由他人得到保证（但这只有在一种**法律**状态中才可能发生），这个邻居仍可能将他人（这个邻居曾要求此人提出保

（接上页）（亦即许可）却涉及目前的占有状态。这种占有状态在由自然状态过渡到文明状态时，依然可根据自然法底一项许可法则，作为一项虽不合法但仍**诚实的占有**（假想的占有〔possessio putativa〕）而再延续下去——虽然一项假想的占有一旦被认定为假想的占有，在自然状态中就是禁止的，而一种类似的取得方式在以后的文明状态中（在过渡发生之后）也是禁止的；如果这样一种臆想的取得发生于文明状态中，就不会产生那种继续占有底权利；因为在其不合法性被发现之后，它就得因其为一种侵害而立刻停止。

我只想就此顺便使自然法底教师注意一项许可法则底概念，这个概念自然地呈现于一种系统地分类的理性——尤其是因为在文明法则（成规的法则）中经常使用许可法则，唯独有一项区别，即是：禁制法则单独成立，但许可却不被归入禁制法则中，作为限制条件（它本该如此），而是被归诸例外。然则，许可法则系表示：这件事或那件事被禁止，**除非**第一、第二、第三等，以至于无穷。而许可并非根据一项原则，而是仅因在出现的事例中到处摸索，而偶然地附加于法则；否则，这些条件也得被归入**禁制法则底程序中**，而禁制法则也因此变成了一项许可法则。因此，既睿智又机敏的**温狄胥格雷兹伯爵**大人底深具意义但仍未解决的征文题目（它正是坚持探求上述的道理）这么快就被抛开，是值得惋惜之事。因为这样一种（与数学程序相类似的）程序底可能性是一项始终一贯的立法之唯一真正的试金石；若无这种可能性，则所谓的“确定法律”（ius certum）将永远是一项虔诚的愿望。否则我们将只有**一般的**法则（它们**大体上**有效），却没有普遍的法则（它们**普遍地**有效），而一项法则底概念似乎要求具有普遍有效性。

【译者按】温狄胥格雷兹伯爵（Josef Nikolaus Windisch-Graetz，1744—1802）是德国政治家与哲学家。康德曾与他交换过著作。他曾于 1785 年公开提出了一个征文题目：“契约底格式要如何拟订，才能完全免于双重解释，并且使关于任何一项财产变更的争执均成为不可能，因而对于一份依照这些格式撰写的法律文件绝无法产生诉讼？”

证）当成一个敌人来对待[13]。

永久和平底第一条确定条款

每个国家底公民宪法应当是共和制的。

首先根据一个社会底成员之**自由**底原则（作为人）、其次根据所有人对一项唯一的共同立法之**从属**底原理（作为臣属）、最后根据所有人底**平等**之法则（作为**国民**）所建立的宪章——由原始契 350
约底理念所产生而且一个民族底所有法律创制必须建立于其基础上的唯一宪法——是**共和制的**宪章[14]。因此，就法权而言，这种宪

---

13 我们通常认为：一个人不可对任何人采取敌对态度，除非此人已在实际上**伤害**了他； 349
而且如果双方均在**文明的法律**状态中，这也是完全正确的。盖由于此人已进入这种状态中，此人便对他（借由对双方有支配力的当局）作了必要的保证。但是完全在自然状态中的人（或民族），正由于这种状态（他与我共处于这种状态中），便已使我失去了这种保证，并且伤害了我。他虽然并未在实际上（facto）却由于其状态之无法纪（statu iniusto）而伤害了我，故我不断地被他所威胁，而且我能强迫他同我一起进入一种共同的法律状态中，或是离开我的周遭。因此，作为以下所有条款底基础的设准是：所有能相互影响的人必须隶属于某一公民宪章。

但是一切法律上的宪章，就其所统辖的人而言，计有：

1）以在一个民族中的人底**国民权**为根据的宪章（ius civitatis）。

2）以在相互关系中的国家底**国际法**为根据的宪章（ius gentium）。

3）以**世界公民权**为根据的宪章——就处于相互影响的外在关系中的人和国家可被视为一个普遍的人类国家底公民而言（ius cosmopoliticum）。

这项分类并非随意设定的，而是与永久和平底理念有必然的关系。因为这其中只要有一者处于对他人有自然影响的关系中，并且还是处于自然状态中，这将无法免于战争状态，而此处的目标正是要摆脱战争状态。

14 **法律的**（亦即外在的）**自由**不能像一般人惯常的做法那样，被界定为“只要我们不对 350
任何人不公，就可为所欲为”的权限。因为什么叫做“**权限**”（Befugnis）呢？就是一个不致使我们对任何人不公的行为之可能性。因此，自由底说明将如下：自由是不致使我们对任何人不公的行为之可能性。只要我们不对任何人不公，我们就不对任何人不公（不论我们想做什么）。是故，这是空洞的重复语。其实，我的外在的（转下页）

法本身是一切种类的公民宪法底原始基础；而现在只有这个问题：这种宪法是否也是唯一能导致永久和平的宪法？

351 但而今共和宪法除了其来源底纯粹性（即来自法权底概念之纯粹根源）之外，还有指望达到所期望的结果，即永久和平。其理由如下：如果为决定是否应当开战，必须有公民底同意（在这种宪法中只能如此），则他们将十分犹豫去开始一场如此可怕的游戏，这是最自然不过的事；因为他们将必须为自己决定战争底

(接上页)（法律的）**自由**可如此去说明：它是"除了我已能同意的法则之外，不服从任何外在法则"的权限。同样地，在一个国家中的外在的（法律的）**平等**是公民间的一种关系，依据这种关系，无人能在法律上对他人有所责求，而不同时服从使他也能转而被他人以同样方式责求的法则。（**法律上的**从属底原则不需要任何说明，因为这已包含于一般而言的国家宪法底概念之中。）这些必然属于"人"（Menschheit）而且不可转让的天赋权利之有效性，由于人本身对更高级的存有者（如果他设想这样的存有者）的法律关系而被确认且提升，因为人根据同样的原理也设想自己是一个超感性世界底公民。盖就我的自由而论，我自己对神性法则（我只能凭理性认识这些法则）并无任何责任，除非我自己已能同意它们（因为透过我自己的理性底自由法则，我才形成一个神性意志底概念）。若就上帝以外我在宇宙中可能设想的最崇高的存有者（一个伟大的"**埃昂**"）而论平等底原则，则何以我在我的分位上尽我的义务，就像那个埃昂在其分位上尽其义务一样，但我却该有服从的义务，而他该有施令的权利呢？这并无任何理由。这项**平等**底原则并不像自由底原则那样，也适用于对上帝的关系；其理由在于：义务底概念唯独在这个存有者那里失去了意义。

351 但是就作为臣属的公民底平等权而论，我们在答复"**世袭贵族**是否可容许"这个问题时，只消考虑：**国家**所授予的**名位**（它使一个臣属高于另一个臣属）得居于**功绩**之前，还是功绩得居于这种名位之前？如今显而易见的是：如果名位与出身相联结，我们便完全无法确定：是否功绩（称职与尽职）也会随之而来？因此，这等于好像说：名位被授予无任何功绩的受惠者（成为施令者）；人民底共同意志绝不会在一项原始契约（这可是一切权利底原则）中采纳这一点。因为一个贵族并不就是一个**高贵的人**。就**职务贵族**（我们可如此称呼高级官员底名位，而且我们可凭功绩取得这种名位）而论，名位并非作为财产而附着于人，而是附着于职位，而平等并不因此受到侵害；因为当此人辞去其职务时，他同时脱离其名位，并且回到民间。

【译者按】"埃昂"（Äon）一词在希腊文中的原意为"生命"。诺斯替教（Gnostizismus）认为埃昂是由上帝流衍出来的精神，介乎神与人之间，一方面是上帝底映象，另一方面是精神生命底型范。

一切苦难（诸如亲自战斗、从他们自己的财产中提供战争底费用、艰苦地改善战争所留下的破坏，最后，最不幸的是还要自己承受一笔使和平本身变得苦涩而且由于紧接不断发生的新战争而绝无法清偿的负债）。反之，如果在一种宪法中，臣属并非公民（因此，它不是共和制的），则在这种宪法中，开战是世界上最无可犹豫之事。因为元首并非国家底成员，而是国家底拥有者，不因战争而使其宴席、狩猎、度假行宫、宫廷节庆等有丝毫损失；因此，他可能由于微不足道的原因而决定开战，有如决定从事一种宴游，并且为了体面起见，毫不在意地让随时待命的外交使节团为这场战争辩护。

※ ※ ※

为了不致像常见的情形一样，将共和制宪法与民主制宪法混为一谈，我们得注意以下一点：一个国家（civitas）底形式可以按 352
照掌有最高国家权力的人底分别，或者按照其元首**治理**人民的**方式**（不论其元首是谁）去分类。第一种形式其实是**统治底形式**（forma imperii），而且这种形式只可能有三种：或者只有**一个人**，或者**一些人**联合起来，或者构成公民社会的**全体**共同拥有统治权（**专制政体**、**贵族政体**与**民主政体**，亦即君王底权力、贵族底权力和人民底权力）。第二种形式是政府底形式（forma regiminis），而且涉及国家根据宪法（使群众成为一个民族的共同意志底行动）行使其绝对权力的方式。就这方面而言，其形式或为**共和制的**，或为**独裁制的**。**共和主义**（Republikanism）是“将（政府底）行政权与立法权分开”的政治原则；独裁主义（Despotism）则是“国家恣意执行它自己所制定的法律”的政治原则，亦即被君主当做其个人意志来操控的公共意志。在三种国家形式中，**民主政体**（依此词底本义而言）底形式必然是一种**独裁制**；因为它建立一种行政权，使全体针对个人甚至可能忤逆个人（因而未得到他的同意）而作决定，也就是说，不成其为全体的全体作决定。这是共同意志之自相矛盾，也是它与自由之间的矛盾。

盖一切非**代议制的**政府形式根本是个**怪物**，因为在同一个人格中，立法者不能同时为其意志底执行者，正如在三段论式中，大前提中的普遍者不能同时为小前提中普遍者对特殊者之涵摄。尽管另外两种国家宪法使这样一种治理方式有发展的余地，因而始终是有缺陷的，但它们却至少具有一种可能性，此即：它们能采取一种合乎代议制度底**精神的**治理方式。例如，腓特烈二世[15]至少**说过**：他只是国家最高的仆人[16]；但在另一方面，民主制的国
353 家宪法却使这种事情成为不可能，因为在这种宪法中，大家都想作主人。因此，我们可以说：国家权力底掌理者（统治者底人数）越少，而在另一方面，其代表越多，国家宪法就越是与共和制底可能性相吻合，而且这种国家宪法可以期望透过逐步的改革，最后提升为共和制。基于这个缘故，在贵族政体中就比在君主政体中更难达到这种唯一在法律上完美的宪法，但是在民主政体中，

---

15 【译注】腓特烈二世即普鲁士底腓特烈大帝（Friedrich der Große，1712—1786），是当时支持启蒙运动的开明君主。

352 16 往往有人指摘一个统治者常被冠上的尊号（“上帝所指定者”、“上帝底意志在世间的代理人”以及“上帝底意志之代表”诸尊号）是粗鄙而惑人的谄媚；但在我看来，这是
353 没有根据的指摘。这些尊号绝不会使君王自大，反而必然在其心中贬抑他——如果他有理智（我们可得假定这点），并且想到：他接受了一项对人类而言过于巨大的任务，就是管理上帝在世间所拥有的最神圣的东西，即**人权**，并且必须始终担忧在任何地方侮辱上帝底这项宝物。

却不可能不透过暴力革命来达成这种宪法。然而，对于人民而言，治理方式[17]远比国家形式重要得多（尽管国家形式适合于这项目的的程度也非常重要）。但如果治理方式要合乎法权底概念，它就需要代议制度；只有在代议制度中，一种共和制的治理方式才是可能的；若无代议制度，治理方式便是独裁而横暴的（不论宪法属于何种）。在古代所谓的“共和国”中，没有一个知道这种制度，而且它们因此也必然完全沦为独裁制，而在单独一人底最高权力下的独裁制仍是一切独裁制中最可忍受者。

---

17 马里·杜庞以其大言炎炎但空洞无物的文笔夸耀说：在多年经历之后，他终于得以确 353
信**蒲伯**底这句名言之真实性：“让傻瓜为最好的政府争辩吧！管理得最好的政府就是最好的政府。”如果这等于是说：管理得最好的政府得到最好的管理，那么套用史威夫特底说法，他咬开一只核桃，而核桃报之以一只蛆。但如果这表示：这样的政府也是最好的治理方式（亦即国家宪法），那么这是根本错误的；因为好政府底例子不能为治理方式提供任何证明。有谁曾比一个**提图斯**和**马库斯·奥勒里乌斯**治理得更好呢？但一者却传位于一个**多米提安**，另一者则传位于一个**柯摩都斯**。在一个好的国家宪法中，这种事情不可能发生，因为他们之不适于此位早就为人所知，而统治者也有足够的力量将他们摒诸其外。

【译者按】马里·杜庞（Jacques Mallet du Pan，1749—1800）是瑞士作家，他曾著《论法国大革命及其持久之因》（*Considérations sur la révolution de France et sur les causes qui en prolongent la durée*, Bruxelles 1793）一书，坚决反对法国大革命。此书立刻由根茨（Friedrich Gentz）译成德文，于 1794 年出版。作者在此书末尾提到蒲伯底这句名言。蒲伯（Alexander Pope，1688—1744）是英国诗人。此处引用的名言见于其书翰体的诗篇《论人》（*Essay on Man*）第 3 函第 303—304 行。史威夫特（Jonathan Swift，1667—1745）是英国作家。康德所引用的说法出自其讽刺性散文《木桶底故事》（*Tale of a Tub*），见 *Prose Works of Jonathan Swift*（London 1900, Bohn Liberty edition）, I, 55。提图斯（Titus Flavius Vespasianus，39—81）和马库斯·奥勒里乌斯（Marcus Aurelius Antoninus，121—180）均是罗马皇帝，有仁厚之名。多米提安（Titus Flavius Domitian，51—96）和柯摩都斯（Lucius Aelius Aurelius Commodus，169—192）均是罗马暴君。

354 永久和平底第二条确定条款

国际法应当建立于自由国家底**联邦主义**之基础上。

个别的人在其自然状态中（亦即在对外在法律的独立性中）已因共存而相互侵害；而构成国家的民族可以像个别的人一样被评断，而且每个民族为了其安全起见，能够且应当要求其他民族同它一起进入一个与公民宪法相类似的宪章中，在此每个民族底权利能得到保证。这是一个**国际联盟**（Völkerbund），但这种联盟仍不一定是一个国际国（Völkerstaat）。然而，这其中有一项矛盾，因为每一个国家均包含**上司**（立法者）对**属下**（服从者，即人民）的关系，而在一个国家中的许多民族只会构成一个民族。这与我们的预设相抵牾，因为我们在此必须就**诸民族**应构成不同的国家，而不融合于一个国家中，来考虑它们彼此间的权利。

我们以极度的轻蔑来看待原始人对其无法律的自由之执着（他们宁可无休止地互斗，而不要服从一种可由他们自己建立的法律上的强制，因而宁取放纵的自由，而不要理性的自由），并且视之为野蛮、无教养，以及由人降格为禽兽。同样的，如今我们认为：文明的民族（其每个民族均单独组成一个国家）必然急于尽早摆脱一种如此糟糕的状态。但是每个**国家**并非如此，反倒是认为其尊严（因为“民族底尊严”是个荒谬的词语）正好在于“完全不受制于任何外在的法律上的强制”，而其元首底荣耀在于：成千上万的人供他驱策，去为一件与他们丝毫不相干的事而自我牺牲，而他自己偏偏不必蹈险[18]。而欧洲原始人与美洲原始人之主要区别

---

354 18 因此，一个保加利亚君王回答某个希腊皇帝（他善意地想以一场决斗来解决他和这个君王间的争执）道：“一个拥有钳子的铁匠不会用手从煤中取出灼热的铁。”

在于：美洲原始人底一些部落完全被其敌人吃掉，欧洲原始人则懂得更妥善地利用其所征服的人而不吃掉他们，并且懂得宁可扩增其臣属底数额，因而也借此扩增可用于更大规模战争的工具之 355
数量。

我们可在各民族底自由关系中赤裸裸地见到人性底邪恶（然而，在文明的法律状态中，这种邪恶大大地为政府底强制所掩盖），因此我们的确会惊讶于以下的事实：“**法权**”一词仍无法被视为迂腐而完全摒诸战争政策之外，而且仍无任何国家敢公开表示赞同上述的看法。因为尽管**雨果·格劳秀斯、普芬道夫、瓦戴尔**[19]等人（纯属恼人的安慰者）在哲学方面或外交方面所草拟的法典并不具有——或者甚至无法具有——丝毫**法律**效力（因为各国就其本身而言，并非处于一种共同的外在强制之下），他们仍始终真诚地被提起，来为一场军事攻击**辩护**。但是并无任何这样的例子：以如此重要的人物底证词来支持的论据曾促使一个国家撤销其计划。每个国家对法权底概念所表示的这种敬意（至少在口头上）的确证明：在人底内部可发现一种更强大的（虽然目前半昏睡的）道德禀赋，有朝一日可主宰在他内部的邪恶原则（他无法否认这点），并且期望他人也如此。否则，“法权”一词绝不会出诸想要相互攻击的国家之口，除非只是为了借此来嘲讽，像那个高卢君王[20]所宣称的：“弱者应当服从强者，自然已使强者对弱者有这项优先权。”

---

19 【译注】雨果·格劳秀斯（Hugo Grotius，1583—1645）是荷兰著名的法学家和政治家，其主要著作为《论战争法与和平法》（*De jure belli et pacis*, Paris 1625）。普芬道夫（Samuel Freiherr von Pufendorf，1632—1694）是德国法学家和史学家，著有《论自然法与国际法》（*De jure naturae et gentium*, Lund 1672）一书。瓦戴尔（Emmerich de Vattel，1714—1767）则是瑞士法学家与外交家，著有《国际法》（*Le droit de gens*, Leyden 1758）一书。

20 【译注】此当指曾于公元前387年攻克罗马的高卢王布雷努斯（Brennus）。

国家追求其权利的方式绝无法像在一个外在法庭中一样依靠诉讼，而是只能依靠战争；但是权利并不因战争及其有利的结果（胜利）而得以确定。**和平条约**固然使这场战争终止，却未使战争状态（始终在寻找一个新借口的状态）终止（我们也不能直截了当地宣告这种状态为不公正，因为在这种状态中，各方对于其自身的事务均是法官）。然而，人在无法律的状态中依自然权利而有一项义务，即“应当脱离这种状态”，而国家却无法依国际法而有同样的义务（因为就它们作为国家而言，其内部已有一种法律上的宪章，且因此不再需要外在的强制，以便根据其“法权”概念，
356 使它们归属于一种扩大的法律上的宪章）。但是理性却由其最高的道德立法权底宝座，断然谴责以战争为诉讼程序，而在另一方面，则使和平状态成为直接的义务。可是在各民族之间若无一项条约，和平状态就无法被建立或保障。因此，必得有一种特别的联盟存在，我们可称之为**和平联盟**（foedus pacificum）；这种联盟与**和平条约**（pactum pacis）底分别将在于：后者仅试图终止**一场**战争，前者却试图永远终止**一切**战争。这个联盟底目标不在于取得国家底任何权力，而仅在于维持与保障一个国家本身连同其他结盟国家之**自由**，但是这些国家不必因此（像人在自然状态中一样）受制于公共法律及其强制。我们可以说明这个**联盟关系**（Föderalität）底理念（它应当逐渐扩展到所有国家，且因此通往永久和平）之可行性（客观实在性）。因为如果由于幸运，一个强有力且已启蒙的民族能够组成一个共和国（依其本性，它必然倾向于永久和平），这个共和国便为其他国家提供一个联盟统一底中心，以便它们加入其中，并且就此根据国际法底理念来保障国家间的自由状态，且透过若干这类的联合不断地逐渐扩大。

一个民族说："在我们当中不该有战争；因为我们想要组成一个国家，也就是说，为我们自己设立一个立法的、行政的及司法的最高权力，和平地调停我们的争执。"这可以理解。但如果这个国家说："尽管我不知道有任何最高的立法权力保障我的权利，而我也保障其权利，但在我和其他国家之间不该有战争。"那么，我要凭什么信赖我的权利，是完全无法理解的，除非有公民社会底联盟（亦即自由的联邦主义）作为替代物。理性必然将这种联邦主义与国际法底概念联结起来（如果国际法底概念还有任何思想意涵的话）。

国际法若当做一种从事战争的权利来看，其概念根本不会有任何思想意涵；因为它将是一种权利，并非根据普遍有效的外在法律（它们限制每个个人底自由），而是根据单方面的格律，凭武 357
力去决定何谓法权。然则，这个概念必然意谓：如果有此居心的人相互残杀，且因此在广大的坟墓（它掩埋暴行底一切恐怖连同其造因者）中找到永久和平，他们合该如此。根据理性，在相互关系中的国家没有别的办法摆脱无法律的状态（在这种状态中只有战争），除非它们正如个别的人一样，放弃其放纵的（无法律的）自由，勉强接受公共的强制性法律，且因此形成一个（当然会不断成长的）**国际国**（civitas gentium），而这个国家最后将包括地球上所有的民族。但既然这些国家依其国际法底理念，完全无意于此，因而实际上（in hypothesi）拒绝在学理上（in thesi）正确的事，所以（如果我们还可有一线希望的话）只有一个现存且不断扩大的非战**联盟**能取代**一个世界共和国**底积极理念，作为**消极的**替代物，以扼止畏惧法律的敌对倾向之潮流，但这种倾向爆发的危险却始终存在（“邪恶的癫狂在心中……翻腾，血污的嘴显得可怕。”[21]——**维吉尔**）[22]。

永久和平底第三条确定条款

世界公民权应当局限于普遍的**友善**底条件。

就像在前面的条款一样，我们在这里所谈的并非对人类之
358 爱，而是**权利**；而**友善**（好客）意谓一个外地人在抵达另一个人底地域时不受到其敌意对待的权利。这个当地人可以拒绝他（如果这不会使他死亡的话），但只要他在其所到之处态度和善，此人便不可以敌意来对待他。这并不是这个外地人可以要求的**宾客权**（Gastrecht）（这将需要一个有利的特别协议，使他在某一段时间内与主人共享居所），而是所有人均应享有的**拜访权**（Besuchsrecht），亦即他们由于对地球表面的共有权而交往的权利。由于地球表面是个球面，他们不能无限地分散开来，而是最后得容忍彼此的存在；但原先并无任何人比其他人有更多的权利居于地球上的一处。

---

21 【译注】语出罗马诗人维吉尔（Virgil，本作 Publius Vergilius Maro）底史诗《埃涅阿斯纪》（*Aeneis*, I, 294—296）：“Furor impius intus...fremit horridus ore cruento.”

357 22 一个民族在结束了一场战争、签订和约时，在感恩庆典之后，宣布一个忏悔节，以国家底名义祈求上天宽恕其重大罪孽，这或许并非不当之举。人类依旧让这种罪孽发生，因为他们在与其他民族间的关系中，不愿服从任何法律上的宪章，而是以其独立自豪，宁可使用战争这种野蛮的手段（但这种手段却无法确定所寻求之物，即每个国家底权利）。在战争期间为所赢得的**胜利**举行的感恩庆典、为**万众之主**（用以色列的方式）所唱的颂歌，与人之父底道德理念形成极强烈的对比；因为这种庆典与颂歌使人以为人之父不但对各民族追求其彼此间的权利之方式漠不关心（这已够可悲了），还因毁灭了许多人或其幸福而感到一种愉快。

【译者按】“万众之主”和“人之父”均是指上帝。

地表无法居住的部分（海洋和沙漠）将这个共同体分隔开来，但是**船**或**骆驼**（沙漠之**舟**）使他们有可能越过无主的地区而相互接近，并且利用**地表权**（它为人类所共有）来促成一种可能的交往。因此，海岸居民(例如巴巴利人)[23]劫掠船只,或者逼使遇难水手成为奴隶，沙漠居民（阿拉伯的贝都因人）[24]将接近游牧族视为一项权利，以劫掠他们：这种不友善的行径违反自然法。但这种关于好客的权利（亦即新到的外来客之权限）并不逾越**尝试**与原居民交往的可能性之条件。借着这种方式,远隔的各洲得以和平地建立相互关系，而这些关系终将成为公法上的关系，且因此将使人类最后日益接近一个世界公民底宪章。

如果我们将我们这个洲底文明国家（尤其是从事商业的国家）之**不友善**作风与这个目标相比较，则它们在**拜访**其他国家和民族（对这些国家和民族而言，此举无异于**征服**它们）时所表现的不义达到令人吃惊的程度。对它们而言，美洲、黑人国家、香料群岛[25]、好望角等地被发现时，是无主之地；因为它们不把当地居民当成一回事。在东印度（印度斯坦），它们仅以打算设立贸易据点
为借口，便引进外来军队，但连带地也使土著受到压迫，煽动当 359
地各国进行大规模的战争，并且带来饥荒、叛乱、背信，以及一连串折磨人类的灾祸。

---

23 【译注】巴巴利人（die Barbaresken）是十六至十九世纪生活于北非沿海地区（东至埃及，西抵大西洋，南接撒哈拉沙漠，北临地中海）的摩尔人，以其海盗活动闻名。

24 【译注】参阅《人类史之臆测的开端》注 30【译者按】。

25 【译注】指印度尼西亚底马鲁古群岛。

中国[26]与日本（即 Nipon）领教过这类客人，因此有聪明的应付之方。中国虽然容许这类客人接近，但不容许他们进入国内。

---

359 26 要写出这个大帝国自己使用的名称（亦即 China，而非 Sina 或一个与此相似的语音），我们只消参阅乔尔吉底《西藏字母》，页 651—654，特别是注 b 下面。根据彼得堡底费舍尔教授之注解，中国根本没有自己使用的确定名称；最常用的名称还是 Kin 这个词，亦即“金”（西藏人称之为 Ser），因此皇帝被称为**金**王（世界上最庄严的国家之王）。这个词在该帝国本身虽然读成 Chin，但可能被意大利传教士（由于喉音字母底缘故）念成 Kin。由此我们便可推知：罗马人所谓的“**瑟人**（Serer）之国”便是中国，而蚕丝系通过**大西藏**（大概是经由**小西藏**和布哈拉，通过波斯而继续前行）而被输送到欧洲。这引发不少关于这个奇妙国家底古代的探讨（与印度斯坦底古代相比较，关联于**西藏**，并由此关联于日本）；而其邻邦据称加诸这个国家的名称 Sina 或 Tschina 则无所影响。在西藏与欧洲间那种虽未充分为人所知但却古老的联系，或许也可由**赫西秋斯**在这方面为我们保留下来的纪录得到说明，此即在埃勒夫西斯秘密仪式中祭司底呼喊声 kovζ'Ομπαζ（Konx Ompax）（见《小阿纳卡尔西斯底希腊之旅》第 5 部页 447 及
360 其下）。因为根据乔尔吉底《西藏字母》，Concioa 这个词意谓“**神**”，与 Konx 极为类似，而 Pah-cio（同上，页 520）可能不小心被希腊人读成 Pax，它意谓“宣谕律法者”(promulgator legis)，即遍布于整个自然界的神（亦称 Cencresi，页 177）。但是当 Om（拉克罗采将此词译为 benedictus，即“**受福**”）应用于神时，大概只能意谓“**享至福之名者**”（页 507）。**弗朗齐斯古·贺拉斯神父**经常问西藏**喇嘛**：依他们的理解，神（Concioa）是什么？他始终得到这个答案：“**神是所有圣者之集合**”（亦即享有至福的灵魂之集合，这些灵魂经过喇嘛转世，在多次轮回中遍历各种躯体之后，终于回归于神，变成“**布尔卡内**”，也就是值得尊敬的存有者）（页 223）。因此，那个神秘的词 Konx Ompax 可能意谓**神圣**（Konx）、**至福**（Om）而**睿智**（Pax）并且遍及宇宙的最高存有者（人格化的自然），而且在希腊**秘密仪式**之使用中可能已暗示新加入此种仪式者底**一神论**，而相反于民众底**多神论**——尽管**贺拉斯神父**（同上）在这里察觉到一种无神论。但是，那个神秘的词如何经过西藏而传给希腊人，可借以上的方式来说明；反过来，这也使欧洲与中国极有可能很早就经由西藏而交往（或许比欧洲与印度斯坦间的交往还更早）。

【译者按】乔尔吉（Antonio Agostino Giorgi，1711—1797）是奥古斯丁会会士。他于 1762 年为天主教传教团编辑了一部《西藏字母》，前面附有对西藏底人民、土地、起源、风俗、宗教等的探讨。此书底全名为：*Alphabetum Tibetanum missionum apostolicarum commodo editum. Praemissa est disquistio qua de vario literarum ac regionis nomine, gentis origine, moribus, superstitione ac manichaeismo fuse disseritur, Beansobrii calumniae in S. Augustinum aliosque ecclesiae patres refutantur. Studio et labore Fr. Augustini Antonii Georgii eremitae Augustinui*。费舍尔（Johann Eberhard Fischer，1697—1771）教授是圣彼得堡学院历史教授，曾参加第二次堪察加探险（1733—1743）。康德所提到的注解见费舍尔所著：*Questiones Petropolitanae*（Göttingen/Gotha 1770），III,“De variis nominibus imperii Sinarum”，§ 2, p. 81. 赫西秋斯（Hesychius）是希腊文法学家，大约于五世纪（转下页）

日本甚至只容许一个欧洲民族（荷兰人）接近，但却使他们在这个过程中像囚犯一样，无法与土著来往。在此，最糟糕的（或者从一个道德裁判者底观点来看，最好的）是：这类客人从未由这种暴行得到乐趣；所有的这些商社均濒临崩溃；食糖群岛[27]这个最残酷且最精巧的奴隶制度之所在地并未产生真正的收益，而只能间接地用来达成一项并不十分值得称道的目的，亦即用来为舰队训练水手，且因此在欧洲进行另一场战争——追求这项目的的强权均对其虔诚大作文章，而且当它们如饮水般享受不公时，均希望自己被视为正宗的选民。

如今，在全球各民族间已普遍地剧增的（或紧或松的）联系 360
发展到了一个程度，以致在地球上的一个地方有违反法权之事，各地都会察觉到。因此，世界公民权底理念就不是对法权的一种虚幻而夸张的想法，而是对国家法与国际法底未成文法规的一项必要补充，以求得一般而言的公共人权，并因而求得到永久和平。唯有在这项条件之下，我们才可自许在不断地接近永久和平。

（接上页）生活于埃及底亚历山大里亚，曾编了一部罕见词语辞典。kovζ' Ομπαζ 一词即保留在这部语典中。埃勒夫西斯秘密宗教系崇拜德米特（Demeter）及佩尔瑟封涅（Persephone）女神的秘密宗教，起源于古希腊城市埃勒夫西斯（Eleusis，亦作Elefsis）。该城在雅典以西约 14 英里处。《小阿纳卡尔西斯底希腊之旅》（*Voyage du jeune Anacharsis en Grèce, dans le milieu du quatrième siècle avant l'ère vulgaire*, Paris 1788）是考古学家巴泰勒米（Abbé Barthélemy）描述古希腊人生活全貌的五册巨著，其后由毕斯特（Johann Erich Biester）译成德文（Berlin 1792ff.）。康德于 1793 年 9 月由德文译本底出版商那里取得此译本。拉克罗采（Mathurin Veyssière de la Croze，1661—1739）是法国本笃会会士，也是柏林学术院院士。弗朗齐斯古 · 贺拉斯神父（Pater Franciscus Horatius，亦名 Francisco Orazio della Penna），生平不详。他于 1735—1747 年间被教会派往拉萨，因其对西藏的介绍而知名于欧洲。

27 【译注】此当指西印度群岛，但也可能是指加纳利群岛。

第一项附释　论永久和平之保证

提供这种**保证**的，正是**自然**这位伟大的艺术家（自然这位万物底艺术家）[28]。从自然底机械过程明显地凸显出合目的性，即经由人之龃龉而让和谐甚至违背其意志而产生。因此，若我们仿佛把自然当做一个我们不知其作用法则的原因之强制，便称之为**命**
361 **运**（Schicksal）；但若我们考虑到自然在宇宙进程中的合目的性，把它当做一个以人类底客观终极目的为目标，并且预先决定这个宇宙进程的更高原因之深邃智慧，便称之为**神意**（Vorsehung）[29]。

---

28 【译注】原文作 natura daedala rerum，语出罗马哲学家卢克莱修（Titus Lucretius Carus）底《物性论》（*De rerum naturae*, V, 234）。

361 29 在自然底机械作用（人也以感性存有者底身份隶属于这种作用）中显示出一种自然底存在所依据的形式。我们无法理解这项形式，除非我们以一个对它预作决定的宇宙创造者之目的作为其基础。一般而言，我们将这个宇宙创造者底预定称为（上帝底）**神意**。就这种预定被摆在宇宙底**开端**而言，我们称之为**开创的**神意（providentia conditrix；一旦他下命令，它们就永远服从——**奥古斯丁**）。但就它依合目的性底普遍法则维持自然底**进程**而言，我们称之为**统辖的神意**（providentia gubernatrix）。再者，就它引向无法为人类所预知而是只能由成果去推测的特殊目的而言，我们称之为**引导的神意**（providentia directrix）。最后，甚至就作为上帝底目的的个别事件而言，我们不再称之为神意，而称之为**安排**（Fügung；directio extraordinaria）。但既然这种安排事实上暗示奇迹（尽管这些事件并不被称为奇迹），则想要认识这种安排本身，是人类愚蠢的狂妄。因为从一个个别的事件去推断一项致动因底特殊原则（这即是说：这个事件是目的，而不只是另一个我们完全无所知的目的之自然机械式的附带结果），是荒谬而又十分自负的（无论其说法听起来多么虔敬而谦卑）。同样的，依照神意在宇宙中所涉及的**对象**（**就实质面**来看）将它区分为**普遍的**与**特殊的**，也是错误而自相矛盾的（例如说：神意固然是为维持受造物底种属而有的事先眷顾，但却将个体委诸机遇）；因为神意之所以被称为普遍的，正是由于没有任何一个事物被设想成它的例外。或许人们在这里所指的是依照神意底目标之实现方式对它所作的区分（**就形式面**来看），亦即将它区分为**寻常的**（例如，自然每年按照季节变迁而死亡和复苏）与**不寻常的**（例如，洋流将树木带往北极海岸给当地居民，这种树木在那里无法成长，而当地居民没有它就无法生活）。在后面的例子中，尽管我们能妥当地说明这些现象之自然机械式的原因（例如说：温带国家底河岸上长满树木，而那些树木落入河中，并且被湾流冲走），但我们还是不可（转下页）

我们固然根本无法在自然底这些匠心设计中**认识**神意，或甚至仅由此去**推断**它，而是（像是在事物底形式对于一般而言的目的之所有关系中一样）只能够且必须**连带地设想**它，以便类比于人类底艺术活动，对其可能性形成一个概念；但是神意对于理性直接为我们所规定的目的（道德目的）之关系与协调底表象是个理念。这个理念固然**在理论方面**是超越的，但在实践方面（例如，就“利用自然底那种机械作用以达成**永久和平**”的义务之概念而言）却是独断的，而且在其实在性方面，有稳固的基础。纵使像目前的情形一样，我们所关切的只是理论（而非宗教），使用“**自然**”一词也比我们所无法认识的“**神意**”一词更适合于人类理性（就结果与其原因之关系而言，人类理性必须停留在可能经验底 362

（接上页）忽略目的论的原因，这种原因暗示一个支配自然的智慧之事先眷顾。但是在学院里常见的“上帝**参与**或协助（concursus）感性世界中的一个结果”之想法却得废除。因为**第一**，想要使不同类之物相配（让狮身鹫头的怪物与牝马并辔），并且在宇宙进程中让本身是宇宙底变动之完全原因者来**补充**其自身的预作决定的神意（因此，这种神意必然已有所不足），譬如说：**除了上帝之外**，医生也治疗了病人，因此以助手底身份参与了治疗，这是自相矛盾的。因为一个孤立的原因无济于事（causa solitaria non iuvat）。上帝是医生连同其一切医术底创造者，且因此，如果我们真想攀升到我们在理论上无法理解的最高的原始基础，就得将结果完全归因于上帝。否则，只要我们把这个结果当做可依自然秩序来说明的事件而在宇宙底原因系列中追踪它，也可将它完全归因于医生。**第二**，这样一种思考方式也牺牲了一切据以判断结果的确定原则。但是在**道德的实践的**方面（因此，这完全着眼于超感性事物），例如在这个信仰——只要我们的存心真诚，上帝甚至会借我们所无法理解的手段补偿我们自己应享有的公道之不足，故我们应当全力追求善——中，上帝底协助之概念是完全适当的，甚至是必要的。但在此显而易见的是：我们不必设法由此去**说明**一个善的行为（作为在宇宙中的事件）；这种说明方式是对于超感性事物的一种假冒的理论知识，因此是荒谬的。 362

【译者按】“一旦他下命令，它们就永远服从。”原文作 semel jussit, semper parent。据皇家科学院本《康德全集》底编者迈尔（Heinrich Maier）之说，此言不见于奥古斯丁底著作中，故恐非严格的引述（参阅 *Kants Gesammelte Schriften*, Bd. 8, S. 509.）。“让狮身鹫头的怪物与牝马并辔”原文作 gryphes iungere equis。维吉尔底《牧歌集》（*Eclogae*）有 jungentur jam gryphes eguis 之句（Ⅷ, 27），当为此语之出处。

界限内）之限制，而且**更为谦虚**。由于“神意”一词，我们狂妄地为自己接上伊卡洛斯之翼[30]，以便接近神意底神秘莫测的目标之秘密。

现在，在我们更详细地确定这种保证之前，有必要先探讨自然已为在其大舞台上活动的人所安排的状态（这种状态最后使它
363 对和平的保障成为必要）；然后，我们才探讨自然提供这种保证的方式。

自然底临时措施如下：1）它已眷顾地球上所有地区的人，使他们能在那里生活；2）它已借**战争**趋使他们遍布各地，甚至进入最荒僻的地区，而居住于其中；3）它已借同样的手段迫使他们进入多少合乎法律的关系中。在北极海寒冷的荒漠中仍有苔藓生长，**驯鹿**将之从雪中挖出，而本身则成为俄斯提亚克人或萨摩耶人底食物甚或拉车工具。又如，在带盐分的沙漠中却有**骆驼**，它仿佛是为了周游沙漠而被创造，使它不致闲置无用。这些现象就已值得赞叹了。但如果我们见到：在北极海岸，除了毛皮动物之外，还有海豹、海象、鲸鱼如何以其肉为当地居民提供食物，以其油脂提供燃料，目的便凸显得更清楚。然而，令人对自然底事先眷顾最为赞叹的是自然为这些不毛之地带来的漂木（无人真正知道这种漂木从何而来）；若无这种材料，当地人既无法备置其交通工具和武器，也无法备置其小屋，以供落脚；在这里，对抗兽类的战争已够他们忙碌了，因而使他们彼此之间和平地生活。但

30 【译注】在希腊神话中，伊卡洛斯（Ikaros）是德达洛斯（Daidalos）之子。德达洛斯是有名的巧匠，因故得罪克里特国王米诺斯（Minos），连同其子被米诺斯囚禁于迷宫。德达洛斯用蜂蜡及羽毛为自己及其子制造双翼，腾空飞去。但伊卡洛斯飞得太高，其翼为太阳所熔化，以致坠海而死。

是曾经**驱使**他们**来到这里**的可能就是战争。人类在地球上居住时曾学习驯服且豢养的兽类当中，第一个**战争工具**是马；因为象属于较晚的时代，亦即国家已建立后的奢侈时代。同样的，栽培某些被称作**谷物**的草类（我们现在已无法知道其原初的特性）之技术，以及借移植和嫁接繁衍并改良**果类**（或许在欧洲只有两个品种，即野生苹果和野洋梨）的方法，只能在国家已建立后的状态（在此已有受到保障的地产存在）中产生——当人类已先在无法律的
自由中历经**狩猎**生活[31]、渔业生活、放牧生活，直到**农耕生活**之后， 364
而现在**盐**与**铁**已被发现，它们或许是各民族之间最早有普遍需求的贸易品；这使各民族首度处于一种相互的**和平关系**中，且因而甚至与远方的民族建立协议、联系与和平关系。

而今，当自然已眷顾人类，使他们**能够**在地球上各地生活时，它同时也已专横地要求：纵然违背他们的爱好，他们也**应当**在各地生活；甚至这种“应当”并不同时预设一个义务概念（这个义务概念借一项道德法则来责成他们如此做），而是自然为达到它这项目的，选择了战争。因为我们见到一些民族，其语言底统一使

31 在所有的生活方式中，**狩猎生活**无疑最违反文明宪章；因为在这种生活中必须单独生 363
活的家庭不久就变得彼此**陌生**起来，而且这样一来，他们就分散于广阔的森林中，不 364
久也变得**敌对**起来（因为每个家庭需要不少空间，以取得其食物和衣着）。**诺亚底禁血令**（《创世记》第9章第4—6节）——这种禁令经常重复出现，以后犹太裔的基督徒甚至使它成为一项条件（尽管是基于其他的考虑），来要求刚被接纳的非犹太裔基督徒（《使徒行传》第15章第20节及第21章第25节）——最初似乎正是狩猎生活之禁制；因为在这种生活中必然经常出现吃生肉的情形，因此，既然禁吃生肉，吃血自然也是禁止的。【译者按】根据《圣经 · 创世记》中的记载，诺亚在方舟中躲过洪水后，上帝对他及他的儿子说：“〔……〕但是你们绝不可吃带血的肉。谁取了人的生命，我就处死谁；动物伤害了人的生命，也要处死。上帝造人跟自己相像，所以流人血的，别人也要流他的血。〔……〕”

人能辨识其来源底统一，像是一方面在北极海有**萨摩耶人**，另一方面在**阿尔泰**山脉有操类似语言、距离两百英里之远的民族。另一个骑马的且因而好战的民族（即蒙古民族）曾突入其间，且因此使这个种族底前一部分离开其后一部分，而流散到最荒僻的冰冻地带；这一部分人的确不是出于自己的爱好而分散到这里来[32]。同样的，住在欧洲极北地区的**芬兰人**称为**拉普人**（die Lappen），由于哥德族和萨马细亚族侵入其间，而与目前也距离遥远但与他
365 们有相同语系的**匈牙利人**分开。再者，除了战争（自然利用它作为使人居住于地球上各地的手段）之外，还有什么可能驱使**爱斯基摩人**（他们或许是古老的欧洲冒险家，是一个与所有美洲人完全不同的人种）到美洲北方，而驱使**培谢磊人**（die Pescheräs）到美洲南方，直到火地岛呢？但是战争本身不需要任何特别的动因，而是似乎被接种于人性上，且甚至被视为高贵之物（人类受到荣誉感之鼓舞，不带自利的动机而追求之）。因此，**作战勇气**（不但属于美洲原始人所有，也属于骑士时代的欧洲人）被判定为具有重大的直接价值——不但是**在**战争发生**时**（这是理所当然的），而是也在**对于**战争的期待中。而战争之被发动，往往只是为了表现这种勇气，故而战争本身被赋予一种内在的**尊严**。甚至也真有些哲学家称颂战争是某种使人高贵的过程，而忘记了某位希腊人底箴言：“战争之恶劣在于：它所制造的坏人多于它所除去的。”关

364 32　有人可能问道：如果自然曾要求：这些冰岸不该始终无人居住，那么一旦它不再为其居民带来漂木时（这是预料得到的），他们怎么办呢？因为我们可以相信：当文化进步时，温带居民将更妥善地利用其河岸上所生长的树木，而不会任它落入河中，且因此被冲到海里去。我回答道：**鄂毕河**、叶尼塞河、勒那河等河流附近的居民将借贸易把木材带给他们，而且用它换取出自动物界的产物（在冰岸底海中极富于这种产物）——只要它（自然）已先迫使他们和平相处。

于自然**为其自身的目的**而在人类（作为一个动物底种属）身上所做的事，我就说到这里。

现在有个问题，它涉及对永久和平的指望之本质，此即：为了这项指望，就人自己的理性为他规定为义务的目的而言，自然有什么作为呢？亦即，自然为促进人底**道德目标**，有什么作为呢？再者，自然如何保证：人依自由法则**应当**做但却未做之事，也由于自然强制他**将要**如此做而得以确保，却无损于这种自由（而且是在公法底所有三种状况之中，即**国家法**、**国际法**和**世界公民权**之中得以确保）？如果我说：自然**意愿**某事发生，这不等于说：它加诸我们一项义务去做此事（因为只有无强制的实践理性才能够如此）；而是它自己**做**此事，不论我们是否情愿（命运引导情愿的人，拖曳不情愿的人）[33]。

1. 即使一个民族不迫于内部的不和，而接受公法之强制，战争也会从外部促成同样的结果；因为依照自然之上述设计，每个民族发现自己面对附近另一个逼迫它的民族，而它必须从内部组成一个**国家**，以便形成武装**力量**，来对抗这个邻近的民族。而今， 366
共和制宪法是唯一完全适合于人底法权的宪法，但也是最难建立甚至更难维持的宪法。因此，许多人断言：这得是一个**天使**之国才行，因为人凭其自私的爱好，并无能力拥有形式如此细致的宪法[34]。但现在自然却来协助受尊崇但对实践无能的普遍意志（它以

33 【译注】康德引文作 fata voluntem ducunt, nolentem trahunt，语出罗马哲学家塞内加（Lucius Annaeus Seneca，4 B.C.?—65 A.D.）底《致鲁齐利伍斯的道德书简》（*Epistulae morales ad Lucilium*, XVIII, 4），但略有变更。此句原作：ducunt volentem fata, nolentem trahunt。

34 【译注】康德在此可能想到法国哲学家卢梭底《社会契约论》第 3 卷第 4 章《论民主制》中的最后一段话："如果有一个神明底民族，他们便可以用民主制来治理。但是这样一种完美的政府并不适合于人类。"

理性为根据），而且正是凭借那些自私的爱好。因此，问题仅在于一个良好的国家组织（这的确是人底能力所能达到的），以使这些爱好底力量相互对立，故而一项爱好抑制或抵销另一项爱好底毁灭作用。是以对理性而言，这个结果使这两项爱好仿佛完全不存在，而人因此被迫成为一个好公民（纵然不是一个道德上的好人）。建国底问题不论听起来是多么艰难，甚至对于一个魔鬼底民族（只要他们有理智）也是可以解决的。这个问题是："要安排一群有理性者（他们为了其生存，均要求普遍的法律，但每个人却暗自想要豁免于这些法律），并且建立其宪法，使他们虽然在个人的存心中彼此对抗，但却相互抑制其存心，致使在其公开的举止中，其结果仿佛是他们并无这种邪恶的存心。"这样的一个问题必然是**可以解决的**。因为这项课题并不要求知道人在道德上的改善，而只要求知道：我们如何能利用自然对于人的机械作用，以便调整在一个民族中人底不和谐的存心之冲突，使得这些存心必然互相强迫对方去服从强制性法律，且因此产生和平状态（在这种状态中，法律有效力）。我们也能在实际存在但其组织仍极不完美的国家中见到这种情形：它们在外在举止上已经极接近法权底理念所规定者——尽管其原因确非道德底内在因素（同样的，我们不能由道德去指望良好的国家宪法，而不如反过来，由良好的国家宪法才能指望一个民族之良好的道德教化）——；因此，由于自私的爱好（它们甚至在外部也相互对抗），理性能使用自然底机械作用作
367 为一项手段，使它自己的目的（法律规范）有发展的余地，并且也借此（就国家本身之能力所及而言）促进并确保内在及外在的和平。所以，我们在此必须说：自然不可遏止地要求法权最后保持优势。而我们在此忽略而未做的，最后会自行进展（尽管有许

多麻烦)。“当我们把芦苇弯得太厉害时,它就折断;而谁要求太多,就无所要求。”(**布特威克**)[35]

2. 国际法底理念以许多相互独立的邻近国家之**分离**为条件;而且虽然这样一种状态本身已是一种战争状态(如果这些国家并无一个联合组织来防止敌对行为之爆发),但根据理性底理念,连这种状态也胜过由一个因过度膨胀而压倒其他国家并且逐渐形成一种普遍君主制的强权来融合这些国家。因为政府之规模越是扩大,法律失去的力量就越多,而在一种冷酷的独裁制铲除了“善”底根芽之后,最后却沦于无政府状态。然而,每个国家(或其元首)均盼望自己在可能的情况下统治整个世界,而以这种方式进入持续的和平状态。但**自然**却另有**意愿**。它利用两种手段来阻止各民族之混合,而将它们分开,此即**语言**与**宗教**之不同[36]。此两者之不同固然易于引起相互间的仇恨和战争底借口,但是当文化进步,而人类在原则方面逐渐接近较大的一致时,便导致在一种和平中的协同。这种协同之产生和保障,并非像那种(在自由底坟场中的)独裁制一样,靠削弱所有力量,而是靠在最热烈的竞争中所有力量之平衡。

---

35 【译注】布特威克(Friedrich Bouterwek,1766—1828)是德国哥廷根(Göttingen)大学哲学教授,也是业余的诗人。他根据康德哲学底观点建立“绝对的潜能主义”(absoluter Virtualismus),而主张:我们系在自己的意志中认识自己的实在性,在事物对我们的意志之抗拒中认识事物底实在性。这套理论以后影响到德国哲学家叔本华(Arthur Schopenhauer,1788—1860)。

36 **宗教之不同**:一个奇特的说法!就好像人们也谈到不同的道德一样。固然可能有不同 367
的**信仰方式**(它们是历史的手段,不属于宗教,而属于为促进宗教而使用的手段之历史,因而属于“学识”底范围),而且也可能有不同的**宗教经典**(阿维斯塔经、吠陀经、古兰经等)。但是只有一种对所有人、在所有时代均有效的**宗教**。因此,信仰方式可能仅包含宗教底资具,而这种资具可能是偶然的,并且依时代与地点之不同而转移。

368 3. 自然明智地将各民族分开，而每个国家底意志（甚至依国际法底理由）都情愿以诡计和武力将各民族统一在自己之下。在另一方面，自然也借相互的自利，将那些不会因国际法底概念之保障而免于暴行和战争的国家统一起来。这就是**商业精神**；这种精神与战争无法并存，而且迟早会席卷每个民族。盖由于在受国家权力支配的所有力量（手段）当中，**经济力量**可能是最可靠的力量，所以各国不得不（当然未必就是出于道德底动机）促进这种崇高的和平，而且不论世界上何处濒临战争之爆发，均靠斡旋来防止战争，仿佛它们为此而结为长期的联盟。因为依事物底本性，大军事集团极难得形成，而且更罕能成功。依此方式，自然透过在人类底爱好本身中的机械作用来保证永久和平——当然，带有一种担保，这种担保并不足以（在理论上）**预言**永久和平之未来，但是在实践方面却是足够的，并且使我们有义务努力去达成这项（不只是空想的）目的。

第二项附释　永久和平底秘密条款

在讨论公法时，一项秘密条款在客观方面（亦即就其内容来看）是个矛盾；但是在主观方面（亦即就提出这项条款的人底身份来判断），在这项条款中或许可以有一个秘密存在，因为这个人认为：公开宣称自己是这项条款之创制者，有损其尊严。

唯一的这类条款包含在以下的命题中：**为战争而武装的国家应当咨询哲学家为公共和平底可能性之条件所订的格律**（Maximen）。

但是，对一个国家底立法权威（我们当然得将最大的智慧归于它）而言，就它对其他国家的行为底原则求教于**属下**（哲学家），似乎是屈辱；不过，如此做却是十分明智之举。因此，国家将**要** 369
求哲学家**默然地**（故而它将此事当做一项秘密）**为之**。这等于说：它将**让**哲学家自由而公开地**谈论**用以从事战争与促成和平的普遍格律（因为只要无人禁止哲学家谈论这个问题，他们自然就会去谈论），而要使各国在这一点上彼此达成协议，它们之间也不需要为这项目的而有任何特殊的约定，而是这种协议已存在于普遍的（制定道德法则的）人类理性所要求的义务中。但这并不表示：国家必须承认哲学家底原则优先于法学家（国家权力底代理人）底裁决，而只表示：我们要**聆听**哲学家。法学家已把法律之**秤**另外还有正义之**剑**当做其象征。他通常使用正义之剑，并非例如只为了不让法律之秤受到任何外来的影响，而是当一个秤皿不愿下降时，也将这把剑放进去（“哀哉战败者！”）[37]。如果法学家不兼为哲学家（甚至就道德而言），他就会受到最大的诱惑去这么做；因为他的职责只是应用现存的法律，而非探讨这些法律本身是否需要改良。再者，由于他的学科底等级有权力相伴随（就像在另外两门学科中的情形一样）[38]，他把这个事实上较低的等级归入较高的等级中。在这个联合势力之下，哲学这门学科居于一个极低的阶序上。譬如，有人说：哲学是神学底**婢女**（对于另外两门学科亦是如此）。但我们不十分明白：“她究竟是在其夫人前面持着火炬，还是在其

---

37 【译注】原文作 vae victis，系高卢王布雷努斯之名言。请参阅本文注 20。

38 【译注】十八世纪的德国大学通常有四个学院，即神学院、法学院、医学院和哲学院。根据这项区分，神学、法学和医学被称为“高级学科”，哲学则被称为“低级学科”。因为前三门学科底目的在于为政府培养人才（教士、司法官和医生），而与政府底权力相结合；反之，哲学却无现实的目的，唯以自由思考为务。康德于 1798 年撰有《学科之争论》（*Der Streit der Fakultäten*）一书，重新阐释这些学科间应有的关系。

后面牵着拖裙呢？”

君王从事哲学思考，或者哲学家成为君王，这是不可遇亦不可求的；因为权力之占有必然会腐蚀理性之自由判断。但是，君王或君王般的（根据平等法则来自治的）民族不让哲学家底阶层消失或沉默，而让他们公开发言，这对于两者之了解其工作是不可或缺的。再者，由于这个阶层依其本性并无能力结党或组织俱乐部，他们无从事**宣传**的嫌疑。

370

附录

I. 就永久和平论道德与政治间的分歧

道德当做无条件地提出要求而我们**应当**依之而行为的法则之总合来看，它本身在客观意义下已是一种实践；而在我们承认这个义务概念有其权威之后，仍要说：我们不**能够**做到其要求，这显然是荒谬的。因为这样一来，这个概念就自然地从道德中被取消（没有人有义务去做超乎其能力之事）[39]。因此，在政治（作为实践的法权论）与道德（作为一种理论的法权论）之间不能有冲突，也就是说，在实践与理论之间不能有冲突。否则，我们得将道德理解为一种普遍的**明哲之道**（Klugheitslehre），亦即一种理论，它包含一些格律，来为我们谋利的意图选择最适当的手段；这就是说，我们根本否定有道德存在。

政治说：“**要机警如蛇**！”道德则补充一项限制条件说：“**且**

39 【译注】原文作 ultra posse nemo obligatur，是罗马法格言。

要真诚如鸽！”[40] 如果这两者无法在一项命令中并存，则在政治与道德之间实际上便有一种冲突。但如果这两者一定要统一起来，则关于两者底对立的想法便是荒谬的，而且“这种冲突要如何调停”根本就不能被当做一项课题提出来。尽管“**诚实是最佳的政策**”这个命题包含一种理论（可惜这种理论极常与实践相抵牾），但是“**诚实胜过所有政策**”这个同样具理论性的命题却绝对不容有任何异议，甚至是政治底必要条件。道德底守护神并不向朱彼特（权力底守护神）让步，因为朱彼特仍然受制于命运。这就是说，理性不够清明，无法综观预定的原因之系列，而这些原因使人根据自然底机械作用，由其所作所为确切地预告幸运的或不幸的结果(虽然他可以期望如其所愿)。但是理性在所有的场合下都使我们够清楚地了解：为了（按照智能底规则）留在义务底轨辙上，我们得做什么，因而使我们了解终极目的。

但是，实践家（对他而言，道德只是理论）无情地否定我们 371
善意的期望（即使他承认：我们**应当**而且**能够**这么做），其理由根本在于：他自命由人性预知，人绝不会意愿去做为实现“达到永久和平”这项目的而必须去做的事。当然，**所有个别的人**要在一个法律上的宪章之下依自由底原则生活的这项意愿（**所有人**底意志之**分割的**统一），并不足以促成这项目的，而是**所有人**得**共同**意愿这种状态才行（被联合起来的意志之**集合的**统一）。我们还得解决这项困难的课题，才能使公民社会成为一个整体。再者，在所有人底特殊意愿之这种歧异以外，还得另有一个将这些意愿联合起来的原因，以产生一个共同的意志，而这是其中任何一个人都

40 【译注】这两句话出自《新约·马太福音》第 10 章第 16 节。

办不到的。因此，我们（在实践中）**履行**那个理念时，除了**靠武力**之外，无法指望以其他方式开创法律状态；由于武力之强制，公法接着建立起来。当然，这种情况使人已预料到实际经验将与那个（理论中的）理念大不相符；因为我们在这种情况下反正很难将立法者底存心列入考虑，而相信：在乌合之众已联合成一个民族之后，立法者会任由这个民族凭其共同意志成立一种法律上的宪章。

这就是说：谁一旦有武力在手，就不会让人民为他制定法律。一个国家一旦得以摆脱所有外来的法律，则它在对抗其他国家以伸张自己的权利之方式上，就不会让自己受其判决之管辖。再者，当一个洲觉得自己优于另一个对它无妨碍的洲时，不会不利用手段攘夺甚或控制这个洲，以加强自己的力量，且因此将国家法、国际法及世界公民权底理论之一切计划化为空洞的、无法实现的理想。反之，一种以人性底经验原则为基础的实践（它并不耻于由世事底运行方式为其格律撷取教训）只能期望为其治术底系统求得一个坚实的基础。

372 当然，如果并无自由与以之为根据的道德法则存在，而是一切发生或能发生的事都只是自然底机械作用，那么政治（作为利用这种机械作用来管理人类的技巧）便是全部的实践智慧，而“法权”概念便是个空洞的思想。但如果我们认为绝对有必要将这个概念与政治相结合，甚至将它提升为政治底限制条件，我们就得承认这两者之可兼容性。如今，我固然能设想一个**道德的政治家**（亦即一个将治国底原则看成能与道德并存的人），但却无法设想一个**政治的道德家**（他编造出一套有助于政治家底利益的道德）。

道德的政治家将秉持以下的原则：一旦我们在国家宪法中或在国际关系中发现无法防止的缺陷时，我们（尤其是国家元首）

便有义务措意于如何能尽速改善这种宪法，使之合于在理性底理念中作为典范而呈现于我们眼前的自然法（即使这要牺牲我们的私利）。而今，在另有一种较好的宪章准备作为替代物之前，就毁坏国家组织或世界公民组织之联结，这违反一切在这种情况下与道德一致的治术。因此，要求立刻剧烈地修正上述的缺陷，固然是荒诞之举；但我们至少可要求掌权者最真挚地怀有这样一项修正底必要性之格律，以便始终不断地接近这项目的（在法律方面最好的宪章）。尽管一个国家就其现有的宪法而言，仍保有独裁的**统治力量**，它也可能已经以共和制来**治理**自己；直到人民逐渐有能力只被法律底权威之理念所影响（仿佛法律拥有自然的力量），且因此被认为善于自我立法（这种立法原本是以法权为根据）。纵使经过一场由坏宪法所引起的**革命**之狂暴，一种更合法的宪法以非法的方式被取得，在这种情况下使人民重新回到旧宪法，也不能再被视为容许之事（尽管在革命时，所有以暴力或诡计参与其事的人按理都将受到叛乱者应得的惩罚）。但就外在的国际关系而 373
言，只要一个国家有立刻被其他国家并吞的危险，我们就不能要求它放弃其宪法（纵然它是独裁的，但在对外敌的关系中却较有力）；因此，当它决意修正宪法时，延迟实施，以待较好的时机，必然也是容许的[41]。

---

41 让一种有所不公的公法底状态依然维持下去，直到一切情况已自然地成熟到可接受完 373
全的变革，或者借和平的手段使之接近于成熟，这是理性底许可法则。因为任何一种**法律上的**宪章纵然仅在极小的程度下是**合法的**，犹胜于完全没有宪章；而一场**仓促的**改革将遭遇到后一种命运（无政府状态底命运）。因此，在目前的事态下，政治智慧将把合于公法底理想的改革当做其义务，但却利用革命（当自然自动地引起革命时）作为自然底召唤，以便借彻底的改革来实现一种以自由底原则为根据的法律上的宪章（这是唯一经久不变的宪章），而不利用革命来粉饰一场更大的压迫。

因此，进行独裁统治的（在施政中犯错的）道德家可能经常违反治术（由于他们在仓促间所采取或支持的措施），但他们如此违反自然时，经验必然逐渐使他们走上一个较佳的轨道。反之，进行道德说教的政治家则粉饰违法的政治原则，借口人性无能力达到善（按照理性所规定的理念而言），而尽力**使**这种改善**成为不可能**，并且使法律持续受到侵犯。

这些长于治术的人舍去他们赖以自豪的实践，而玩弄**权术**；因为他们仅措意于讨好当前的统治力量（以免错失自己的私利），借此牺牲人民和（如果可能的话）全世界。他们有如那些闯入政治中的典型法学家（职业的而非**立法**的法学家）。因为既然他们的工作并非对立法本身作理性思考，而是执行国家法律底现行命令，故对他们而言，凡是现存的法律上的宪章必定是最好的，而当这套宪章被上级所修正时，下一套宪章便是最好的；这样一来，一
374 切都处于其适当的机械式秩序中。但假如这种能应付一切事情的技巧使他们产生一种幻觉，以为自己也能根据法权底概念（也就是说，先天地而非经验地）对一般而言的**国家宪法**底原则下判断；又假如他们自许认识**众人**（Menschen）（这的确是可以指望的，因为他们与许多人有关系），却不认识**人**（den Menschen）及其潜能（这需要人类学考察底一项更高观点），但配备了这些概念，便开始讨论理性所规定的国家法和国际法：在这种情况下，他们只能凭狡诈底精神跨越这一步，因为甚至当理性底概念想要为一种强制（唯有依自由底原则，这种强制才是合法的，而且由于这种强制，一种理当长久存在的国家宪法才成为可能）提出理由时，他们也因循其故习（按照以独裁方式制定的强制性法律所形成的一套体制）。自命的实践家不理会这个理念，以为能根据那些至今仍维持得最

好但泰半违法的国家宪章成立的经验，以经验方式来解决这项课题。他为此目的所使用的格律（尽管他不将它们张扬出去）约略归结为下列强辞夺理的格律：

1. 做了再说明理由（Fac et excusa）：抓住有利的时机，以便任意占有（国家对其人民或者对另一个邻国的一项权利）。**行动后**再说明理由，并且粉饰暴力（尤其是在前一种情况下，当国内的最高权力也就是立法当局，而我们得服从它，而不必对它作理性思考时），较诸事先想出可信服的理由，然后才等待其反对理由，更为容易而细致。这种厚颜无耻本身造成某种印象，好像当事人在内心里相信行为底合法性，而且这样一来，成功之神[42]就是最好的诉讼代理人。

2. 如果你做了，就否认（Si fecisti，nega）：对于你自己所犯
的罪（譬如，使你的人民因绝望而叛乱），否认这是**你的**错，而声
称：这是属下桀傲不驯之过，或者（当你攫取一个邻近的民族时）
甚至是人性之过；因为如果人不抢在他人之前使用暴力，他一定 375
能预期到：他人会抢先于他，并且攫取他自己。

3. 分而治之（Divide et impera）：这即是说：如果在你的人民当中，某些享有特权的首脑单单选择了你作他们的元首（同侪之首〔primus inter pares〕），你就离间他们，并且使他们与人民不和。你再支持人民，以更大的自由欺骗他们，那么一切将随你的无条件的意志而转移。如果事关其他的国家，在它们之间引起纷争便是一种极稳当的手段，可在“扶助弱者”底幌子下逐一使它们臣

42 【译注】拉丁文作 bonus eventus，原是古罗马的地方神祇，司理国家之兴衰，以后成为一般的成功之神。

服于你。

如今，诚然没有人被这些政治格律所欺骗，因为它们均已是众所周知的。但事实上，人们并不为这些格律感到羞愧，仿佛其不公正太过显而易见。盖列强从不因一般群众底评断而感到羞愧，而只会因其他强国而感到羞愧；但就这些原则而言，能使列强感到羞愧的，并非这些原则之暴露，而只是其**失灵**（因为对于格律底道德性，列强之间均有一致的看法）。所以，它们所保留的总是它们能信赖不疑的**政治荣誉**，即**其力量之扩充**（不论这种扩充是用什么办法取得）[43]。

※　※　※

从一套非道德的明哲之道底所有这些曲折（其目的在于从战争的自然状态产生人与人之间的和平状态）我们至少可知：人无
376 论在其私人关系还是在其公共关系中，都无法规避法权底概念，

---

375 43　纵然有人仍可能怀疑在一个国家中共同生活的**人**有某种根植于人性的邪恶，而似有几分道理地将这些人底心意之违法表现归因于一种仍不够进步的文化之缺陷（野蛮），但是在各**国**彼此的对外关系中，这种邪恶却完全无所遮掩且无可否认地显现出来。在每个国家内部，这种邪恶被国家法律底强制所掩盖，因为有一种更大的力量（即政府底力量）强烈地抵制公民间相互施暴的倾向，且因此不单是使全体染上一层道德的色彩（不成为原因的原因〔causae non causae〕），而是由于违法的倾向之发作受到阻挠，对法权
376 的直接敬畏底道德禀赋之发展实际上也变得容易多了。因为如今每个人均自信：只要他能预期其他每个人也都会照样去做，他就会尊重且恪守法权底概念；而在这个问题上，他由政府得到部分的保证。这样一来，他便向道德迈进了一大步（尽管还未步入道德底领域），甚至为了这个义务概念本身之故，不计回报地信守之。但由于每个人尽管对自己有好评，却假定其他所有人都有不良的存心，所以他们相互评断说：就**事实**而言，他们所有人都不太行（既然我们无法将这个现象归咎于作为一个自由存有者的人底**本性**，那么它何以会如此，可能仍无交代）。但既然连对法权底概念的敬畏（人绝对无法断绝这种敬畏）也最郑重地认可“人有能力契合于法权底概念”的理论，则每个人均了解：他本身必须依照法权底概念行事，而不管别人怎么做。

也不敢公然使政治仅基于明哲底技巧，因而完全拒绝遵从公法底概念（这在国际法底概念中特别显著），而是让这个概念本身享有一切应有的尊敬（纵使他们可能想出无数的借口与饰词，以便在实践中回避这个概念，并且为狡诈的权力捏造一种可作为一切法权底根源与统合的权威）。为了终止这种诡辩（纵使不终止靠它来粉饰的不公正），并且使地球上的强权底虚假**代言人**承认：他们所支持的（用一种口吻，仿佛他们自己在这个场合可以发号施令），并非法权，而是权力，我们应当揭穿人们用来欺骗自己和别人的假象，找出永久和平底目标所依据的最高原则，并且指出：阻碍永久和平的一切罪恶之产生，系由于政治的道德家从道德的政治家理当终止之处出发，且因为他使其原则从属于目的（亦即将马套在车后），而破坏他自己想要使政治和道德一致的目标。

为了使实践哲学自相一致，我们有必要先决定这个问题：在
实践理性底课题中，我们必须从实践理性底**实质原则**（作为意念 377
底对象的**目的**）开始，还是从其**形式**原则开始？这项形式原则仅以外在关系中的自由为根据，而且表示：你可以意愿你的格律应成为一项普遍法则（不管你的目的是什么）！

毫无疑问，后一项原则必须在先，因为它是法权底原则，具有无条件的必然性；反之，前一项原则唯有在预定目的底经验条件（即这项目的之实现）之预设下才有强制性，而且如果这项目的（例如永久和平）也是义务，这项目的本身就得由外在行为底格律之形式原则被推衍出来。如今，第一项原则——**政治的道德家**底原则（国家法、国际法和世界公民权底问题）——只是个**技术课题**（problema technicum）。反之，第二项原则是**道德的政治家**底原则；对他而言，促成永久和平（如今我们不仅把它当做自然

之善，而是也把它当做一种因义务得到承认而产生的状态来期望）是个**道德课题**（problema morale），在处理方式上与另一项原则有天壤之别。

要解决第一个问题（治术问题），需要有许多关于自然的知识，以便利用自然底机械作用来达到所怀的目的；但这一切知识，就其对永久和平的成效而言，都是不确定的（不论就公法底三个部分中的哪一个部分来说）。到底是凭严厉的手段还是以虚荣为诱饵，凭单独一人之无上权力还是凭若干首脑之联合，或许甚至仅凭一个职务贵族还是凭国内人民底强制力，较能使人民长期保持服从，且同时保持繁荣，这是不确定的。关于所有的治理方式（唯一的例外是真正的共和制，但只有一个道德的政治家才会想到共和制），我们在历史上都有彼此相反的例证。更不确定的是一种据称依内阁部会底计划、根据规章而成立的**国际法**；事实上，这种国际法只是一句空话，而且其所依据的条约就在缔约底行动中同时包含违约底秘密保留。反之，第二个问题（即**政治智慧底问题**）之解决可说是水到渠成；其解决对每个人都是明白易晓的，并且使一
378 切虚矫均销声匿迹，而直接通往目的。但我们在此要记住一项明哲之见：不要急切地用暴力强求这项目的，而要顺着有利的情势不断地接近它。

然则，我们可以说："先追求纯粹实践理性底王国及其**正义**，那么你的目的（永久和平之福）将自然地归于你。"因为就公法底原则而言（因而关联着一种可先天地认识的政治来说），道德本身具有以下的特性：它越少使行为依待于所预定的目的，即所欲求的好处（不论是自然的还是道德的），它反而大体上越是与这项目的相吻合。这是由于唯一决定什么是在人际之间合乎法权之事的，

正是（在一个民族中或者在各个民族底相互关系中）先天地形成的普遍意志。但只要所有人底意志之这种统合将在践履中一贯地进行，它也能同时依自然底机械作用成为一种原因，产生所企求的结果，并且使法权底概念产生效果。例如，道德的政治有一项原则：一个民族应当根据仅有的“法权”概念（自由与平等底概念）组成一个国家；而这项原则并非基于明哲，而是基于义务。在另一方面，无论政治的道德家为一个进入社会中的人群底自然机械作用（这种机械作用使上述的原则失效，并且将使其目标破灭）提出多少诡辩，甚或试图借拙劣地组织的古代与近代宪法之例（譬如，无代议制的民主政体）来证明他们的相反主张，他们的话均不值得一听。尤其这样一种有害的理论本身可能产生它所预见的恶；这种理论把人和其余有生命的机器归于一类，而这些机器只要还能意识到自己不是自由的存有者，就会使它们在其自己的评断中成为世界上最可怜的东西。

有一句像谚语般流传的话听起来有点大言炎炎，但却有真实性：*Fiat justitia, pereat mundus*；它的意思是说：“纵使届时世界上所有的恶棍全都会死光，也要让正义伸张。”[44] 这是一项坚强的法权
原则，阻绝一切由奸诈和暴力所指示的不当途径。但是这项原则 379
不可被误解，譬如被误解为“以最严格的方式来行使我们自己的权利”之许可（这将与伦理义务相抵牾），而是被理解为掌权者底一项责任，即不因不满或同情其他人而否定或缩小任何人底权利。首先，这需要一套依法权底纯粹原则而设立的国内宪章，但也需

44 【译注】这句话当直译为：纵使世界毁灭，也要让正义伸张。据说，这是德意志皇帝斐迪南一世（1503—1564）之座右铭。

要使这个国家与其他邻近的甚或远处的国家联合起来的宪章，以便依法调解其争执（这类似于一个普世的国家）。这句话不外乎表示：政治的格律不能以每个国家因遵循它们而可期待的福祉和幸福为出发点，亦即不能将每个国家定为其对象的目的（意欲）当做政治智慧底最高的（但却是经验的）原则，而以之为出发点，而是必须以法律义务底纯粹概念（即纯粹理性先天地规定的原则所涵之“应当”）为出发点，而不管这会产生什么自然的结果。世界绝不会因坏人减少而毁灭。道德上的“恶”具有一项与其本性不可分离的特性，即是：就其目标而言（尤其是在对其他有相同存心者的关系中），它与自己相抵牾，且毁灭自己，并因此让位于“善”底（道德）原则（纵然是经由缓慢的进步）。

※ ※ ※

因此，**在客观方面**（在理论中），道德与政治之间绝无冲突。反之，**在主观方面**——在人底自私性癖中（但由于这种性癖并非基于理性底格律，它仍不能被称为“实践”）——冲突将会而且可能始终存在，因为冲突系充当德行底磨刀石。按照“你不要对灾祸屈服，而要更勇敢地迎向它”[45]这项原则，在目前的情况下，德行底真正勇气不在于以坚定的决心反抗在此必须承受的灾祸和牺牲，而在于正视我们自己心中更加危险得多的邪恶原则（这项原则是欺骗而阴险的，但却是诡辩的，它以人性之弱点为借口，来为一切逾矩之行辩护），并且克制其奸诈。

---

45 【译注】原文作 tu ne cede malis, sed contra audentior ito。这是康德本人很喜欢的一句格言，语出维吉尔底《埃涅阿斯纪》（VI, 95）。

事实上，政治的道德家可能说：当君主和人民或者人民和人
民以暴力或诡计相互攻击时，他们并未不公地**相互**对待——纵然 380
就他们完全不尊重法权底概念（只有这个概念能使永久和平成立）
而言，他们的作为毕竟是不公的。盖由于一方违犯他对另一方的
义务，而对方也正好对他采取违法的态度，则在这种情况下，如
果双方相互消灭，但这个种族依然残余足够的人，让这场游戏持
续极久，以便后代子孙将来把他们当做前车之鉴，那么他们双方
合该有此**遭遇**。在这种情况下，神意在宇宙底进程中是公正的；
因为在人心中的道德原则从未消灭，而且理性（它在实用方面善
于根据这项原则实现合乎法权的理念）也因文化之不断进步而成
长，但违犯这些理念的罪咎也随之成长。然而，如果我们假定：
人类绝不会也无法处于更好的情况，则“这样一类堕落的存有者
毕竟该在地球上被创造”一事，似乎无法以任何神义论（Theodicee）
来辩解。但这项判断所依据的观点对我们而言是太高远了，以致
我们无法在理论方面将我们（对于智慧）的概念加诸我们无以究
诘的至高力量之上。如果我们不假定：法权底纯粹原则具有客观
实在性，也就是说，这些原则可以实现，我们必然被逼出这类绝
望的结论；而且不管经验的政治提出什么反对理由，国家中的人民、
进而各国彼此之间必须依此而行。因此，真正的政治若不先尊重
道德，就无法有任何进展。再者，虽然政治本身是一项困难的技
巧，但是政治与道德之统合绝非一项技巧；因为一旦两者相互冲
突，道德就斩断政治无法解开的结。不论统治权会蒙受多大的牺牲，
人权都得被视为神圣的。我们在此不可取其中，而想出一种在实
用方面有条件的法权当做居间之物（居于法权和利益之间）；而是
一切政治必须臣服于法权，但可因此期望达到一个阶段（尽管缓

慢地)，此时政治将发出持久的光辉。

附录

381 II．依公法底先验概念论政治与道德之一致

如果我像法学家底通常想法一样，抽去公法底所有**质料**（就国家中的人甚或各国彼此间在经验中形成的各种关系而言)，则留给我的还有**公开性**（Publizität）**底形式**。每一项合法要求本身均包含这种形式底可能性，因为若无这种形式，就不会有正义（它只能被设想为**可公开宣告的**)，因而也不会有法权（它只能来自正义)。

每一项合法要求均须有这种可公开性。因此，既然我们极容易判断：在一个特定的事例中是否有这种可公开性，也就是说，这种可公开性是否能与行动者底原则相合，那么，这种可公开性能提供一项简易可行且可在理性中先天地发现的判准，使人在不具有这种公开性的事例中，仿佛借一项纯粹理性底实验立刻看出上述的要求（法律要求〔praetensio juris〕）之虚妄性（违法性)。

如此抽去国家法和国际法底概念所包含的一切经验成分（也抽去人性底邪恶成分，这种成分使强制成为必要）之后，我们可将以下的命题称为公法底**先验程序**（die transcendentale Formel des öffentlichen Rechts）：

> 凡牵涉到其他人底权利的行为，其格律与公开性相抵牾者，均是不正当的。

这项原则不仅可被视为**伦理的**（属于德行论)，而是也可被视

为**法律的**(涉及人权)。因为假定有一项格律,我无法将它**张扬**出去,而不因此同时破坏我自己的目标;如果这项格律要应验,它就得完全被**隐瞒**起来;且如果我**公开表明**奉行这项格律,这必然会使所有人抗拒我的意图。在这种情况下,这项格律之所以会引起所有人对于我的这种必然而普遍的因而可先天地理解的反应,不外乎由于它借以威胁每个人的那种不公正。再者,这项原则只是**消极的**,也就是说,它只是一种方法,借以认识什么是对他人**不公**
的事。它有如一项公理,是确实而无法证明的,而且也是易于应 382
用的;这可见诸公法底下列实例。

1. **就国家法**(ius civitatis)——即国内法——**而言**,其中有一个问题发生;这个问题许多人视为难以回答,却极易借公开性底先验原则来解决。这个问题即是:"对一个民族而言,叛乱是否一种合法的手段,以摆脱一个所谓的暴君(并非依头衔,而是依行事言之)之压迫力量?"人民底权利受到了伤害,而且他(暴君)之被罢黜对他并无不公;这点毫无疑问。尽管如此,属下以这种方式追求其权利,仍有极大程度的不公;而如果他们在这场斗争中失败,且因此后来须受到最严厉的惩罚,他们也不能因不公正而抱怨。

在这个问题上,如果我们想借法律根据底独断推证作个决定,正反双方均可提出许多理由来论证;然而,公法底公开性之先验原则却能省去这种烦琐。根据这项原则,人民在社会契约成立之前自问:他们是否敢于将"他们有意偶尔发动暴乱"的格律公之于众呢?我们不难看出:如果我们在建立一部国家宪法时,想使"在某些情况下对元首施加暴力"成为一项条件,人民就得自许对其元首有一种合法的权力。但这样一来,元首就不成其为元首了。

否则，如果这两者[46]均要成为建国底条件，建国将是绝无可能之事，而这却是人民底目标。因此，叛乱之不公显而易见，因为如果我们**公开表明**奉行其格律，这项格律将使我们自己的目标成为不可能。所以，我们必须隐瞒这项格律。但是在国家元首这方面，这种隐瞒正好是不必要的。他可以坦白说出：他将处死首谋者，以惩罚一切叛乱——尽管这些首谋者认为：他本身先违犯了基本法律。因为如果他意识到自己拥有**不可抗拒的**最高权力（我们甚至得在每一部公民宪法中假定这一点，因为凡是不具有足够的力量以保护人民中的每个人不受他人之侵犯者，也没有权利对人民下
383 命令），他就不必担心其格律之公开会破坏他自己的目标。这一点也与以下的论点极为吻合：如果人民底叛乱成功，这个元首就得退居于属下底地位，而且不可发动复辟，但亦不必恐惧因其过去的施政而被追究责任。

2. **就国际法而言**：唯有在某种法律状态之先决条件（亦即那些使人类实际上能享有一项权利的外在条件）下，才有国际法可言。因为国际法是一种公法，在其概念中已包含一种为每个人决定其应有权益的普遍意志之宣示；而且这种法律状态（status juridicus）必须由某种契约而来，而这种契约并不可（像是产生一个国家的契约）以强制性法律为根据，而至多也只能是一项**持久的自由**联合之契约，就像上文所提到的各国底联盟关系之契约。因为若无任何一种将不同人格（自然的或道德的）积极地结合起来的**法律状态**（亦即，在自然状态中），便只能有私法存在。在此，政治与道德（道德被视为法权论）间也出现一项冲突。在这种情况

46 【译注】此系指“在某些情况下对元首施加暴力”及“元首成其为元首”这两项条件。

下，我们也能轻易地应用格律底公开性之判准；但是契约将国家结合起来，只是为了在它们相互之间并且在它们与其他国家底关系之中维持和平，而绝非为了占取。以下是政治与道德间的背反（Antinomie）之例，同时附有其解决之道。

a）“如果这些国家之一对另一个国家有所承诺（不论是支持或割让某些土地，还是赠款，诸如此类），它自问：它是否可在一个事关国家福祉的情况下不遵守其诺言？因为它愿意被看成有双重人格，一方面作为**主权体**，而在其国内不对任何人负责，但在另一方面只作为最高的**政府官员**，而得对国家有交代；由此得出的结论是：它以第一种身份所承受的责任，它将以第二种身份解除之。”但如果一个国家（或其元首）让它这项格律张扬出去，其他每个国家自然会避开它，不然就会与其他国家联合起来，以抵 384
制其狂妄。这证明：在这个（坦率底）立足点上，政治不论如何狡猾，必然自己破坏其目的；因此，这项格律必然是不正当的。

b）“如果一个邻近的势力膨胀到可怕的程度（恐怖的势力〔potentia tremenda〕），而引起忧虑，我们能否假定：由于它**能够**做到，它也将**有意**进行压迫，而这使力量较小的势力取得一项对它展开（联合）攻击的权利（纵然它未先冒犯这些势力）？”一个国家若是要**宣告**自己赞同这项格律，只会更确切且更快地招来灾祸。因为这个较大的势力将抢先于那些较小的势力而采取行动；至于后者之联合，对懂得利用“分而制之”之术者，只不过是一根脆弱的芦苇秆而已。这项治术底格律若经公开宣告，必然破坏它自己的目标，且因此是不正当的。

c）“如果一个较小的国家因其位置而隔断一个较大的国家之连贯，而这种连贯对于后者之生存却是必要的，则后者是否有权征服前者，并且兼并之？”我们不难看出：这个较大的国家必然不会先让这样一项格律张扬出去；因为这样一来，若非较小的国家将及早联合起来，就是其他势力将为这项猎物而争执。所以，这项格律因被公开而成为不可行。这显示：这项格律是不正当的，而且甚至可能是极度不正当的；因为不公正所涉及的对象尽管很小，其中所显示的不公正仍可能极大。

3. **至于世界公民权**，我在此略过不谈，因为既然它与国际法相类似，我们不难提出其格律，并加以评价。

※ ※ ※

我们在此诚然把“国际法底格律与公开性不兼容”的原则当做政治与道德（作为法权论）底**不相合**之一项恰当标记。但如今我们还需要知道：使政治底格律与国际法相合的条件究竟为何？
385 因为我们不能反过来推论说：凡是容许公开的格律，也就是公正的；因为拥有决定性优势者不必隐瞒其格律。一般而言的国际法底可能性之条件是：先有一种**法律状态**存在。因为没有这种状态，就没有公法，而我们在这种状态之外（在自然状态中）可能设想的一切法律均只是私法。我们在上文已见到：各国底联盟状态（其目标仅在于消弭战争）是唯一可与其**自由**相协调的**法律**状态。因此，政治和道德只有在一种联盟（故这种联盟系依据法权底原则先天地被规定，而且是必然的）中才可能一致，而一切治术底法律基础在于依最大可能的规模建立这种联盟；若无这项目的，治术底一切心计均是无知与被掩饰的不公正。而今，这种假政治有其“**个案鉴别法**”，足以应付最好的耶稣会学者。它有“秘密的保留”（reservatio mentalis）：在草拟公开条约时所使用的措辞，我们有时可以随己意作有利于我们的解释（譬如“事实底现状”与“权利底现状”之区别）。它也有“或然论”[47]：精心编派他人底邪恶意图，或者甚至将其可能的优势之或然性当做法律根据，来危害其他和平的国家。最后，它还有“哲学的过失”（小过失、小事情）：如果并吞一个**小**国使一个**大得**多的国家能赢得更大的假想的公共福祉，则视之为一桩可轻易宽恕的小事[48]。

政治在道德方面的表里不一（即利用道德底某个分支来达成其目标）助长这种做法。对人类之爱与对人底**权利**之尊重这两者均是义务；但前者只是**有条件的**义务，而后者却是**无条件的**、提出绝对要求的义务。想要沉浸于行善底甜美感受者，必须先完全
确定自己并未违犯这种无条件的义务。政治不难赞同第一种意义 386
的道德（作为伦理学），将人底权利交付给其首长。但是对于第二种意义的道德（作为法权论）——政治必须屈从于它——，政治却认为：完全不涉入契约，而宁可否定这种意义的道德底一切实

---

47 【译注】“或然论”即 Probabilismus，此处系指耶稣会在其个案鉴别法中所提出的一项道德原则。根据这项原则，当一个行为并不直接为道德法则所禁止，而我们对其可容许性有疑虑时，只要有内在理由或外在理由（譬如杰出神学家底权威）支持某种意见底或然性，我们便可依从之（纵然相反的意见有更大的或然性）。

48 我们可在枢密官加尔维先生底论文《论道德与政治之联结》（1788）中见到这类格律底 385
例证。这位可敬的学者一开始就承认无法为这个问题提出一项令人满意的答案。但是赞同这种联结，却承认无法完全排除它所遭到的异议，这似乎对于极易滥用它的人太过迁就，而超过了可以同意的适当范围。

【译者按】加尔维（Christian Garve，1742—1798）是德国莱比锡大学哲学教授，也是德国“通俗哲学”（Populärphilosophie）之代表人物。此论文底全名为：《论道德与政治之联结，亦即对于“在治理国家时遵守私人生活底道德的可能性有多少”这个问题的若干探讨》（*Abhandlung über die Verbindung der Moral mit der Politik oder einige Betrachtungen über die Frage, inwiefern es möglich sei, die Moral des Privatlebens bei der Regierung der Staaten zu beobachten*）（Breslau 1788）。加尔维在这篇论文底开头（§1）写道：“对于这个问题的一项令人满意的答案超乎我的理解能力。”

在性，并且将一切义务均解释成纯然的仁慈，是恰当的做法。但只要一套鬼蜮政治敢于让哲学家公开他的格律，哲学就不难借着公开这套政治底格律而破坏其上述的诡计。

就这方面而言，我提出公法底另一项积极的先验原则，其程序如下：

> 凡是**需要**公开，才不致错失其目的的格律，均与法权和政治协调一致。

因为只要这些格律能借着公开化而达到其目的，它们必然合乎公众底普遍目的（幸福），而政治底真正任务就在于与这项目的相协调（使公众满足于其处境）。但如果这项目的**唯有**借由公开化（亦即借由消除对其格律的一切不信任）才能达成，则其格律必然也与公众底法权相一致；因为只有在这种法权中，所有人底目的才有可能统一。我得等待另一个机会，再对这项原则作进一步的论述和阐释。不过，由于我们在此去除了一切作为法则底质料的经验条件（幸福论），而仅考虑普遍合法则性底形式，可见这是个先验的程序。

※ ※ ※

如果使公法底状态实现（尽管是在无穷的进步中接近之）是一项义务，而且我们也有理由期望其实现，那么随着至今被误称的和约缔结（其实是停火）而来的**永久和平**并非空洞的理念，而是一项任务——这项任务逐渐得到解决时，便不断接近其目标，因为产生同等进步的时间可望会越来越短。

重提的问题：
人类是否不断地趋向于更佳的境地？

译者识

本文于1798年首度作为《学科之争论》（*Der Streit der Fakultäten*）一书底第二章而发表。此书共有三章，分别讨论当时德国大学里的“低级学科”（即哲学）与三门“高级学科”（即神学、法学与医学）之关系。“高级学科”与“低级学科”之区别在于：前者系针对特定的公共职务（教士、司法官、医生）而设，后者则否。康德在《答“何谓启蒙？”之问题》一文中曾论及理性之“公开运用”与“私自运用”：前者是指“某人**以学者底身份**面对**读者世界**底全体公众就其理性所作的运用”，后者则是指“他在某一个委任于他的**公共的**职位或职务上可能就其理性所作的运用”（*KGS*, Bd. 8, S. 37）。康德又指出：“其理性底**公开**运用必须始终是自由的，而且唯有这种运用能在人类之中实现启蒙；但理性之**私自运用**往往可严加限制，却不致因此特别妨碍启蒙底进展。”（同上）借用这种说法，我们可以说：三门“高级学科”属于理性之“私自运用”，应受到特定职务功能之限制；哲学则属于理性之“公开运用”，不应受到此类的限制。在这个意义下，哲学对于三门“高级学科”具有批判的功能。

《学科之争论》一书之三章原先是三篇独立的论文。第一章题为《哲学与神学之争论》，据佛兰德尔（Karl Vorländer）底考证，当写于1793年12月13日与次年10月12日之间[1]。但由于未通过普鲁士政府之出版审查，此文未能独立发表。第二章题为《哲学与法学之争论》，原先以本文底标题为论文标题，收入《学科之争论》一书后，本文底标题成为副标题。它于1797年10月23日已经以单篇论文之形式由《柏林月刊》（*Berlinische Monatsschrift*）主编毕斯特（Johann Erich Biester）送到柏林审查，但亦未能发表。第三章题为《哲学与医学之争论》，原先的标题为《论心灵单凭决心而主宰其病态情感的能力》，收入《学科之争论》一书后，此标题成为副标题。此文写于1797年，原系为响应耶拿（Jena）大学教授胡菲蓝（Christoph Wilhelm Hufeland）底《延年术》（*Makrobiotik oder die Kunst, das menschliche Leben zu verlängern*）一书而作。它最初于1798年以单篇论文底形式刊登于胡菲蓝主编的《实用药物学与外科杂志》（*Journal der practischen Arzneykunde und Wundarzneykunst*, Jena）第5卷第4期，页701—751。同年，该文有单行本（Jena: Akademische Buchhandlung）问世。

---

1 关于此书之成书及其各章之撰写经过，佛兰德尔在他为此书所撰写的《导论》中有详细的考证，见 *KGS*, Bd. 7, S. 337-343。译者之说明主要以此为据。

这三篇在不同时间分别撰成的论文首度于1798年以专书形式出版（Königsberg: Friedrich Nicolovius），并且冠以《学科之争论》底标题。本译文系根据普鲁士皇家科学院底《康德全集》译出（第7册，页77—94）。

79 1．我们在此想要知道什么？

我们期望有一部人类史，而这并非关于过去却是关于未来的人类史，亦即一部**预测的**（vorhersagende）人类史。如果这种人类史并非依据已知的自然法则（如日蚀和月蚀）而进行，我们便称之为**预言的**（wahrsagend）而却自然的；但如果这种人类史只能得自借超自然的方式来传达并扩大对未来的先见，我们便称之为**先知的**（weissagend；prophetisch）[2]。再者，如果问题是：**人类**（大体上）是否不断地趋向于更佳的境地？这里所涉及的也不是人底自然史（例如，未来是否会形成新的人种？），而是**道德史**，并且不是依据**种属概念**（singulorum），而是依据在地球上结合成社会、分散为部族的人底**整体**（universorum）[3]。

2．我们如何能够知道它？

作为对于即将在未来发生的事情之预言性的历史叙述，亦即，作为对于将会发生的事件之一种先天（a priori）可能的阐述。但是，

---

79 2 从皮提亚直到吉卜赛女郎，凡是擅自从事预言（无知识或真诚而为之）者，便说是：他**预卜**（wahrsagert）。

【译者按】皮提亚（Pythia）是为古希腊德尔斐（Delphi）的阿波罗神殿传达神谕的女祭司。康德在此将“预言”（wahrsagen）与“预卜”（wahrsagern）加以区别，故皮提亚之类的预言显然不属于他所谓的“预言的而却自然的人类史”。所谓“先知的人类史”，我们可以举《新约 · 启示录》中关于末日及最后审判之说为例。

3 【译注】这里所谓“不是依据种属概念，而是依据〔……〕人底整体”而撰写的道德史，便是康德在《在世界公民底观点下的普遍历史之理念》一文中所说的“普遍历史”。这种道德史正是属于上文所说的“预言的而却自然的人类史”。在此，“自然的”一词意谓“可借理性去把握的”，犹如“自然的宗教”（相对于“启示的宗教”）一词之所示。

一部历史如何先天地可能呢？答案是：如果预言者自己**造成**并且 80
安排了他事先宣告的事件。

犹太先知曾巧妙地预告：他们的国家迟早会面临不但是衰败，而且是完全解体；因为他们自己就是他们这种命运底肇始者。身为其民族底领导者，他们为自己的宪法加上了如此多教会的及由之而来的公民的重担，以致他们的国家变得完全不适于单独存在，尤其不适于与邻近的民族共存，且因此其祭司底哀歌[4]必然会枉自在空中逐渐消逝；因为这些祭司一意孤行地坚持一套他们自定义的、无法成立的宪法，且因此他们自己就能准确无误地预见其结局。

我们的政治家，在其影响所及的范围内，正是这么做，而且在预言时也正好如此幸运。他们说：我们必须按照人实际的样子来看待他们，而非按照不通世事的学究或善心的空想家梦想他们应该成为的样子来看待他们。但是，“**他们实际的样子**”当是意谓：我们借由不公正的强制、借由为政府所利用的奸诈阴谋**已**将他们**造成**的样子，亦即顽固而反抗成性；在此情况下，当政府稍微放松控制时，当然就会出现可悲的结果，而这些结果证实那些号称聪明的政治家之预言。

教士有时也预告宗教之完全没落，以及反基督者之即将出现[5]，在此当儿，他们正好在做为导致宗教之完全没落而必要做的事。因为他们无意让其教徒将直接导向改善的道德原则放在心中，而是使间接造成改善的戒规和历史信仰成为根本的义务；由此固然能产生像在一个公民宪法中的那种机械的一致性，但是无法产生

4 【译注】指《旧约·杰里迈亚哀歌》。

5 【译注】反基督者（Antichrist）：参阅《万物之终结》注 33。

道德存心中的一致性[6]。这时他们却抱怨人们不信宗教，而这是他们自己所造成的；因此，即使他们不具有特殊的预言天赋，也能预告此事。

81 3．我们想对未来预知的事物底概念之区分

预示所能包括的情形有三种：人类在其道德的分命上，或是持续向更坏的境地**倒退**，或是不断地向更佳的境地**前进**，或者永远**停滞**于他们在宇宙万物中的道德价值之目前阶段（这与永远环绕同一点而旋转是一回事）。

第一种主张我们可称为道德的**恐怖主义**，**第二种**可称为**幸福主义**[7]（若从广阔的远景来看进步底目标，这也可称为千年至福论[8]），**第三种**则可称为**阿布德拉主义**[9]。因为既然在道德领域中，真

---

6 【译注】康德在《论永久和平》中写道："建国底问题不论听起来是多么艰难，甚至对于一个魔鬼底民族（只要他们有理智）也是可以解决的。这个问题是：'要安排一群有理性者（他们为了其生存，均要求共通的法律，但每个人却暗自想要豁免于这些法律），并且建立其宪法，使他们虽然在个人的存心中彼此对抗，但却相互抑制其存心，致使在其公开的举止中，其结果仿佛是他们并无这种邪恶的存心。'这样的一个问题必然是**可以解决的**。因为这项课题并不要求知道人类在道德上的改善，而只要求知道：我们如何能利用自然在人类中的机械作用，以便调整在一个民族中人类不和谐的存心之冲突，使得这些存心必然互相强迫对方去服从强制性法律，且因此产生和平状态（在这种状态中，法律有效力）。"（*KGS*, Bd. , S. 366）

7 【译注】"幸福主义"（Eudämonismus）是一种伦理学观点，主张人类底活动以追求"幸福"（Euämonie）为终极目标；此一观点以亚里士多德为主要代表。

8 【译注】"千年至福论"（Chiliasmus）：参阅《在世界公民底观点下的普遍历史之理念》注 10。

9 【译注】阿布德拉主义（Abderitismus）：阿布德拉（Abdera）是古希腊原子论者德谟克利特（Demokrit, 460—371 B.C.）底家乡。传说阿布德拉底空气使人愚蠢，故"阿布德拉人"（Abderit）一词被引申为"愚人"之意。康德同时代的德国作家维兰德（Christian Martin Wieland，1733—1813）曾撰有小说《阿布德拉人底故事》（*Die Geschichte der Abderiten*，1774），将他的家乡比贝拉赫（Biberach）比拟为阿布德拉，以讽刺人类底愚蠢。

正的停滞是不可能的，则不断更迭的上升与同样频繁且严重的下坠（宛如一种永恒的摆荡）所造成的，不过是仿佛主体停留在同一位置上且在停滞状态中。

a. 论对于人类历史之恐怖主义的表述方式

在人类，向更坏的境地沉沦是无法始终持续下去的；因为沉沦到某一程度，人类就会将自己消磨殆尽。因此，累积如山的重大暴行及与之相称的祸害增长时，人们就说：如今不能再更坏了，末日即将来临，而虔诚的幻想家如今已在梦想万物之重返与一个换新的世界了——在世界于火中毁灭之后。

b. 论对于人类历史之幸福主义的表述方式

在我们的禀赋中成为本性的“善”与“恶”之总量始终保持
不变，而且在同一个体当中不会增减，这点总是可以承认的。然则， 82
在禀赋中的“善”底此种分量又如何能增加呢？——既然这种增加必须透过主体底自由而发生，而为此目的，主体又需要比它过去所拥有的还要大的“善”底资源。结果无法超出致动因底能力；且因此在人之中与“恶”相混杂的“善”之分量也无法超出“善”底一定额度，而超出了此一额度，人才能努力向上，且因而也一直朝向更佳的境地而前进。因此，幸福主义连同其乐观的期望似乎是靠不住的，而且对于一部先知的人类史（它预示人类会在“善”底道路上持续不断地前进）而言，似乎也帮助不大。

c. 论为预先决定人类史而提出的关于人类的阿布德拉主义之假说

这种意见可能会获得多数人之赞同。忙碌的愚蠢是我们人类底性格：迅速步上“善”底道路，却不坚持走下去，而是为了不受单一的目的所束缚，即使只是基于轮替之故，也要翻转前进底计划——建设是为了能够拆除，并且让自己承担毫无希望的努力，将西西弗斯底石头推上山，以便让它再滚下来[10]。故于此，在人类底自然禀赋中，“恶”底原则似乎并不与“善”底原则相混合（融合），而毋宁似乎是一者为另一者所中和，其结果将是无所作为（在此称为“停滞”）。这是一场白忙，让“善”与“恶”轮流前进与倒退，以致我们人类在地球上相互交往的这整出戏必须被视为一出纯然的闹剧。在理性底眼中，此一事态能够为人类取得的价值，并不大于其他种属底动物所具有的价值，而这些种属能以更小的代价，而且不费脑筋地演出这出闹剧。

83　4．进步底课题无法直接借经验来解决

如果我们发现：人类就整体来看，已经在一段不管多长的时间里向前行进，并且在进步之中，但无人能保证：人类倒退底时代不会由于我们人类底自然禀赋，就在此刻出现。反之，如果人类倒退而行，并且以加速的下坠趋向于更坏的境地，我们也不可

10 【译注】参阅《论俗语所谓》注 36。

沮丧，认为转折点（punctum flexus contrarii[11]）不会就在这里出现——由于在我们人类之内的道德禀赋，其行程再度转向更佳的境地。因为我们所涉及的是自由的行动者；他们**应当**做什么事，固然能事先**规定**，但是他们**将会**做什么，却无法**预言**。而当事情变得极糟时，他们由于感受到他们加诸自己的祸害，懂得采取一种强化的动机，要使事情变得比先前的状态还要好。然而，（柯叶院长说：）“可怜的有死之人！在你们当中，除了反复无常之外，没有任何恒常的东西！”[12]

或许这也是由于我们在看待人类事务底进程观点上作了错误的选择，而使这个进程在我们看来是如此荒谬。从地球上看来，诸行星时而后退，时而停止，时而前进。但若从太阳底观点来看（唯有理性才能做到这点），根据哥白尼底假说，它们始终有规律地在前进。但有些在其他方面并非无知的人却喜欢固执于他们说明现象的方式，以及他们曾采取过的观点——纵使他们在这方面会纠缠于第谷之圆与周转[13]，而至于荒谬的地步。但不幸的正是：当问题牵涉到对自由行为的预测时，我们无法采取这项观点。因为这是**神意**（Vorsehung）底观点，而它超出人底一切智慧。神意也延伸到人底**自由**行为上面。人固然能见到这些行为，但却无法确切地**预见**它们（在上帝眼中，这其间并无任何区别）；因为他要预见 84
这些行为，就需要有合乎自然法则的关联，但对未来的**自由**行为，

11 【译注】这是德文“转折点”（Umwendungspunkt）一词底拉丁文翻译。

12 【译注】参阅《万物之终结》注 24。

13 【译注】第谷（Tycho Brahe，1546—1601）是丹麦天文学家。他试图调停托勒密系统与哥白尼系统，而提出一套独特的理论，略谓：水星、金星、火星、木星、土星五个行星绕着太阳运转，而太阳与太阳系每年绕地球一周。

他必然欠缺这种引导或指示。

如果我们可以赋予人一种天生的、恒常的善的（尽管是有限的）意志，人就能确切地预告他的种属是朝向更佳的境地而前进，因为此处涉及一个他自己所能造成的事件。但若其禀赋中的“恶”与“善”相混合，而他不知其比例，他自己就不知道由此能期待什么结果。

5．预言的人类史却得联系到某一经验之上

在人类当中必然出现某一经验，它作为事件，指明人类底一项特性与一种能力是他朝向更佳的境地而趋的**原因**及其**肇始者**（既然这应当是一种禀有自由的存有者之业绩）。但是当共同作用于其间的情势出现时，我们便得以从一个既有的原因而预测一个作为其结果的事件。然而，这些情势必定会在某个时刻出现，对此我们固然能像在博弈中计算概率一样，一般地加以预测，但却无法确定：这是否会在我有生之年发生，而我是否会拥有关于此事的经验，而此经验证实了那项预测。因此，我们必须寻求一个事件，它指明这样一种原因之存在，也指明其因果性在人类当中的活动（在时间上不确定）；而且它还让我们推出“朝向更佳的境地而前进”，作为无可避免的结论。然则，这个结论也能被延伸到过去时代底历史（即人类曾经一直在进步中），以致该事件本身不能被视为进步底原因，而只能被视为指示性的，视为历史征兆（signum rememorativum, demonstrativum, prognostikon[14]），且因此能就整

14 【译注】康德以这个拉丁文词组来说明德文的“历史征兆”（Geschichtszeichen）一词，意谓“回忆的、证明的、预示的征兆”。

体——也就是说，并非就个体来看（因为这会形成无止尽的列举与计算），而是就人类在地球上分成各部族和国家的情况来看——证明人类底**倾向**。

6．论我们这个时代底一个事件，它证明人类底这种道德倾向 85

这个事件绝非存在于人所造就的重大的业绩或罪行——它们使人类当中伟大的事物变得渺小，或者使渺小的事物变得伟大，并且仿佛像玩魔术一般，使古老的、辉煌的国家组织消失，而其他的国家组织像是从地底冒出来一般，取而代之。不！完全不是这回事。它仅是旁观者底思考方式，这种思考方式在大变革[15]底这场戏中**公开地**泄漏出来，并且透露出对于一方的演出者之一种极普遍却又无私的同情，而反对另一方的演出者——即使冒着这种偏袒可能会对他们非常不利之危险[16]。但因此，这种思考方式（由于其普遍性）证明了人类全体底一种性格，而且（由于其无私性）也证明人类至少在禀赋中的一种道德性格——这种道德性格不单是让人期望朝向更佳的境地而前进，而是就人类底能力目前所能

15 【译注】本节所提到的“事件”、“大变革”、“革命”等，均是指1789年爆发的法国大革命。

16 【译注】在1789年法国大革命爆发时，康德像当时欧洲的许多开明知识分子一样，对革命抱持同情的态度。在康德的祖国普鲁士，自从具有开明作风的腓特烈二世（即腓特烈大帝）于1786年逝世，作风保守的腓特烈·威廉二世继位之后，当局对内采取限制言论自由的措施。腓特烈·威廉二世敌视启蒙运动，反对法国大革命。因此，普鲁士于1791年与奥地利签订皮尔尼兹（Pillnitz）协议，公开要求干涉法国内政，以恢复法国底君主政体。次年，奥、普联军进逼巴黎，与法军展开瓦尔米（Valmy）会战。奥、普联军失利后撤军。在这种政治空气下，对法国大革命表示同情无疑会为当事人招来危险。

及的范围而言，其本身就已是一种前进。

在我们的时代，我们目睹一个充满才智的民族底革命发生，它可能成功或是失败。它可能充满不幸与暴行到如此的程度，以致一个思想健全的人如果还会期望在第二次行动时成功地完成革命，绝不会决定以这样的代价来进行这场实验。我说：这场革命的确在所有旁观者（他们自己并未卷入这出戏）底心灵中依其愿望引起一种**同情**；而这种同情近乎狂热，且其表达本身就带有危险，因此，它除了人类底一种道德禀赋之外，不会有其他的原因。

在此发生影响的道德性原因是双重的：首先是**法权**上的原因，即是：一个民族不可受到其他强权之阻挠，为自己制定一部它自己觉得不错的公民宪法；其次是**目的**（它同时就是义务）上的原因，即是：一个民族底宪法必须在其本性上具有依原理避免侵略战争之特性，它本身才是**合法的**且在道德上为善的。这部宪法只能是
86 共和宪法（至少就理念而言）[17]；由此就产生了一种条件，可以制止

86 17 但这并非意谓：一个拥有一部君主制宪法的民族因此就自以为有权（甚至只是在心中秘密地怀着这种愿望）看到这部宪法被改变；因为它在欧洲或许极为分散的位置会向它推荐这部宪法，作为唯一能使它在强邻之间生存的宪法。甚至其臣民并非由于政府底内政而是由于政府对外国的态度（例如，其政府阻碍外国推展共和制）而发出的怨言，也绝不足以证明该民族对本国宪法的不满，反倒是证明了该民族对它的喜爱，因为其他民族越是推展共和制，它自身就越能免于危险。然而，诽谤的告密者为了自抬身价，却试图将这种无辜的政治闲谈冒称为以危险来威胁国家的改革狂、雅各宾思想及朋党；不过，这种说辞却没有丝毫的根据，尤其是在一个距离革命底现场超过一百英里的国度里。

【译者按】所谓“一个拥有一部君主制宪法的民族”、“一个距离革命底现场超过一百英里的国度”均是指康德的祖国普鲁士。“雅各宾思想”（Jakobinerei）是指法国大革命时雅各宾党所代表的激进思想。对当时拥护君主制的保守派而言，“雅各宾思想”与“启蒙思想”、“反宗较思想”是同义词。再者，康德在《论永久和平》中指出：与“共和制”（Republikanismus）在原则上相对立的是“独裁制”（Despotismus），而非“君主制”，故“君主制”有可能发展成“共和制”（参阅 *KGS,* Bd. 8, S. 351-353）。他在下文（注 17）也说：“以君主制来**统治**，而同时又以共和制〔……〕来**治理**，这使得一个民族满足于其宪法。”

战争（一切祸害与道德堕落之根源），且因此消极地确保人类（不论他是多脆弱）朝更佳的境地而前进，至少在前进时不受到阻碍。

因此，这一点及以**激情**（Affekt）来同情善事，亦即**狂热**（Enthusiasm）——尽管这种狂热并非全然可取，因为一切激情就其为激情而言，都应受到指摘——却借着这段历史而为对人类学有重要性的观察提供了机缘，此项观察即是：真正的狂热总是仅关乎**理想的事物**，或者更准确地说，关乎纯粹道德的事物，诸如"法权"概念，而无法嫁接于自利之上。金钱报酬无法在革命分子底反对者身上激发出纯然的"法权"概念在革命分子身上所产生的那种热情与伟大胸襟；甚至古代好战贵族底"荣誉"概念（与狂热相类似的东西），面对那些以自己所属民族底**法权**为怀[18]，并且以

18　对于为人类伸张权利的这样一种狂热，我们能说："遇上了火神底武器，人世的刀剑有 86
如易碎的冰，一击即碎。"何以从未有一个统治者敢于公然宣称：他根本不承认人民有**权利**反对他，人民唯有将其幸福归功于一个使他们得到幸福的政府之**仁慈**，而且臣民对于反对政府的权利之一切非分要求（因为这其中包含一种"被容许的反抗"之概念）
都是荒谬的，甚至是应受惩罚的？其故在于：尽管所有的臣民像驯服的羊一样，被一位 87
善良而聪明的主人所领导，受到妥善的饲养与有力的保护，而毋须为其福利之不足而抱怨，这样一种公开的声明却会激起这些臣民反对他。因为禀有自由的存有者不满足于享受从他人（而在此就是政府）所能得到的生活安适；问题之所系却是在于他为自己取得这种安适时所依据的**原则**。但是福利不具有原则，无论是对于接受它的人，还是对于施予它的人，都是如此（这个人以为福利在这里，那个人以为福利在那里）；因为此处问题之所系在于意志底**实质面**，而这是经验的，并且无法具有一项规则底普遍性。因此，一个禀有自由的存有者在意识到他这种对于无理性动物的优越性时，能够且应该根据其意念底**形式**原则为他所属的民族唯独要求这样一个政府，即这个民族亦参与其立法的政府；也就是说，应该服从的人底权利必须先于对福祉的一切考虑，而且这是一种超乎一切价格（用处）的圣物，任何政府均不得侵犯它（无论该政府如何仁慈）。但是这种权利却始终只是一个理念，其实现受限于"其**手段**与道德相合"的条件，而该民族不得逾越这个条件；这不可经由革命来达成，革命总是不义的。以君主制来**统治**（herrschen），而同时又以共和制——亦即，以共和制底精神，并且类比于共和制——来**治理**（regieren），这使得一个民族满足于其宪法。

【译者按】"遇上了火神底武器，人世的刀剑有如易碎的冰，一击即碎。"原文为（转下页）

其保护者自居的人之武器，也消失于无形。于是，在局外旁观的
87 公众同情这种慷慨激昂，却丝毫无意参与。

7. 预言的人类史

在原则之中必然有某种**道德之事**，而理性将此事表述为纯粹
的，同时却又由于其巨大而划时代的影响，而将它表述为某物，
此物向人底心灵指示为此而被承认的义务；而且此事涉及联合为
整体的人类（non singulorum, sed universorum）[19]。人类以极普遍而
无私的同情为他们对于此事所期待的成功及为此事而作的尝试欢
呼。这个事件并不是一场革命底现象，而是（像艾尔哈德先生所
说的[20]）一部**自然法**宪法之**演化**底现象。单是在野蛮的战斗当中，
88 这种演化本身固然仍不会完成——因为对内与对外的战争摧毁迄
今已存在的一切**典章的**（statutarische）宪法——，但却引导人去
谋求一部不会有战争倾向的宪法，也就是共和制的宪法。这种宪

（接上页）"postquam arma dei Vulcania ventum est, /mortalis mucro glacies ceu futilis ictu dissiluit"，语出罗马诗人维吉尔（Vergil，即 Publius Vergilius Maro，70—19 B.C.）底史诗《埃涅阿斯纪》（*Aeneis*, Ⅶ, 739）。但康德将前半句误引为"postquam ad arma Vulcania ventum est"。

19 【译注】康德以这个拉丁文词组来补充说明，意谓"并非属于个体，而是属于全体"。本段到此为止的文字在文义上不甚顺适，显然有脱字。今依皇家科学院本编者佛兰德尔（Karl Vorländer）之建议，将此段文字修订如下："Es mß etwas Moralisches im Grundsatze sein, welches die Vernunft als rein, zugleich aber auch wegen des großen und Epoche machenden Einflusses als etwas, das die dazu anerkannte Pflicht der Seele des Menschen vor Augen stellt, 〔darstellt,〕 und 〔welches〕 das menschliche Geschlecht..."（〔〕中为编者所加）

20 【译注】艾尔哈德（Johann Benjamin Erhard, 1766—1827）是一位医生，也是康德底追随者。此处的引述出自其《论人民底革命权》（*Über das Recht des Volks zu einer Revolution*, Jena u. Leipzig 1795）一书，页 189。

法可能甚至在**国家形式**上是共和制的，或者也可能仅在**治理方式**上，让单一元首（君主），仿照一个民族会依据普遍的法权原则为自己制定的那些法律，来管理国家。

如今我断言：即使不具有预知底才能，我也能根据我们的时代之诸面相与征兆，预测人类会达到这个目的，且因而也预测人类会朝向更佳的境地前进，而从此刻起不会再全盘倒退。因为人类史上的这样一种现象**不再被遗忘**，这是由于它揭示了人性中朝向更佳境地的一种禀赋与一种能力——没有任何政治家曾经从事物底过去进程推敲出此事，而是唯有自然与自由在人类当中根据内在的法权原则统合起来，才能许诺此事；但就时间而言，它却只是不确定的，而且是出于偶然的事件。

但即使在此一事件中所期望的目的现在并未达成，即使一个民族底宪法之革命或改革功亏一篑，或是在革命或改革持续了一段时间之后，一切又回到原先的轨辙上（一如政治家现在所预卜的），这种哲学的预测也不会丧失其丝毫力量。因为这个事件太过重大，与人类底兴趣太过于交织在一起，并且太过广泛地影响到世界各地，以致它在有利情况底任何机缘下都不会不被各民族所想起，并激发他们重新去从事这种尝试；因为在此情况下，在一桩对人类如此重要的事务上，所期望的宪法终究必然会在某一时刻达到某种坚定性，而这种坚定性是多次经验之教导在所有人底心灵中必定会导致的。

因此，有一个命题不仅是用意良善，且在实践方面值得推荐，并且尽管有无信仰者，纵使衡诸最严格的理论，它也可以成立，此即：人类始终趋向于更佳的境地，而且会继续前进。如果我们
不单是注目于在某一民族中可能发生的事，而是也注目于此事之 89

扩散至地球上可能会渐次参与其中的所有民族，这就开启了一幅延伸至无尽时间的远景——只要在人类出现以前仅仅席卷了动物界与植物界（根据康培尔和布鲁门巴赫之说[21]）的自然巨变之第一时期以后，绝不会接着出现第二时期，而此一时期也同样折磨人类，以便让其他的受造物登上此一舞台等。因为对于自然（或者不如说，其无法为我们所企及的最高原因）之全能而言，人类却只是一个微不足道之物。但是，连其同类的统治者都如此看待且对待他，有时如动物般烦劳他，将他仅当做其目标底工具，有时在这些统治者彼此间的斗争中摆布他，使他[22]遭受杀戮，这就不是微不足道之事，而是颠倒了造化本身底**终极目的**。

8．论着眼于向公共福祉而趋的格律在其公开性方面的困难

大众之启蒙就是公开教导大众他们对其所属国家的义务与权利。由于此处仅涉及自然的且来自通常的人类知性之权利，这些权利在人民当中之自然的宣告者与阐释者就不是国家所任命的官方法律教师，而是自由的法律教师，亦即哲学家。哲学家正是为了他们允许自己拥有的这种自由之故，而触犯了一味想要统治的国家，并且以**启蒙者**之名被诋毁为危害国家的人——尽管他们的

21 【译注】康培尔（Petrus Camper，1722—1789）是荷兰解剖学家；此处所述之观点见其《论面部特征之自然区别》（*Über den natürlichen Unterschied der Gesichtszüge*, Berlin 1792），§ 3 及 V, 42815ff.。布鲁门巴赫（Johann Friedrich Blumenbach，1752—1840）是德国解剖学家与比较动物学家，曾长期（1776—1835）任教于哥廷根大学；此处所述之观点见其《自然史手册》（*Handbuch der Naturgeschichte*, Göttingen 1779），S. 47 & 474ff.。

22 【译注】此处据佛兰德尔版，将 sie 改为 ihn，故指“人类”，而非“统治者”。

声音并非**亲密地**说给人民听（人民对此事及他们的著作很少或根本就不注意），而是**恭敬地**说给国家听，而国家被恳求将人民在法律上的需求铭记在心。除了通过公开性之途径以外，并无其他途径能够使此事实现——当整个民族想要倾诉其疾苦（Beschwerde；gravamen）时。故公开性之**禁制**妨碍一个民族趋向于更佳的境地，甚至是在涉及其最低要求的事情，亦即仅涉及其自然权利的事情上。

另有一种隐瞒虽然很容易看穿，但却合法地命令一个民族， 90
此即对其宪法底真正性质之隐瞒。若说英国民族有一个**无限制的君主制**，这有伤其威严；反倒是有人要说：这当是一部由作为人民代表的国会两院来**限制**君主意志的宪法。但每个人都清楚地知道：君主对于这些代表的影响极为巨大而明确，以致除了君主所意愿，并由其大臣提议的事情之外，上述的两院不会有任何其他的决议。在这种情况下，他的大臣甚至可能会作出决议，而明知他会被否决，且甚至**造成**这个结果（例如，关于黑奴贸易的决议），以便为国会底自由提供一种虚假的证明。对于此事底性质之这种想法包含欺骗的成分，亦即：人们根本不再去寻求真正的、忠于法权的宪法；因为人们误以为已经在一个现有的事例中找到了它，而且一种骗人的公开性以一个受到人民所制定的法律**所限制之君主制**[23]为托词来欺骗人民，然而人民底代表却被买通，秘密地听命于一个**绝对的君主**。

23 我们非直接知悉一个原因底性质，此原因便经由与它必定相联系的结果而暴露出来。 90
什么是一个**绝对的**君主呢？他是这样的人：当他说“战争应当发生”时，在他的命令之下，战争就立刻发生。在另一方面，什么是一个**有限的**君主呢？他是这样的人：他必须事先向人民征询，战争是否应当发生；而如果人民说：战争不当发生，（转下页）

※ ※ ※

一部与人底自然权利相协调的宪法之理念——亦即，服从法
91 律的人联合起来，也应当同时是立法者——是一切国家形式之基
础；而且由纯粹的理性概念依此理念所设想，而名为一个柏拉图式的**理想**之共同体（理体之国家〔respublica noumenon〕），并非一个空洞的幻念，而是一切一般而言的公民宪法之永恒规范，并且消弭一切战争。一个按照这个理念而组成的公民社会，是该理念依据自由法则、凭借经验中的一个事例之表现（事相之国家〔respublica phenomenon〕），而且唯有在经过各种各样的斗争与战争之后才能艰辛地获致。但这个社会底宪法一旦大致完成，就有资格成为一切宪法中最佳的宪法，以避免战争，即一切善的事物之摧毁者。因之，进入这样一种社会是义务，但由于这不会很快实现，君主底暂时义务是：尽管他们**以专制的方式**统治，但却**以共和的方式**（不是以民主的方式）治理，也就是说，根据与自由法则底精神相符的原则（就像一个具有成熟理性的民族会为自己规定的原则）来对待人民——即使按字面而言，他们并未征询人民底同意。

（接上页）于是就没有战争。因为战争是一种状态，在此状态中，国家底全部力量必须供其元首支配。如今，英国的君主已进行了许多次战争，而未为此征求人民之赞同。因此，这个国王就是一个绝对的君主，尽管根据宪法，他不应当如此；但是他总是能够规避宪法，因为他正是凭借那些国家力量——亦即，他有权力分配一切官职与荣衔——而得以确保人民代表之同意。但是，这种收买制度若要成功，当然必须不具有公开性。因此，它始终处于秘密之极为透明的面纱之下。

【译者按】此处提到的英国国王系指乔治三世（1760 至 1820 年在位）。

9. 趋向于更佳的境地会为人类带来什么收获？

并非存心中的**道德性**在分量上的不断增长，而是这种存心在合乎义务的行为中之**合法性**底产物之增加（不论这些行为是由什么动机所引发）。这就是说，人类向更佳的境地而趋之努力底收获（成果）只能置于人类底善良**行动**（这种行动终究会越来越多，越来越好）之中，因而置于人类底道德特质之事相中。因为我们仅拥有**经验的**资料（即经验），可作为这种预测根据，亦即以我们的行为（就它们发生，因而本身就是现象而言）之自然原因为根据，而非以道德原因（它包括关于应当发生之事的义务概念，而且唯有这种概念才能纯粹地、先天地被建立）为根据。

来自强权方面的暴行逐渐减少，而对法律的遵从逐渐增加。在共同体中或许会产生更多的慈善，更少诉讼上的争执，更多信诺上的可靠性等，部分是出于荣誉心，部分是出于正确理解的自利； 92
而这最后甚至会扩展到各民族相互间的外在关系上，直到世界公民底社会，而人类底道德基础在此不必有丝毫的扩大——要达到这点，还需要有一种新的造化（超自然的感应）。因为对于人类之朝着更佳的境地而趋，我们也不可有过多的期待，以免让政治家有理由讥笑我们，而他们喜欢把人类底期望视为一个偏激头脑之梦想[24]。

---

24 臆想符合于**理性底要求**（尤其是在法律方面）的国家宪法，的确是**甜美的**；但是建议它们， 92
却是**放肆的**；而煽动人民去废除现存的国家宪法，则是**应受惩罚的**。

柏拉图底大西洋国、**莫尔**底乌托邦、**哈林顿**底大洋国及**阿雷**底塞韦朗比亚，都曾渐次被搬上舞台，但是连仅仅尝试都从未被尝试过（**克伦威尔**底专制共和国这个失败的怪胎除外）。创造国家的过程就像创造世界的过程一样：当时没有人在场，而且也没有人能在这样一场创造中出现，因为不然的话，他就得是他自身的创造者。（转下页）

10. 唯有在何种秩序之下才能期待趋向于更佳的境地?

答案是：并非透过**由下而上**的事物进程，而是透过**由上而下**的事物进程。期待透过在家庭教诲中，继而在从低级直到最高级的学校里，在经过宗教学说强化的精神陶冶与道德陶冶方面，对青年进行教育，而最后不仅会教育出良好的公民，而是将他们教育成能够始终不断进步且维持下去的“善”，这是一个难于期望如愿成功的计划。因为不仅是人民认为其青年底教育费用不该由他
93 们来负担，而是必须由国家来负担；而在另一方面，国家这边却无余钱发薪给能干且乐于尽职的教师（如毕辛[25]所惋叹的），因为它将一切都用在战争上；而是这种教育底整个机制若非根据国家最高权力底一项经过考虑的方案且根据它这项目标而规划、推动，

（接上页）期望一个像我们在此所设想的政治产物有朝一日完成（无论是多么迟），是一场甜美的梦；但是不断地趋近于它，就不只是**可以设想的**，而是就它能与道德法则相一致而言，还是**义务**，但并非国家公民底义务，而是国家元首底义务。

【译者按】“大西洋国”（Atlantica，即 Atlantis）是古代传说中的岛国，位于大西洋，后因天灾而沉没于海中；柏拉图在对话录《克里提阿斯》（*Critias*）、《提美伍斯》（*Timaeus*）中提到它。莫尔（Morus，即 Thomas More，1478—1535）是英国思想家与政治家，1516 年出版《乌托邦》（*Utopia*）一书。哈林顿（James Harrington，1611—1677）是英国的政治思想家，1656 年出版《大洋国》（*Oceana*）一书。《塞韦朗比亚》（*Severambia*）是指政治小说《塞韦朗比亚史》（*Histoire des Severambes*），英文本于 1675 年出版，法文本于 1677 及 1679 年出版，作者据说是阿雷（Denis Vairasse d'Allais）；书中的立法者可能是影射英国政治家克伦威尔（Oliver Cromwell, 1599—1658）。克伦威尔于 1649 年处死英王查理一世后，在英国建立共和国；其后于 1653—1658 年解散国会，实施专制统治。

25 【译注】毕辛（Anton Friedrich Büsching，1724—1793）是哥廷根（Göttingen）大学教授，也是神学家和地理学家。他曾主编《关于新地图、地理、统计与历史书籍的每周报导》（*Wöchentliche Nachrichten von neuen Landkarten, geographischen, statistischen und historischen Büchern*, Berlin 1773—1786）及《新历史学与地理学杂志》（*Magazin für die neue Historie und Geographie*, 1769—1793）。

并且也始终一贯地维持在这种状态中，它便不具有联属性。要做到这点，国家本身或许还得偶尔改革自己，并且力求进化而非革命，而不断地趋向于更佳的境地。但既然可以实施这种教育的也是**人**，因而是本身必须为此而受教育者，则由于人性之这种脆弱性，在有利于这样一种效应的情势之偶然性当中，人类进步之期望就只能期待于一种自上而下的智慧（如果它是我们所看不见的，就称为神意），作为积极的条件。但对于人在此问题上所能被期待与要求的事情，便只能期待消极的智能去促成这项目的，此即：人不得不使道德底最大障碍——即总是使这项目的落空的**战争**——首先逐渐便变得人道，继而变得稀少，最后使侵略战争完全消失，以便采纳一部以真正的法权原则为依据之宪法，而这部宪法依其本性能坚定地趋向于更佳的境地，而不削弱自己。

结语

有一个医生每天都空言安慰他的病人，说他们很快就会痊愈。他向一个病人保证脉搏跳动会改善，向另一个病人保证排泄物会改善，向第三个病人保证出汗会改善等。他的一个朋友来访，他劈头就问这个朋友说：“朋友！你的病怎样了？”“会怎样呢？**我就要纯然因改善而死了！**”如果任何人鉴于政治灾祸而开始对人类底幸福及其趋向于更佳的境地感到灰心，我都不会责怪他。不过，我却相信**休谟**提出的那份可迅速产生疗效之英雄式的药方——他说：“当我看到目前各国处于互相作战的状态中时，我就仿佛是看到两个醉汉在一家瓷器店里以棍棒互殴。因为他们除了要让他 94
们相互造成的肿块慢慢消散之外，他们事后还得赔偿他们所造成的一切损害。”[26]弗里吉亚人太晚开窍了[27]。但是当前战争底恶果却能使政治预言家不得不承认：人类即将转向更佳的境地，而这个境地如今已经在望了。

---

26 【译注】这段文字出自英国哲学家休谟（David Hume，1711—1776）底《论公债》（“Of Public Credit”）一文，见其 *Essays Moral, Political, and Literary*, edited by T.H. Green/T.H. Grose（London: Longmans, Green, and Co., 1882）, Vol. I, p. 371：“我得承认：当我看到诸君王与国家在其债务、基金与国债中对抗与龃龉时，我总是想到在一个瓷器店里以棍棒互殴的对手。”此处所谓“英雄式的药方”即是不以公债来进行对外战争。康德在《论永久和平》中列举“国家之间的永久和平底临时条款”，其第四条即是：“任何国家均不该在涉及对外的国际纠纷时举债。”

27 【译注】语出古罗马哲学家西塞罗（Marcus Tullius Cicero，106—43 B.C.）底《西塞罗与友人书简集》（*M. Tulli Ciceronis epistularum ad familiares*）, VII, 16。此句康德引作 Sero sapiunt Phryges，与原文小异。弗里吉亚（Phrygia）为位于小亚细亚的古国，即传说中因中了木马计而被希腊联军所灭的特洛伊。

参考文献

一、康德著作及其选集

Kants Gesammelte Schriften. Hrsg. von der Königlich Preußischen Akademie der Wissenschaften, Berlin/Leipzig: de Gruyter, 1922ff.

Kant, Immanuel: *Kleinere Schriften zur Geschichtsphilosophie, Ethik und Politik.* Hrsg. von Karl Vorländer, Hamburg: Meiner, 1913.

——: *Zur Geschichtsphilosophie.* Hrsg. Von Arthur Buchenau, Berlin: Keiper, 1947.

——: *Was ist Aufklärung? Aufsätze zur Geschichte und Philosophie.* Hrsg. von J. Zehe, Göttingen: Vandenhoeck & Ruprecht, 1975.

——: *Über den Gemeinspruch: Das mag in der Theorie richtig sein, taugt aber nicht für die Praxis.* Hrsg. von Julius Ebbinghaus, Frankfurt/M.: Klostermann, 1982.

——: *Zum ewigen Frieden.* Hrsg. von Rudolf Malter, Stuttgart: Reclam, 1984.

——: *Schriften zur Geschichtsphilosophie.* Hrsg. von Manfred Riedel, Stuttgart: Reclam, 1985.

——: *Über den Gemeinspruch: Das mag in der Theorie richtig sein, taugt aber nicht für die Praxis. Zum ewigen Frieden.* Hrsg. von Heiner F. Klemme, Hamburg: Meiner, 1992.

——: *Anthropology, History, and Education.* Cambridge: Cambridge University Press, 2007.

——: *Zum ewigen Frieden.* Kommentar von Oliver Eberl and Peter Niesen, Frankfurt/M.: Suhrkamp, 2011.

二、康德著作之翻译

Kant's Principles of Politics, Including His Essays on Perpetual Peace: A Contribution to Political Science. Edited & translated by W. Hastie, Edinburgh: T.& T. Clark, 1891.

Kant, Immanuel: *Eternal Peace. Translated by Carl Joachim Friedrich, in: idem, Inevitable Peace*（Cambridge/Mass: Harvard University Press, 1948）, pp. 241-281.

——: *On History.* Edited by Lewis White Beck, Idianapolis: Bobbs-Merrill, 1963.

——: *Kant's Political Writings.* Edited by Hans Reiss, Cambridge: Cambridge University Press, 1970; second enlarged Edition, 1991.

——: *On the Old Saw: That May Be Right in Theory, But It W'ont Work in Practice.* Translated by E. B. Ashton, Philadelphia: University of Pennsylvania Press, 1974.

——: *Perpetual Peace and Other Essays.* Translated by Ted Humphrey, Indianapolis: Hackett, 1983.

——: *Rechtslehre. Schriften zur Rechtsphilosophie.* Herausgegeben und eingeleitet von Hermann Klenner, Berlin: Akademie-Verlag, 1988.

——: *The Conflict of the Faculties.* Trans. by Mary J. Gregor, Lincoln: University of Nebraska Press, 1992.

——: *Religion and Rational Theology.* Translated & edited by Allen W. Wood & George di Giovanni, Cambridge: Cambridge University Press, 1996.

康德著，何兆武译：《历史理性批判文集》，北京：商务印书馆，1990 年。

康德著，盛志德译：《什么是启蒙？》，《哲学译丛》，1991 年第 4 期，页 3—6；收入《中国人民大学复印报刊资料“外国哲学与哲学史”》，1991 年第 8 期，页 18—21。

三、中文二手资料

王锟：《目的论与自由：论康德的政治哲学》，《浙江师范大学学报》（社会科学版），2008 年第 5 期，页 72—76。

王建军：《论康德对普世主义的理性奠基》，《广东社会科学》，2012 年第 4 期，页 68—73。

曲红梅、高伟茹：《康德世界公民思想的四个焦点问题》，《吉林大学社会科学学报》，第 52 卷第 1 期（2012 年 1 月），页 32—37。

朱高正：《永久和平与外在自由——康德国家哲学要义》，《鹅湖》，第 25 卷 5 期（1999 年 11 月），页 40—48；第 25 卷第 6 期（1999 年 12 月），页 55—64。

——：《康德的法权哲学》，《哲学杂志》，第 4 期（1993 年 4 月），页 176—187；亦刊于《律师通讯》，第 180 期（1994 年 9 月），页 50—55。

——：《康德四论》，台北：台湾学生书局，2001 年。

朱翰新：《康德的历史观》，《新中国评论》，第 5 卷第 3 期（1953 年 9 月），页 17—18；第 5 卷第 4 期（1953 年 10 月），页 20—21。

朱翠微、王福生：《道德、政治与历史——康德"永久和平论"中的理论难题及其解决》，《学术研究》（广州），2012 年第 9 期，页 13—18。

艾四林：《康德和平思想的当代意义——哈贝马斯、罗尔德对康德和平思想的改造》，《复旦学报》（社会科学版），2004 年第 4 期，页 71—75 & 81。

何兆武：《"普遍的历史观念"是怎样成为可能的——重评康德的历史哲学》，《学术月刊》，1990 年 5 月，页 1—10 & 25；收入《中国人民大学复印报刊资料"外国哲学与哲学史"》，1990 年第 9 期，页 27—37。

——：《历史理性批判散论》，长沙：湖南教育出版社，1994 年。

——：《历史与历史学》，香港：牛津大学出版社，1995 年。

余英时：《中国史学的现阶段：反省与发展》，收入余英时：《史学与传统》，台北：时报文化出版公司，1982 年，页 1—29。

李梅：《历史进步的道德基础——康德论社会正义的原则》，《哲学研究》，1997 年第 1 期，页 34—40。

——：《权利与正义：康德政治哲学研究》，北京：社会科学文献出版社，2000 年。

李明辉：《历史与目的》，《台湾社会研究》，第 3 卷第 1 期（1990 年春季号），页 195—213；收入李明辉：《儒学与现代意识》，台北：文津出版社，1991 年，页 135—156。

——：《康德的"根本恶"说——兼与孟子的性善说相比较》，收入李明辉：《康德伦理学与孟子道德思考之重建》，台北：中研院中国文哲研究所，1994 年，页 117—146。

——：《牟宗三哲学中的"物自身"概念》，收入李明辉：《当代儒学之自我转化》，台北：中研院中国文哲研究所，1994 年，页 23—52。

——：《康德的“历史”概念》，《中国文哲研究集刊》，第 7 期（1995 年 9 月），页 157—182。

李秋零：《从康德的“自然意图”到黑格尔的“理性狡计”——德国古典历史哲学发展的一条重要线索》，《中国人民大学学报》，1991 年 5 月，页 62—68；收入《中国人民大学复印报刊资料“外国哲学与哲学史”》，1991 年第 10 期，页 35—41。

李泽厚：《批判哲学的批判——康德述评》，台北：三民书局，1996 年。

周保松：《康德、永久和平及国家主权》，《社会理论学报》，第 3 卷第 1 期（2000 年 6 月），页 97—123。

林媛好：《解构温特建构的《康德文化》——从康德的“卢梭难题”到温特的“康德难题”》，《淡江人文社会学刊》，第 33 期（2008 年 3 月），页 39—72。

勃留姆、戈利科夫著，侯鸿勋译：《康德与革命问题》，《世界哲学》，1985 年第 2 期，页 35—43。

胡万年、郭启贵、施玮：《康德政治自由的层次性》，《巢湖学院学报》，2009 年第 1 期，页 12—17 & 21。

孙善豪：《康德哲学与社会主义——十九与二十世纪之交的政治哲学的解析及其当代意义》，《东吴政治学报》，第 28 卷第 1 期（2010 年 3 月），页 139—170。

孙云平：《康德“致永久的和平”的哲学解读》，《当代》，第 71 期（2003 年 5 月），页 14—25。

张鼎国：《指南山麓论“指南”：康德哲学中“启蒙”与“思想中定向”问题的探讨》，《政治大学哲学学报》，第 13 期（2005 年 1 月），页 63—97；收入其《诠释与实践》，台北：政大出版社，2011 年，页 353—374。

许汉：《康德的政治自由理论》，《哲学与文化》，第 15 卷第 10 期（1998 年 10 月），页 26—41。

梁军：《论康德的“永久和平论”》，《社会主义研究》，2006 年第 2 期，页 112—114。

郭大为：《政治的至善——康德的永久和平思想与当代世界》，《云南大学学报》（社会科学版），第 3 卷第 4 期（2004 年 4 月），页 29—37 & 94—95。

陈文昌：《康德“至善”概念的完整含意》，《唐山学院学报》，2008 年第 3 期，页 35—37 & 40。

汤剑波：《现代公共理性观念的溯源——康德的公共理性观念及意义》，《广东社会科学》，2010 年第 2 期，页 54—59。

舒远招：《从世界公民概念看康德的普世主义思想》，《广东社会科学》，2012 年第 4 期，页 74—80。

黄颂：《转换理论范式维护传统价值——康德的政治哲学与自然法》，《天水师范学院学报》，2000 年第 4 期，页 8—12。

杨礼银：《康德政治哲学文献研究》，《理论学习》，2003 年第 4 期，页 38—39。

赵相明：《康德的法权国家观》，《东亚季刊》，第 23 卷第 3 期（1992 年 1 月），页 60—73。

邓晓芒：《书评：康德〈历史理性批判文集〉》，《哲学与文化》，第 31 卷第 2 期（2004 年 2 月），页 163—168。

萧娜、洪克强：《试论康德政治自由观的道德基础》，《中共福建省委党校学报》，2005 年第 4 期，页 55—57。

阎孟伟：《康德的“普遍历史观念”及其在当代的响应》，《教学与研究》，2004 年第 2 期，页 35—41。

魏楚阳：《内在自由与外在权利的辩证：黑格尔论康德的权利国家观》，《台湾大学政治科学论丛》，第 51 期（2012 年 3 月），页 129—159。

Foucault, Michel 著，吴宗宝译：《论康德的“何谓启蒙”》，《当代》（台北），第 76 期（1992 年 8 月），页 22—31。

Pogge, Thomas 著，刘莘、徐向东等译：《康德、罗尔斯与全球正义》，上海：上海译文出版社，2008 年。

四、西文二手资料

Albrecht, Ulrich: “Kants Entwurf einer Weltfriedensordnung und die Reform der Vereinten Nationen” . *Die Friedens-Warte. Blätter für internationale Verständigung und zwischenstaatliche Organisation*（Berlin）, Bd. 70（1995）, S. 195-210.

Allison, Henry: “The Gulf Between Nature and Freedom and Nature’s Guarantee of Perpetual Peace” . In: Hoke Robinson（ed.）, *Proceedings of the Eighth International Kant Congress*（Milwaukee: Marquette University Press, 1995）,

Vol. I.1, pp. 37-50.

Anderson-Gold, Sharon: "Kant's Rejection of Devilishness: The Limits of Human Volition". *Idealistic Studies*, Vol. 14（1984）, pp. 35-48.

——: "Kant's Ethical Commonwealth: The Highest Good as a Social Goal". *International Philosophical Quarterly*, Vol. 26（1986）, pp. 23-32.

——: "War and Resistance: Kant's Doctrine of Human Rights". *Journal of Social Philosophy*, Vol. 19（1988/1989）, pp. 37-50.

——: "Ethical Community and the Highest Good". In: Gerhard Funke & Thomas M. Seebohm (ed.): *Proceedings of the Sixth International Kant Congress* (Washington, D. C.: University Press of America, 1991）, Vol. Ⅱ.2, pp. 231-242.

——: "Kant's Ethical Anthropology and the Critical Foundations of the Philosophy of History". *History of Philosophy* Quarterly, Vol. 11（1994）, pp. 405-419.

——: "A Common Vocation: Humanity as a Moral Species". In: Hoke Robinson (ed.), *Proceedings of the Eighth International Kant Congress*（Milwaukee: Marquette University Press, 1995）, Vol. II.2, pp. 689-696.

——: "Crimes against Humanity: A Kantian Interpretation of International Law". In: Jane Kneller/Sidney Axinn（eds.）, *Autonomy and Community: Reading in Contemporary Kantian Social Philosophy*（Albany: State University of New York Press, 1998）, pp. 103-117.

——: *Unnecessary Evil: History and Moral Progress in the Philosophy of Immanuel Kant*. Albany: State University of New York Press, 2001.

Apelt, Otto: *Betrachtungen über Kants Entwurf zum ewigen Frieden.* Weimar: Hof-Buchdruckerei, 1873.

Arendt, Hannah: *Das Urteilen. Texte zu Kants politischer Philosophie.* München: Piper, 1985.

Armstrong, A. C.: "Kant's Philosophy of Peace and War". *The Journal of Philosophy*, Vol. 28（1931）, pp. 197-204.

——: "Kant's Analysis of International Relations". *The Journal of Philosophy*, Vol. 51（1954）, pp. 848-855.

Arntzen, Sven: "Kant's Denial of Absolute Sovereignty". *Pacific Philosophical Quarterly*, Vol. 76（1995）, pp 1-16.

Asbach, Olaf: "Der ewige Friede, Europa und das Alte Reich". In: Hoke Robinson(ed.), *Proceedings of the Eighth International Kant Congress* (Milwaukee: Marquette University Press, 1995), Vol. II.2, pp. 787-804.

——: "Internationaler Naturzustand und Ewiger Friede. Die Begründung einer rechtlichen Ordnung zwischen Staaten bei Rousseau und Kant". In: Dieter Hüning/Burkhard Tuschling (Hg.), *Recht, Staat und Völkerrecht bei Immanuel Kant* (Berlin: Duncker & Humblot, 1998), S. 203-232.

Axinn, Sidney: "Kant, Authority, and the French Revolution". *Journal of the History of Ideas*, Vol. 32 (1971), pp. 423-432.

——: "Kant on World Government". In: Gerhard Funke/Thomas M. Seebohm (ed.): *Proceedings of the Sixth International Kant Congress* (Washington, D.C.: University Press of America, 1991), Vol. Ⅱ.2, pp. 243-251.

Bärtlein, Karl: "Die Vorbereitung der Kantischen Rechts- und Staatsphilosophie in der Schulphilosophie". In: Hariof Oberer/Gerhard Seel (Hg.), *Kant. Analysen-Probleme-Kritik* (Würzburg: Königshausen & Neumann, 1988), S. 221-271.

Bal, Karol: "Immanuel Kant: 'Zum ewigen Frieden'- ein gegenwärtiges Manifest?". In: idem, *Zwischen Ethik und Geschichtsphilosophie. Aufsätze über Kant, Schelling und Hegel* (Wroclaw: Wydawn. Uniw., 1989), S. 31-45.

Barker, Martin: "Kant as a Problem for Weber". *The British Journal of Sociology*, Vol. 31. No. 2 (June 1980), pp. 224-245.

Bartuschat, Wolfgang: "Apriorität und Empirie in Kants Rechtsphilosophie". In: *Philosophische Rundschau*, 34 Jg. (1987), S. 31-49.

Bartuschat, Wolfgang: "Praktische Philosophie und Rechtsphilosohie bei Kant". *Philosophisches Jahrbuch*, 94 Jg. (1987), S. 24-41.

Batscha, Zwi/Saage, Richard: "Friedensutopien des ausgehenden achtzehnten Jahrhunderts". *Jahrbuch des Instituts für Deutsche Geschichte*, Bd. 4 (1975), S. 111-145.

Batscha, Zwi/Saage, Richard (Hg.): *Friedensutopien. Kant, Fichte, Schlegel, Görres*. Frankfurt/M.: Suhrkamp, 1979.

Bauch, Bruno: "Das Rechtsproblem in der Kantischen Philosophie". *Zeitschrift für Rechtsphilosophie in Lehre und Praxis*, Bd. 3 (1921), S. 1-26.

Baum, G./Bayerer, W.G./Malter, R.: "Ein neu aufgefundenes Reinschriftfragment Kants mit den Angangstexten seines Entwurfs 'Zum ewigen Frieden'". *Kant-Studien,* 77. Jg.（1986）, S. 316-337.

Baumann, Hans: *Kants Stellung zu dem Problem von Krieg und Frieden*. Diss. München 1950.

Baumann, Lutz: "Zum Verhältnis von Regenten und Philosophen im Denken der Neuzeit". In: Hoke Robinson（ed.）, *Proceedings of the Eighth International Kant Congress*（Milwaukee: Marquette University Press, 1995）, Vol. II.2, pp. 805-812.

Baumann, Peter: "Zwei Seiten der Kantschen Begründung von Eigentum und Staat". *Kant-Studien*, 85. Jg.（1994）, S. 147-159.

Bayerer, Wolfgang G.: "Das Königsberger Schlußblatt des Entwurfs 'Zum ewigen Frieden'". *Kant-Studien*, 79. Jg.（1988）, S. 293-317.

Baynes, Kenneth: *The Normative Grounds of Social Criticism: Kant, Rawls, and Habermas*. Albany: State University of New York Press, 1992.

Beck, Gunnar: *Fichte and Kant on Freedom, Rights, and Law*. Lanham: Lexington Books, 2008.

Beck, Lewis White: "Kant and the Right of Revolution". *Journal of the History of Ideas*, Vol. 32（1971）, pp. 411-422; also in: Ruth F. Chadwick（ed.）, *Immanuel Kant: Critical Assessments*（London: Routledge, 1992）, pp. 399-411; Heiner F. Klemme/Manfred Kuehn（eds.）, *Immanuel Kant*（Dartmouth: Ashgate, 1999）, Vol. II: "Practical Philosophy", pp. 327-338.

Beiner, Ronald/William James Booth（eds.）: *Kant and Political Philosophy: The Contemporary Legacy*. New Haven: Yale University Press, 1993.

——: *Kant and Political Philosophy*. New Haven: Yale University Press, 1993.

Benson, Peter: "External Freedom According to Kant". *Columbia Law Review*, Vol. 87（1987）, pp. 559-579.

Berghahn, Klaus L.: "Utopie und Verantwortung in Kants Schrift 'Zum ewigen Frieden'". In: Wolfgang Wittkowski（Hg.）, *Verantwortung und Utopie. Zur Literatur der Goethezeit*（Tübingen: Max Niemeyer, 1988）, S. 164-189.

Berlin, Isaiah: *Four Essays on Liberty*. Oxford: Oxford University Press, 1969.

Beyerhaus, Gisbert: "Kants 'Programm' der Aufklärung aus dem Jahre 1784" . *Kant-Studien*, Bd. 26（1921）, S. 1-16.

Bialas, Volker/Hans-Jürgen Häßler（Hg.）: *200 Jahre Kants Entwurf "Zum ewigen Frieden" . Idee einer globalen Friedensordnung.* Würzburg: Königshausen & Neumann, 1996.

Bird, Graham: "Tradition and Revolution in Kant" . In: Hoke Robinson（ed.）, *Proceedings of the Eighth International Kant Congress*（Milwaukee: Marquette University Press, 1995）, Vol. I.3, pp. 1119-1136.

Blühdorn, Jürgen: " 'Kantianer' und Kant. Die Wende von der Rechtsmetaphysik zur 'Wissenschaft' vom positiven Recht" . *Kant-Studien*, 64. Jg.（1973）, S. 363-394.

Bobbio, Norberto: "Kant and the French Revolution" . In: idem, *The Age of Rights*, translated by Allan Cameron（Cambridge: Polity Press, 1996）, pp. 115-123.

Bobko, Aleksander: "The Problem of Evil and the Idea of Eternal Peace in the Philosophy of Immanuel Kant" . In: Hoke Robinson（ed.）, *Proceedings of the Eighth International Kant Congress*（Milwaukee: Marquette University Press, 1995）, Vol. II.2, pp. 857-863.

Bösch, Michael: "Globale Vernunft. Zur Kosmopolitismus der Kantischen Vernunftkritik" . *Kant-Studien*, 98. Jg.（2007）, S. 473-486.

B?tte, Werner: *Kant und der Krieg*. Marburg: N.G. Elwertsche Verlagsbuchhandlung, 1918.

Bohman, James: "The Public Spheres of the World Citizen" . In: Hoke Robinson (ed.), *Proceedings of the Eighth International Kant Congress*（Milwaukee: Marquette University Press, 1995）, Vol. I.3, pp. 1065-1082.

Bohman, James/Lutz-Bachmann, Matthias（eds.）: *Perpetual Peace: Essays on Kant's Cosmopolitan Ideal*. Cambridge/Mass.: The MIT Press, 1997.

Booth, Williams James: *Interpreting the World: Kant's Philosophy of History and Politics.* Toronto: University of Toronto Press, 1986.

Borries, Kurt: *Kant als Politiker. Zur Staats- und Gesellschaftslehre des Kritizismus*. Leipzig: Felix Meiner, 1928.

Bourgeois, Bernard: "Kunst der Natur und List der Vernunft" . In: Christel Fricke u. a.（Hg.）, *Das Recht der Vernunft. Kant und Hegel über Denken, Erkennen und*

Handeln (Stuutgart-Bad Cannstatt: Frommann-Holzboog, 1995), S. 381-403.

Bourke, John: "Kant's Doctrine of 'Perpetual Peace'". *Philosophy*, Vol. 17 (1942), pp. 324-333.

Brakemeier, Heinz: *Die sittliche Aufhebung des Staates in Kants Philosophie*. Frankfurt/M.: Campus, 1985.

Brandt, Reinhard: "Das Erlaubnisgesetz, oder Vernunft und Geschichte in Kants Rechtslehre". In: idem (Hg.), *Rechtsphilosophie der Aufklärung. Symposium Wolfenbüttel 1981* (Berlin: de Gruyter, 1982), S. 233-285.

——: "Radikaldemokratie in Königsberg". *Rechtshistorisches Journal*, Nr. 12 (1993), S. 202-209.

——: "Gerechtigkeit bei Kant". *Jahrbuch für Recht und Ethik*, Bd. 1 (1993), S. 25-44.

——: "Zu Kants politischer Philosophie". In: Hoke Robinson (ed.), *Proceedings of the Eighth International Kant Congress* (Milwaukee: Marquette University Press, 1995), Vol. I.1, pp. 323-342.

Breazeale, Daniel: "'More than a Pious Wish': Fichte on Kant on Perpetual Peace". In: Hoke Robinson (ed.), *Proceedings of the Eighth International Kant Congress* (Milwaukee: Marquette University Press, 1995), Vol. I.3, pp. 943-962.

Brehmer, Karl: Rawls' *"Original Position" oder Kants "Ursprünglicher Kontrakt"*. Meisenheim: Anton Hain, 1980.

Brincat, C.A.: "Kant's Highest Good: Individuality, Society and Perpetual Peace". In: Hoke Robinson (ed.), *Proceedings of the Eighth International Kant Congress* (Milwaukee: Marquette University Press, 1995), Vol. II.2, pp. 849-856.

Brotherus, K. R.: *Immanuel Kants Philosophie der Geschichte*. Helsingfors: Aktiebolaget Handelstryckeriet, 1905.

Brunner, Otto/Conze, Werner/Kosellek, Reinhart (Hg.): *Geschichtliche Grundbegriffe*. Stuttgart: Ernst Klett, 1972.

Buhr, Manfred/Lehrke, Wilfried: "Beziehungen der Philosophie Immanuel Kants zur Französischen Revolution". *Deutsche Zeitschrift für Philosophie*, 37. Jg.(1989), S. 628-636.

Burg, Peter: *Kant und die Französischen Revolution*. Berlin: Duncker & Humblot, 1974.

Byrd, Sharon: "Perpetual Peace: A 20th Century Project". In: Hoke Robinson (ed.), *Proceedings of the Eighth International Kant Congress* (Milwaukee: Marquette University Press, 1995), Vol. I.1, pp.343-362.

——: "The State as a 'Moral Person'". In: Hoke Robinson (ed.), *Proceedings of the Eighth International Kant Congress* (Milwaukee: Marquette University Press, 1995), Vol. I.1, pp. 171-190.

——: "Kan's Theory of Contract". *Southern Journal of Philosophy*, Vol. 36 (1998), Supplement: "Kant's Metaphysics of Morals", pp. 131-153.

Calhoun, Cheshire: "Kant und Compliance with Conventionalized Injustice". *The Southern Journal of Philosophy*, Vol. 32 (1994), pp. 135-159.

Carson, T.: "Perpetual Peace: What Kant Should Have Said". *Social Theory and Practice*, Vol. 14 (1988), pp. 173-214.

Cavallar, Georg: "Immanuel Kants 'Zum ewigen Frieden'. Unter besonderer Berücksichtigung der geschichts- und religionsphilosophischen Aspekte". *Das achtzehnte Jahrhundert und Österreich*, Bd. 4 (1987), S. 55-80.

——: "Neuere nordamerikanische Arbeiten über Kants Rechts- und politische Philosophie". *Zeitschrift für philosophische Forschung*, Bd. 46 (1992), S. 266-277.

——: *Pax Kantiana. Systematisch-historische Untersuchung des Entwurfs "Zum ewigen Frieden" (1795) von Immanuel Kant.* Wien: Böhlau, 1992.

——: "Kant's Judgment on Friedrick's Enlighted Absolutism". *History of Political Thought*, Vol. 14, (1993), pp. 103-132.

——: "Kant's Society of Nations: Free Federation or World Republic?" *Journal of the History of Philosophy*, Vol. 32 (1994), pp. 461-482.

——: "Kants Urteilen über den Krieg". In: Hoke Robinson (ed.), *Proceedings of the Eighth International Kant Congress* (Milwaukee: Marquette University Press, 1995), Vol. II.1, pp. 81-90.

——: *Kant and the Theory and Practice of International Right*. Cardiff: University of Wales Press, 1999.

Christopher, Norris: "'What is Enlightenment?': Kant According to Foucault". In: Gary Gutting (ed.), *The Cambridge Companion to Foucault* (Cambridge: Cambridge University Press, 1994), pp.159-196.

Chwaszcza, Christine/Kersting, Wolfgang（Hg.）: *Politische Philosophie der internationalen Beziehungen*. Frankfurt/M.: Suhrkamp, 1999.

Clohesy, William: “A Constitution for a Race of Devils”. In: Hoke Robinson（ed.）, *Proceedings of the Eighth International Kant Congress*（Milwaukee: Marquette University Press, 1995）, Vol. II.2, pp. 733-741.

Cohen, Hermann: *Kants Begründung der Ethik. Nebst ihren Anwendungen auf Recht, Religion und Geschichte.* Berlin: Bruno Cassirer, 1910.

Collingwood, R.G.: *The Idea of History*. Oxford: Clarendon, 1949.

Covell, Charles: *Kant, Liberalism, and Persuit of Justice in the International Order*. Münster: Lit, 1994.

——: *Kant and the Law of Peace: A Study in the Philosophy of International Law and International Relations.* Houndmills: Macmillan, 1998.

Datschew, *Georgi: Das Problem Krieg-Frieden in der deutschen Philosophie- S. Franck, I. Kant.* Diss. Berlin 1968.

Deggau, Hans-Georg: “Die Architektonik der praktischen Philosophie Kants. Moral – Religion – Recht – Geschichte”. *Archiv für Rechts- und Sozialphilosophie,* Bd. 71（1985）, S. 319-342.

De Vos, Lu: “Kants ‘Zum ewigen Frieden’ und Fichtes Rezension”. In: Hoke Robinson(ed.), *Proceedings of the Eighth International Kant Congress*(Milwaukee: Marquette University Press, 1995）, Vol. II.2, pp. 883-892.

Denis, Lara（ed.）: *Kant’s Metaphysics of Morals: A Critical Guide.* Cambridge: Cambridge University Press, 2010.

Despland, Michel: *Kant on History and Religion.* Montreal: McGill-Queen’s University Press, 1973.

Dicke, Klaus/Kodalle, Klaus-Michael（Hg.）: *Republik und Weltbürgerrecht. Kantische Anregungen zur Theorie politischer Ordnung nach dem Ende des Ost-West-Konflikts.* Weimar: Böhlau, 1998.

Diesselhorst, Malte: *Naturzustand und Sozialvertrag bei Hobbes und Kant: Zugleich ein Beitrag zu den Ursprüngen des modernen Systemdenkens.* Göttingen: Schwartz, 1988.

Dietze, A. u. W.（Hg.）: *Ewiger Friede? Dokumente einer deutschen Diskussion um*

1800. München: C.H. Beck, 1989.

Dietzsch, Steffen: "Zu einigen Aspekten der geschichtsphilosophischen Dimension der transzendentalphilosophischen Denkungsart. Motive ihres Wandels von Kant zu Hegel". In: *Kant oder Hegel?*, hrsg. von Dieter Henrich (Stuttgart: Klett-Cotta, 1983), S. 129-139.

——: "Geschichte und Politik beim späten Kant: der Frieden in der Gesellschaft und die Souveränität der kritischen Vernunft". In: idem, *Dimensionen der Transzendentalphilosophie 1780-1810* (Berlin: Akademie-Verlag, 1990), S. 59-83.

Dörpinghaus, Wilhelm: *Der Begriff der Gesellschaft bei Kant. Eine Untersuchung über das Verhältnis von Rechts- und Geschichtsphilosophie zur Ethik.* Diss. Köln 1959.

Doyle, Michael: "Kant, Liberal Legacies, and Foreign Affairs". *Philosophy and Public Affairs*, Vol. 12 (1983), pp. 205-235 & 323-353.

——: "Liberalism and World Politics". *American Political Science Review*, Vol. 80 (1986), pp. 1151-1163.

Dodson, Kevin E.: "Kant's Idea of the Social Contract". In: Hoke Robinson (ed.), *Proceedings of the Eighth International Kant Congress* (Milwaukee: Marquette University Press, 1995), Vol. II.2, pp.753-760.

Dünnhaupt, Rudolf: *Sittlichkeit, Staat und Recht bei Kant. Autonomie und Heteronomie in der Kantischen Ethik.* Diss. Greifswald 1926.

Dustdar Farah: "Die leitenden Prinzipien der Weltpolitik. Kants Auseinandersetzung mit den drei grundlegenden Friedensentwürfen". *Kant-Studien*, 98. Jg. (2007), S. 464-472.

Easley, Eric S.: *The War over Perpetual Peace: A Exporation into the History of a Foundational International Relations Text.* New York: Palgrave Macmillan, 2004.

Ebbinghaus, Julius: "Positivismus – Recht der Menschheit – Naturrecht – Staatsbürgerrecht". *Archiv für Philosophie*, Bd. 4 (1952), S. 225-242; auch in: ders., *Gesammelte Schriften*, Band 1: "Sittlichkeit und Recht" (Bonn: Bouvier, 1986), S. 349-366.

——: "Das Kantische System der Rechte des Menschen und Bürgers in seiner geschichtlichen und aktuellen Bedeutung". *Archiv für Rechts- und Sozialphilosophie*,

Bd. 50（1964）, S. 23-55; auch in: ders., *Gesammelte Schriften*, Bd.2, *Philosophie der Freiheit: Praktische Philosophie 1955-1972*（Bonn: Bouvier, 1988）, S. 249-281.

——: “Kants Lehre vom ewigen Frieden und die Kriegsschuldfrage”. In: idem, *Gesammelte Schriften*, Band 1: “Sittlichkeit und Recht”.(Bonn: Bouvier, 1986), S. 1-34.

Fackenheim, Emil L.: “Kant’s Concept of History”. *Kant-Studien*, Bd. 48(1956/57), S. 381-398; also in: idem, *The God Within: Kant, Schelling, and Historicity* (Toronto: University of Toronto Press, 1996）, pp. 34-49; Heiner F. Klemme/ Manfred Kuehn（eds.）, *Immanuel Kant*（Dartmouth: Ashgate, 1999）, Vol. Ⅱ : “Practical Philosophy”, pp. 295-312.

Fendt, Gene: “Sublimity and Human Works: Kant on Tragedy and War”. In: Hoke Robinson(ed.), *Proceedings of the Eighth International Kant Congress* (Milwaukee: Marquette University Press, 1995）, Vol. II.2, pp. 509-517.

Fenves, Peter D.: *A Peculiar Fate: Metaphysics and World-history in Kant*. Ithaca: Cornell University Press, 1991.

Ferdinand, Hans-Michael: *“Einheiligkeit von Moral und Politik”. Zu Kants kritischer Bestimmung des Friedens.* Diss. Tübingen 1987.

Ferry, Luc: *Political Philosophy 2: The System of Philosophies of History.* Translated by Franklin Philip, Chicago: University of Chicago Press, 1992.

Ferry, Luc/Renaut, Alain: *Political Philosophy 3: From the Rights of Man to the Republican Idea.* Translated by Franklin Philip, Chicago: University of Chicago Press, 1992.

Finnis, J.M.: “Legal Enforcement of ‘Duty to Oneself’: Kant v. Neo-Kantians”. *Columbia Law Review*, Vol. 87（1987）, pp. 433-456.

Fleischhacker, Samuel: “Kant’s Theory of Punishment”. In: Howard Williams（ed.）, *Essays on Kant’s Political Philosophy*（Chicago: University of Chicago Press, 1992）, pp. 191-212.

Fletcher, George P.: “Law and Morality: A Kantian Perspective”. *Columbia Law Review*, Vol. 87（1987）, pp. 533-558.

Flikschuh, Katrin: *Kant and Modern Political Philosophy*. Cambridge: Cambridge

University Press, 2000.

Franz, Dietrich E.: "Von der Aufgabe des Friedens - Zur Geschichtsdialektik und Friedenskonzeption bei Immanuel Kant". *Wissenschaftliche Zeitschrift der Friedrich-SchillerUniversität Jena*, Jg. 33 (1984), S. 29-36.

Franz, Dietrich E./Stahl, Jürgen: "Der eiwige Friede ist keine leere Idee, sondern eine Aufgabe. Bemerkungen zu den Friedenskonzeptionen Kants und Fichtes". *Deutsche Zeitschrift für Philosophie*, 31. Jg. (1983), S. 18-30.

Freudenberg, Günter: "Kants Schrift 'Zum ewigen Frieden'". *Zeitschrift für evangelische Ethik*, Bd. 11 (1967), S. 65-79.

——: "Kants Lehre vom ewigen Frieden und ihre Bedeutung für die Friedensforschung". In: *Studien zur Friedensforschung*, Bd. 1, hrsg. von Georg Picht/Heinz Eduard Tödt (Stuttgart: Ernst Klett, 1969), S. 178-208.

Friedrich, Carl Joachim: *Inevitable Peace*. Cambridge/Mass: Harvard University Press, 1948.

——: "Die Ideen der Charta der Vereinten Nationen und die Friedensphilosophie von Immanuel Kant". In: idem, *Zur Theorie und Politik der Verfassungsordnung* (Heidelberg: Quelle & Meyer, 1963), S. 69-83.

Fröhlich, Manuel: "Mit Kant, gegen ihn und über ihn hinaus: Die Diskussion 200 Jahre nach Erscheinen des Entwurfs 'Zum ewigen Frieden'". *Zeitschrift für Politikwissenschaft*, 7. Jg. (1997), S. 483-517.

Gablentz, Otto-Heinrich von der: *Kants politische Philosophie und die Weltpolitik unserer Tage*. Berlin: Colloquium, 1956.

Gallie, Walter Bryce: *Philosophers of Peace and War: Kant, Clausewitz, Marx, Engels and Tolstoy*. Cambridge: Cambridge University Press, 1978.

——: "Wanted: A Philosophy of International Relations". *Political Studies*, Vol. 27 (1979), pp. 484-492.

——: "Kant's View of Reason in Politics". *Philosophy*, Vol. 54 (1979), pp. 19-33.

Gallinger, August: "Kants Geschichts- und Staatsphilosophie". *Zeitschrift für philosophische Forschung*, Bd. 9 (1955), S. 163-169.

Galston, William A.: *Kant and the Problem of History*. Chicago: University Press of Chicago, 1975.

Ganowski, Sawa: “Kants Idee vom ewigen Frieden und unsere Gegenwart”. *Wissenschft und Weltbild*, 27. Jg.（1974）, S. 89-92.

García-Marzá, Domingo: “Kant's Principle of Publicity: The Intrinsic Relationship between the Two Formulations”. *Kant-Studien*, 103. Jg.（2012）, S. 96-113.

Garve, Christian: *Philosophische Anmerkungen und Abhandlungen zu Ciceros Büchern von den Pflichten*. In: *Christian Garve: Gesammelte Werke*（Hildesheim: Georg Olms, 1985）, 3. Abteilung, Bd. 10.

——:*Versuche über verschiedene Gegenstände aus der Moral, der Litteratur und dem gesellschaftlichen Leben*. In: *Christian Garve: Gesammelte Werke*（Hildesheim: Georg Olms, 1985）, 1. Abteilung, Bde. 1/2.

Geismann, Georg: “Kant als Vollender von Hobbes und Rousseau”. *Der Staat*, Bd. 21（1982）, S. 161-189.

——: “Kants Rechtslehre vom Weltfrieden”. *Zeitschrift für philosophische Forschung*, Bd. 37（1983）, S. 363-388.

——: “Versuch über Kants rechtliches Verbot der Lüge”. In: Hariolf Oberer/Gerhard Seel（Hg.）, *Kant. Analysen - Probleme - Kritik*（Würzburg: Königshausen & Neumann, 1988）, S. 293-316.

——: “On the Philosophically Unique Realism of Kant's Doctrine of Eternal Peace”. In: Hoke Robinson（ed.）, *Proceedings of the Eighth International Kant Congress*（Milwaukee: Marquette University Press, 1995）, Vol. I.1, pp. 273-292.

——: “World Peace: Rational Idea and Reality. On the Principles of Kant's Political Philosophy”. In: Hariolf Oberer（Hg.）, *Kant. Analysen - Probleme - Kritik*, Bd. 2（Würzburg: Königshausen & Neumann, 1996）, S. 265-319.

——: “Nachlese zum Jahr des ‘ewigen Frieden’. Ein Versuch, Kant vor seinen Freunden zu schützen”. *Logos*, Bd. 3（1996）, S. 317-345.

——: “Kants Weg zum Frieden. Spätlese von Seels ‘Neulesung’ des Definitivartikels zum Völkerrecht”. In: Hariolf Oberer（Hg.）, *Kant. Analysen - Problem - Kritik*, Bd. 3（Würzburg: Königshausen & Neumann, 1997）, S. 333-362.

Genest, Hartmut: “Kants Philosophie des Friedens”. In: Udo Kern（Hg.）, *Was ist und was sein soll: Natur und Freiheit bei Immanuel Kant*（Berlin: de Gruyter, 2007）, S. 321-341.

Gerhardt, Volker: "Eine Theorie der Politik: Zu Kants Entwurf 'Zum Ewigen Frieden'". In: Hoke Robinson (ed.), *Proceedings of the Eighth International Kant Congress* (Milwaukee: Marquette University Press, 1995), Vol. I.1, pp. 157-170.

——:*Immanuel Kants Entwurf "Zum ewigen Frieden". Eine Theorie der Politik.* Darmstadt: Wissenschaftliche Buchgesellschaft, 1995.

Gerlach, H. M.: "Die Kantische Geschichtsphilosophie und ihre dialektische Elemente". *Wissenschaftliche Hefte der Pädagogischen Hochschule "Wolfgang Ratke" Köthen,* 2. (10.) Jg. (1995), Heft 1, S. 21-30.

Gerresheim, Eduard (Hg.): *Immanuel Kant 1724/1974. Kant als politischer Denker.* Bonn-Bad Godesberg: Inter Nationes, 1974.

Gerwin, Edgar: "Kant and the Idea of the Society of Nations". In: P. Laberge, F. Duchesneau/B.E. Morrisey (eds.): *Proceedings of the Ottawa Congress on Kant in the Anglo-American and Continental Traditions* (Ottawa: The University of Ottawa Press, 1976), pp. 525-541.

Giovanni, George di: "The Morally Responsible Individual: Kant's Reply to Rehberg and Reinhold". In: Hoke Robinson (ed.), *Proceedings of the Eighth International Kant Congress* (Milwaukee: Marquette University Press, 1995), Vol. II.1, pp. 49-59.

Görland, Albert: *Kant als Friedensfreund.* Leipzig: E. Oldenburg, 1924.

Goetschel, Willi: "Kritik und Frieden: Zur literarischen Strategie der Schrift Zum Ewigen Frieden". In: Hoke Robinson (ed.), *Proceedings of the Eighth International Kant Congress* (Milwaukee: Marquette University Press, 1995), Vol. II.2, pp. 821-827.

Gregor, Mary J.: "Kant's Theory of Property". *Review of Metaphysics*, Vol. 41 (1987/1988), pp. 757-787; also in: Heiner F. Klemme/Manfred Kuehn (eds.), *Immanuel Kant* (Dartmouth: Ashgate, 1999), Vol. Ⅱ: "Practical Philosophy", pp. 241-271.

Grey, Thomas C.: "Serpents and Doves: A Note on Kantian Legal Theory". *Columbia Law Review*, Vol. 87 (1987), pp. 580-591.

Guyer, Paul: "Nature, Morlity and the Possibility of Peace". In: Hoke Robinson (ed.),

Proceedings of the Eighth International Kant Congress（Milwaukee: Marquette University Press, 1995）, Vol. I.1, pp. 51-70.

——: “Life, Liberty and Property: Rawls and the Reconstruction of Kant’s Political Philosophy”. In: Dieter Hüning/Burkhard Tuschling（Hg.）, *Recht, Staat und Völkerrecht bei Immanuel Kant*（Berlin: Duncker & Humblot, 1998）, S. 273-291.

——: *Kant on Freedom, Law, and Happiness.* Cambridge: Cambridge University Press, 2000.

Haensel, Werner: *Kants Lehre vom Widerstandsrecht. Ein Beitrag zur Systematik der Kantischen Rechtsphilosophie.* Berlin: Rolf Heise, 1926.

Hancock, Roger: “Ethics and History in Kant and Mill”. *Ethics*, Vol. 68（1957/ 58）, pp. 56-60.

——: “Kant and the Natural Right Theory”. *Kant-Studien*, Bd. 52（1960/1961）, S. 440-447.

——: “Kant on War and Peace”. In: Gerhard Funke（Hg.）, *Akten des 4. Internationalen Kant-Kongresses, Mainz 1974*（Berlin: de Gruyter, 1974）, Teil Ⅱ .2, S. 668-674.

Hansson, Sven Ode: “Kant and the Revolutionary Slogan ‘Liberté, Égalité, Fraternité’”. *Archiv für Geschichte der Philosophie*, Bd. 76（1994）, S. 333-339.

Hauser, Linus: *Religion als Prinzip und Faktum. Das Verhältnis von konkreter Subjektivität und Prinzipientheorie in Kants Religions- und Geschichtsphilosophie.* Frankfurt/M.: Peter Lang, 1983.

Hendel, Charles W.: *Freedom, Democracy, and Peace.* In: idem（ed.）, *The Philosophy of Kant and Our Modern World*（New York: Liberal Arts, 1957）, pp. 93-126.

Henkel, Michael: “Normen und politisches Handeln: Zur moralischen Verurteilung der Politik bei Kant und Hayek”. *Archiv für Rechts- und Sozialphilosophie*, Bd. 82（1996）, S. 208-221.

Hennigfeld, Jochem: “Der Friede als philosophisches Problem. Kants Schrift ‘Zum ewigen Frieden’”. *Allgemeine Zeitschrift für Philosophie*, 8. Jg.(1983), 2. Heft, S. 23-37.

Henrich, Dieter（Hg.）: *Kant. Gentz. Rehberg. Über Theorie und Praxis*（Frankfurt/M.: Suhrkamp, 1967）

Herder, Johann Gottfried: *Ideen zur Philosophie der Geschichte der Menschheit*. Wiesbaden: Fourier, 1985.

Herman, Barbara: "A Cosmopolitan Kingdom of Ends". In: Andrews Reath et al.（eds.）, *Reclaiming the History of Ethics: Essays for John Rawls*（Cambridge: Cambridge University Press, 1997）, pp. 187-212.

Hespe, Franz: "Recht, rechtliche Verbindlichkeit und ursprünglicher Kontrakt bei Kant" . In: Hoke Robinson（ed.）, *Proceedings of the Eighth International Kant Congress*（Milwaukee: Marquette University Press, 1995）, Vol. II.2, pp. 773-784.

——: "Der Gesellschaftsvertrag: Rechtliches Gebot oder Rational Wahl" . In: Dieter Hüning/Burkhard Tuschling（Hg.）, *Recht, Staat und Völkerrecht bei Immanuel Kant*（Berlin: Duncker & Humblot, 1998）, S. 293-320.

Hesse, Reinhard: "Über Kants vermeintlichen Wandel vom Friedensutopisten zum Kriegsapologeten". *Kant-Studien*, 98. Jg.（2007）, S. 218-222.

Hill, Jr., Thomas E.: "Making Exceptions Without Abandoning the Principle: or How a Kantian Might Think about Terrorism". In: R. G. Frey/C. W. Morris（eds.）, *Violence, Terrorism, and Justice*（Cambridge: Cambridge University Press, 1991）, pp. 196-229.

——: *Respect, Pluralism, and Justice: Kantian Perspectives*. Oxford: Oxford University Press, 2000.

Hippocrates: *Hippocratic Writings*. London: Penguin Books 1983.

Hinsley, Francis H.: "Immanuel Kant and the Patern of War and Peace since His Time". In: Helmut Berding u. a.（Hg.）, *Vom Staat des Ancien régime zum modernen Parteienstaat. Festschrift für Theodore Schieder*（München: Oldenbourg, 1978）, S. 91-101.

Hirsch, Eike Christian: "Der Frieden kommt nicht durch die Kirche - Thesen zu Kants Friedensschrift". In: Wolfgang Huber（Hg.）, *Historische Beiträge zur Friedensforschung*（Stuttgart: Ernst Klett/München: Kösel, 1970）, S. 70-94.

Hoeres, Peter: "Kants Friedensidee in der deutschen Kriegsphilosophie des Ersten Weltkrieges". *Kant-Studien*, 93. Jg.（2002）, S. 84-112.

Höffe, Otfried（Hg.）: *Immanuel Kant: Zum ewigen Frieden*. Berlin: Akademie

Verlag, 1995.

——: "Kant als Theoretiker der internationalen Rechtsgemeinschaft". In: Gerhard Schönrich/Yasushi Kato (Hg.), *Kant in der Diskussion der Moderne* (Frankfurt/M.: Suhrkamp, 1996), S. 489-505; auch in: Dieter Hüning & Burkhard Tuschling(Hg.), *Recht, Staat und Völkerrecht bei Immanuel Kant* (Berlin: Duncker & Humblot, 1998), S. 233-246.

——: *"Königliche Völker". Zu Kants kosmopolitischer Rechts-und Friedenstheorie.* Frankfurt/M.: Suhrkamp, 2001.

——: *Demokratie im Zeitalter der Globalisierung.* München: C.H. Beck, 2002.

—— (Hg.): *Immanuel Kant: Schriften zur Geschichtsphilosophie.* Berlin: Akademie Verlag, 2011.

Hoesch, Matthias: "Lässt Kants Völkerbund als Mitgliedsstaaten nur Republiken zu?". *Kant-Studien*, 103. Jg. (2012), S. 114-125.

Hoffmeister, Johannes: *Die Problematik des Völkerbundes bei Kant und Hegel.* Tübingen: J. C. B. Mohr, 1934.

Horn, Christoph: "Philosophische Argumente für einen Weltstaat". *Allgemeine Zeitschrift für Philosophie*, 21. Jg. (1996), S. 229-251.

Hruschka, Joachim: "Co-subjectivity, the Right to Freedom and Perpetual Peace". In: Hoke Robinson (ed.), *Proceedings of the Eighth International Kant Congress* (Milwaukee: Marquette University Press, 1995), Vol. I.1, pp. 215-230.

Hüning, Dieter: "Kant auf den Spuren von Thomas Hobbes?". In: Hoke Robinson(ed.), *Proceedings of the Eighth International Kant Congress* (Milwaukee: Marquette University Press, 1995), Vol. II.2, pp. 761-771.

——: "Von der Tugend der Gerechtigkeit zum Begriff der Rechtsordnung: Zur rechtsphilosophischen Bedeutung des suum cuique tribuere bei Hobbes und Kant". In: Dieter Hüning/Burkhard Tuschling (Hg.), *Recht, Staat und Völkerrecht bei Immanuel Kant* (Berlin: Duncker & Humblot, 1998), S. 53-84.

Hüning, Dieter/Tuschling, Burkhard (Hg.): *Recht, Staat und Völkerrecht bei Immanuel Kant.* Berlin: Duncker & Humblot, 1998.

Hume, David: *Essays Moral, Political, and Literary.* Edited by T. H. Green/T. H. Grose, London: Longmans, Green, and Co., 1882.

Huntley, Wade L.: "Kant's Third Image: Systemic Sources of the Liberal Peace". *International Studies Quarterly*, Vol. 40（1996）, pp. 45-76.

Hurrell, Andrew: "Kant and the Kantian Paradigm in International Relations". *Review of International Relations*, Vol. 16（1990）, pp. 183-205.

Hutchings, Kimberly: *Kant, Critique and Politics*. London: Routledge, 1996.

Jaspers, Karl: "'Einleitung' zu Kants Zum ewigen Frieden". *Forschung und Wirtschaft*（Essen: Stifterverband für die deutsche Wissenschaft）, 7. Jg.（1958）; später auch in: idem, *Aneignung und Polemik*（München: Piper, 1968）, S. 233-241.

——: "Kants 'Zum ewigen Frieden'". In: idem, *Aneignung und Polemik*（München: Piper, 1968）, S. 205-232.

Joerden, Jan: "From Anarchy to Republic: Kant's History of State Constitutions". In: Hoke Robinson（ed.）, *Proceedings of the Eighth International Kant Congress*（Milwaukee: Marquette University Press, 1995）, Vol. I.1, pp. 139-156.

Kalinnikov, Leonid: "The Categorical Imperative of Law and International Law". In: Hoke Robinson（ed.）, *Proceedings of the Eighth International Kant Congress*（Milwaukee: Marquette University Press, 1995）, Vol. I.1, pp. 293-300.

Kater, Thomas: *Politik, Recht, Geschichte. Zur Einheit der politischen Philosophie Immanuel Kants*. Würzburg: Königshausen & Neumann, 1999.

Kaufmann, Walter: *Goethe, Kant, and Hegel*. New Brunswick: Transaction, 1991.

Kaulbach, Friedrich: "Der Zusammenhang zwischen Naturphilosophie und Geschichtsphilosophie bei Kant". *Kant-Studien*, 56. Jg.（1965）, S. 430-451.

——: "Theorie und Praxis in der Philosophie Kants". *Philosophische Perspektiven*, Bd. 2（1970）, S. 168-185.

——: "Welchen Nutzen gibt Kant der Geschichtsphilosophie?" *Kant-Studien*, 66. Jg.（1975）, S. 65-84.

Keienburg, Johannes: *Immanuel Kant und die Öffentlichkeit der Vernunft*. Berlin: de Gruyter, 2011.

Kemp, Peter: "Kant the Cosmopolitan".In: Lenk, Hans/Wiel, Reiner（eds.）: *Kant Today/ Kant aujourd'hui/Kant heute*（Berlin: Lit, 2006）, pp. 142-162.

Kersting, Wolfgang: *Wohlgeordnete Freiheit. Immanuel Kants Rechts- und Staatsphilosophie*. Berlin: de Gruyter, 1984.

——: "Ist Kants Rechtsphilosophie aporetisch? Zu Hans-Georg Deggaus Darstellung der Rechtslehre Kants". *Kant-Studien*, 77 Jg.（1986）, S. 241-251.

——: "Die verbindlichkeitstheoretischen Argumente der Kantischen Rechtsphilosophie". In: Ralf Dreier（Hg.）, *Rechtspositivismus und Wertbezug des Rechts*（Stuttgart: Franz Steiner, 1990）, S. 62-74.

——: "Politics, Freedom, and Order: Kant's Political Philosophy". In: Paul Guyer（ed.）: *The Cambridge Companion to Kant*（Cambridge: Cambridge University Press, 1992）, pp. 342-366.

——: "Pax Kantiana: Towards a Political Philosophy of International Relations". *Prima Philosophia*, Vol. 6（1993）, pp. 153-168.

Kingston, Rebecca E.: "Kant and the Foundations of Modern Cosmopolitan Theory". In: Patrick O'Donovan/Laura Rascaroli（eds.）, *The Cause of Cosmopolianism: Dispositions, Models, Transformations*（Oxford: Peter Lang, 2011）, pp. 55-70.

Kleingeld, Pauline: "Moral und Verwirklichung. Zu einigen Themen in Kants Kritik der praktischen Vernunft und deren Zusammenhang mit seiner Geschichtsphilosophie". *Zeitschrift für philosophische Forschung*, Bd. 44（1990）, S. 425-441.

——: *Fortschritt und Vernunft. Zur Geschichtsphilosophie Kants*. Würzburg: Königshausen & Neumann, 1995.

——: "Kant's Cosmopolitan Patriotism". *Kant-Studien*, 94. Jg.（2003）, S. 299-316.

——: "Kant's Theory of Peace". In: Paul Guyer（ed.）: *The Cambridge Companion to Kant and Modern Philosophy*（Cambridge: Cambridge University Press, 2006）, pp. 477-504.

Klemme, Heiner: "Beobachtungen zur Kantischen Vermittlung von Theorie und Praxis in der praktischen Philosophie". In: Hoke Robinson（ed.）, *Proceedings of the Eighth International Kant Congress*（Milwaukee: Marquette University Press, 1995）, Vol. II.2, pp. 521-531.

——: "Notiz zum 200. Jahrestag des Erscheinens von Kants Friedensschrift am 4. Oktober 1795". *Kant-Studien*, 86. Jg.（1995）, S. 459-460.

Klenner, Hermann: "Kants Entwurf 'Zum ewigen Frieden'- Illusion oder Utopie?" *Archiv für Rechts- und Sozialphilosophie*, Bd. 82（1996）, S. 151-160.

Kluback, William: "Hermann Cohen and Kant: A Philosophy of History from Jewish

Sources". *Idealistic Studies*, Vol. 14 (1984), pp. 161-176.

Kneller, Jane/Axinn, Sidney (eds.), *Autonomy and Community: Reading in Contemporary Kantian Social Philosophy*. Albany: State University of New York Press, 1998.

Knippenberg, Joseph M.: "Moving Beyond Fear: Rousseau and Kant on Cosmopolitan Education". *Journal of Politics*, Vol. 51 (1989), pp. 809-827.

Kodalle, Klaus-Michael (Hg.): *Der Vernunftfrieden. Kants Entwurf im Widerstreit*. Würzburg: Königshausen & Neumann, 1996.

König, Siegfried: *Zur Begründung der Menschenrechte: Hobbes – Locke – Kant*. Freiburg i. Br.: Alber, 1994.

Köster, Adolph: *Der junge Kant im Kampf um die Geschichte*. Berlin: Leonhard Simion Nf., 1914.

Korsgaard, Christine M.: "Taking the Law into Our Hands: Kant on the Right to Revolution". In: Andrews Reath et al. (eds.), *Reclaiming the History of Ethics: Essays for John Rawls* (Cambridge: Cambridge University Press, 1997), pp. 297-328.

Koslowski, Peter: *Staat und Gesellschaft bei Kant*. Tübingen: J.C.B. Mohr, 1985.

Krasnoff, Larry: "Formal Liberalism and the Justice of Publicity". In: Hoke Robinson (ed.), *Proceedings of the Eighth International Kant Congress* (Milwaukee: Marquette University Press, 1995), Vol. II.1, pp. 61-69.

Kraus, Herbert: *Das Problem internationaler Ordnung bei Immanuel Kant*. Berlin: Carl Heymanns, 1931.

——: *Von ehrlicher Kriegführung und gerechtem Friedensschluss. Eine Studie über Immanuel Kant*. Tübingen: J. C.B. Mohr, 1950.

Krieger, Leonard: "Kant and the Crisis of Natural Law". *Journal of the History of Ideas*, Vol. 26 (1965), pp. 191-210.

Krumpel, Heinz: "Kategorischer Imperativ und Friedensidee". In: Hermann Ley u.a. (Hg.), *Zum Kantverständnis unserer Zeit* (Berlin: WEB Deutscher Verlag der Wissenschaften, 1975), S. 417-432.

Kühl, Kristian: "Naturrecht und positives Recht in Kants Rechtsphilosophie". In: Ralf Dreier (Hg.), *Rechtspositivismus und Wertbezug des Rechts* (Stuttgart: Franz

Steiner, 1990）, S. 75-93.

——: “Rehabilitierung und Aktualisierung des kantischen Vernunftrechts. Die westdeutsche Debatte um die Rechtsphilosophie Kants in den letzten Jahrzehenten”. In: Robert Alexy u.a.（Hg.）: *Rechts- und Sozialphilosophie in Deutschland heute: Beiträge zur Standortbestimmung*（Stuttgart: Franz Steiner Verlag, 1991）, S. 212-221.

Küsters, Gerd-Walter: *Kants Rechtsphilosophie*. Darmstadt: Wissenschaftliche Buchgesellschaft, 1988.

Laberge, Pierre: “Das radikale Böse und der Völkerzustand”. In: F. Ricken/F. Marty（Hg.）, *Kant über Relogion*（Stuttgart: Kohlhammer, 1992）, S. 112-123.

Landgrebe, Ludwig: “Die Geschichte im Denken Kants.” *Studium Generale*, 7. Jg.（1954）, S. 533-544; auch in: idem, *Phänomenologie und Geschichte*（Güntersloh: Gerd Mohn, 1968）, S. 46-64.

——: “Das philosophische Problem des Endes der Geschichte”. In: idem, *Phänomenologie und Geschichte*（Güntersloh: Gerd Mohn, 1968）, S. 182-201.

Landwehr, Götz（Hg.）: *Freiheit, Gleichheit, Selbständigkeit. Zur Aktualität der Rechtsphilosophie Kants für die Gerechtigkeit in der modernen Gesellschaft*. Göttingen: Vandenhoeck & Ruprecht, 1999.

Langer, Claudia: *Reform nach Prinzipien. Untersuchungen zur politischen Theorie Immanuel Kants*. Stuttgart: Kletta-Cotta, 1986.

Laursen, John Christian: “The Subversive Kant: The Vocabulary of ‘Public’ and ‘Publicity’”. *Political Theory*, Vol. 14（1986）, pp. 584-603.

Layne, Christopher: “Kant or Cant: the Myth of Democratic Peace”. *International Security*, Vol. 19（1994）, pp. 5-49; also in: Michael E. Brown et al.（eds.）: *Theories of War and Peace*（Cambridge/Mass.: The MIT Press, 1998）, pp. 176-220.

Lehmann, Gerhard: “Ein Reinschriftfragment zu Kants Abhandlung vom ewigen Frieden”. In: idem, *Beiträge zur Geschichte und Interpretation der Philosophie Kants*（Berlin: de Gruyter, 1969）, S. 51-66.

——: “System und Geschichte in Kants Philosophie”. In: idem, *Beiträge zur Geschichte und Interpretation der Philosophie Kants*（Berlin: de Gruyter, 1969）, S.

152-170.

Liebsch, Burkhard: "Kritische Kulturphilosophie als restauriete Geschichtsphilosophie? Anmerkungen zur aktuellen kultur- und geschichtsphilosophischen Diskussion mit Blick auf Kant und Derrida". *Kant-Studien*, 98. Jg.（2007）, S. 183-217.

Löwe, Bernd P.: "Immanuel Kants Entwurf 'Zum ewigen Frieden' und das Dilemma bürgerlicher Friedensforschung". In: M. Buhr/T. I. Oiserman（Hg.）, *Revolution der Denkart oder Denkart der Revolution. Beiträge zur Philosophie Immanuel Kants*（Berlin: Akademie Verlag, 1976）, S. 329-348.

Lorenzen, Max-Otto: *Metaphzsik als Grenzgang. Die Idee der Aufklärung unter dem Primat der praktischen Vernunft in der Philosophie Immanuel Kants*. Hamburg: Meiner, 1991.

Losurdo, Domenico: *Immanuel Kant. Freiheit, Recht und Revolution*. Köln: Pahl-Rugenstein, 1987.

Louden, Robert B.: *Kant's Impure Ethics: From Rational Beings to Human Beings*. New York: Oxford University Press, 2000.

Lucas, Hans-Christian: "〔...〕 eine Aufgabe, die nach und nach aufgelöst, ihrem Ziele beständig näher kommt". In: Dieter Hüning/Burkhard Tuschling（Hg.）, *Recht, Staat und Völkerrecht bei Immanuel Kant*（Berlin: Duncker & Humblot, 1998）, S. 247-269.

Ludwig, Bernd: *Kants Rechtslehre. Mit einer Untersuchung zur Drucklegung Kantischer Schriften von Werner Stark*. Hamburg: Meiner, 1988.

——: "'The Right of a State' in Immanuel Kant's Doctrine of Right". *Journal of the History of Philosophy*, Vol. 28（1990）, pp. pp. 403-415.

——: "Kants Verabschiedung der Vertragstheorie - Konsequenzen für eine Theorie sozialer Gerechtigkeit". *Jahrbuch für Recht und Ethik*, Bd. 1（1993）, S. 221-254.

——: "Moralische Politiker und Teuflische Bürger: Korreferat zu den Vorträgen von Henry Allison und Paul Guyer". In: Hoke Robinson（ed.）, *Proceedings of the Eighth International Kant Congress*（Milwaukee: Marquette University Press, 1995）, Vol. I.1, pp. 71-88.

——: "Will die Natur unwiderstehlich die Republik?" Einige Reflexionen anläßlich einer rätselhaften Textpassage in Kants Friedensschrift" . *Kant-Studien*, 88.

Jg.（1997）, S. 218-228.

Luf, Gerhard: *Freiheit und Gleichheit. Die Aktualität im politischen Denken Kants.* Wien: Springer, 1978.

Lübbe-Wolf, Gertrude: "Begründungsmethoden in Kants Rechtslehre, untersucht am Beispiel des Vertragsrechts". In: Reinhard Brandt（Hg.）, *Rechtsphilosophie der Aufklärung. Symposium Wolfenbüttel 1981*（Berlin: de Gruyter, 1982）, S. 286-310.

Lutz-Bachmann, Matthias: *Geschichte und Subjekt. Zum Begriff der Geschichtsphilosophie bei Immanuel Kant und Karl Marx.* Freiburg i. Br.: Alber, 1988.

Lutz-Bachmann, Mathias/Bohman, James（Hg.）: *Frieden durch Recht. Kants Friedensidee und das Problem einer neuen Weltordnung.* Frankfurt/M.: Suhrkamp, 1996.

Lynch, Cecelia: "Kant, the Republican Peace, and Moral Guidance in International Law". *Ethics and International Affairs*, Vol. 8（1994）, pp. 39-58.

Makkreel, Rudolf A.: "Differentiating Dogmatic, Regulative, and Reflective Approaches to History" . In: Hoke Robinson（ed.）, *Proceedings of the Eighth International Kant Congress*（Milwaukee: Marquette University Press, 1995）, Vol. I.1, pp. 123-138.

Marini, Giuliano: "Kants Idee einer Weltrepublik". In: Paul van Tongeren et al.（eds.）, *Eros and Eris: Liber Amocorum for Adriaan Peperzak*（Boston: Kluwer Akademic Publishers, 1992）, pp.133-146.

Maus, Ingeborg: *Zur Aufklärung der Demokratietheorie. Rechts- und demokratietheoretische Überlegungen im Anschluß an Kant.* Frankfurt/M.: Suhrkamp, 1994.

——: "Staatssouveränität als Volkssouveränität: Überlegungen zum Friedensprojekt Immanuel Kants". *Jahrbuch des Kulturwissenschaftlichen Instituts im Wissenschaftszentrum NRW 1996*（1997）, S. 167-194.

McCarthy, Thomas M.: "Kant's Enlightenment Project Reconsidered". In: Hoke Robinson(ed.), *Proceedings of the Eighth International Kant Congress*(Milwaukee: Marquette University Press, 1995）, Vol. I.3, pp. 1049-1064.

Medicus, Fritz: *Kants Philosophie der Geschichte.* Halle: Kaemmerer, 1901.

Melzer, Ernst: "Herder als Geschichtsphilosoph mit Rücksicht auf Kant's Recension von Herder's 'Ideen zur Geschichte der Menschheit'". In: *Programm der Realschule erster Ordnung in Neisse*, 1872, S. 1-16.

Menselssohn, Moses: *Jerusalem, oder Über religiöse Macht und Judentum.* In: *Moses Mendelssohn: Gesammelte Schriften* (Stuttgart-Bad Cannstatt: Frommann-Holzboog, 1983), Bd. 8.

Menzer, Paul: *Kants Lehre von der Entwicklung in Natur und Geschichte.* Berlin: Georg Reimer, 1911.

——: *Natur und Geschichte im Weltbild Kants.* Halle: Max Niemeyer 1924.

Merkel, Reinhard: "'Lauter leidige Tröster'?- Kants Entwurf 'Zum ewigen Frieden' und die Idee eines Völkerstrafgerichtshofs". *Archiv für Rechts- und Sozialphilosophie*, Bd. 82 (1996), S. 161-186.

Merkel, Reinhard/Wittmann, Roland (Hg.): *Zum ewigen Frieden. Grundlagen, Aktualität und Aussichten einer Idee von Immanuel Kant.* Frankfurt/M.: Suhrkamp, 1996.

Merrill, Bruce: "Kant's Importation of Historical Materialism". In: Hoke Robinson (ed.), *Proceedings of the Eighth International Kant Congress* (Milwaukee: Marquette University Press, 1995), Vol. II. 2, pp.713-720.

Mertens, Thomas: "War and International Order in Kant's Legal Thought". *Ratio Juris*, Vol. 8 (1995), pp. 296-314.

——: "Zweckmäßigkeit der Natur und politische Philosophie bei Kant". *Zeitschrift für philosophische Forschung*, Bd. 49 (1995), S. 220-240.

Mestmäcker, Ernst-Joachim: "Aufklärung durch Recht". In: Hans Friedrich Fulda/ Rolf-Peter Horstmann (Hg.), *Vernunftbegriffe in der Moderne* (Stuttgart: Klett-Cotta, 1994), S. 55-72.

Meyers, Diana T.: "Kant's Liberal Alliance: A Permanent Peace?". In: K. Kipnis/D. T. Meyers (eds.), *Political Realism and International Morality: Ethics in the Nuclear Age* (Boulder: Westview, 1987), pp. 212-219.

Moog, Willy: *Kants Ansichten über Krieg und Frieden.* Leipzig: Felix Meiner 1917.

Müller, Wilhelm: *Kant und der Friede.* Düsseldorf: Monitor, 1962.

Mulholland, Leslie A.: "Kant on War and International Justice". *Kant-Studien*, 78. Jg. (1987), S. 25-41.

——: *Kant's System of Rights.* New York: Columbia University Press, 1990.

Murphy, Jeffrie G.: *Kant: The Philosophy of Right.* Macon: Mercer University Press, 1994.

——: "Kant on Theory and Practice". In: Ian Shapiro/Judith Wagner DeCew (eds.), *Theory and Practice* (New York: New York University Press, 1995), pp. 47-78.

Nagl-Docekal, Herta: "Immanuel Kants Philosophie des Friedens und was die Friedensbewegung der Gegenwart daraus gewinnen könnte" In: Gernot Heiss/ Heinrich Lutz (Hg.), *Friedensbewegungen: Bedingungen und Wirkungen* (München: R. Oldenbourg, 1984), S. 55-74.

Natorp, Paul: *Kant über Krieg und Frieden. Ein geschichtsphilosophischer Essay.* Erlangen: Verlag der philosophischen Akademie, 1924.

Nauen, Franz: "Garve - ein Philosoph in der echten Bedeutung des Wortes". *Kant-Studien*, 87. Jg. (1996), S. 184-197.

Nieschmidt, Gerd-Peter.: *Praktische Vernunft und ewiger Friede. Eine Untersuchung zum Freiheitsbegriff in der Philosophie Kants.* Diss. München, 1965.

Oberer, Hariof/Gerhard Seel (Hg.): Kant. *Analysen - Probleme - Kritik.* Würzburg: Königshausen & Neumann, 1988.

O'Neill, Onora S.: "The Public Use of Reason". *Political Theory*, Vol. 14 (1986), pp. 523-551.

——: "Kant's Justice and Kantian Justice". In: idem, *Bounds of Justice.* Cambridge: Cambridge University Press, 2000.

Orend, Brian: *War and International Justice: A Kantian Perspective.* Waterloo/Ont.: Wilfrid Laurier University Press, 2000.

Ostseee-Akademie (Hg.): *Kant und der Frieden in Europa.* Baden-Baden: Nomos Verlagsgesellschaft, 1992.

Pfleiderer, Otto: "Die Idee des ewigen Friedens". *Deutsche Rundschau*, Bd. 85 (1895), S. 77-86.

Pfordten, Dietmar von der: *Menschenwürde, Recht und Staat bei Kant. Fünf Untersuchungen.* Paderborn: Mentis, 2009.

Pippin, Robert B.: "On the Moral Foundations of Kant's Rechtlehre". In: Richard Kennington (ed.), *The Philosophy of Immanuel Kant* (Washington, DC.:

Catholic University of America Press, 1985）, pp. 107-142.

Pirler, Philipp: *Friedrich von Gentzens Auseinandersetzung mit Immanuel Kant.* Frankfurt/M.: Haag + Herchen, 1980.

Plessner, Helmuth: "Ungesellige Geselligkeit. Anmerkungen zu einem Kantischen Begriff". In: idem, *Gesammelte Schriften*, Bd. 8（Frankfurt/M.1983）, S. 294-306.

Plesse, W.: "Zur Schrift Immanuel Kants 'Zum ewigen Frieden'". *Wissenschaftliche Hefte der Pädagogischen Hochschule "Wolfgang Ratke" Köthen*, 2.（10.）Jg.（1995）, Heft 1, S. 31-40.

Pogge, Thomas W.: "Moral Progress". In: Steven Luper-Foy（ed.）, *Problems of International Justice*（Boulder: Westview, 1988）, pp. 283-304.

——: "Kant's Theory of Justice". *Kant-Studien*, 79. Jg., Heft 4（1988）, S. 407-433.

Popper, Karl R.: *The Poverty of Historicism.* London: Routledge & Kegan Paul, 1960.

Prauss, Gerold: "Theorie as Praxis in Kant". In: Yirmiyahu Yovel（ed.）, *Kant's Practical Philosophy Reconsidered*（Dordrecht: Kluwer, 1989）, pp. 93-105.

Primoratz, Igor: "On 'Partial Retributivism'". *Archiv für Rechts- und Sozialphilosophie*, Bd. 71（1985）, S. 373-377.

Psychopedis, Kosmas: *Untersuchungen zur politischen Theorie von Immanuel Kant.* Göttingen: Otto Schwartz, 1980.

Raumer, Kurt von: *Ewiger Friede. Friedensrufe und Friedenspläne seit der Renaissance.* Freiburg i. Br.: Karl Alber, 1953.

Reiss, H.S.: "Kant and the Right of Rebellion". *Journal of the History of Ideas*, Vol. 17（1956）, pp. 179-189; also in: Heiner F. Klemme/Manfred Kuehn（eds.）, *Immanuel Kant*（Dartmouth: Ashgate, 1999）, Vol. Ⅱ: "Practical Philosophy", pp. 313-326.

Reuvers, Hans-Bert: "Friedensidee und Friedenswirklichkeit bei Kant, Fichte und Hegel als Repräsentanten des Anspruchs vorrevolutionärer, revolutionärer und nachrevolutionärer Vernunft". *Hegel-Jahrbuch*, 1976, S. 247-256.

Riedel, Manfred: "Geschichte als Aufklärung. Kants Geschichtsphilosophie und die Grundlagenkrise der Historiographie". *Neue Rundschau*, 84. Jg.（1973）, S. 289-308.

——: “Geschichtstheologie, Geschichtsideologie, Geschichtsphilosophie. Untersuchungen zum Ursprung und zur Systematik einer kritischen Theorie der Geschichte bei Kant”. *Philosophische Perspektiven*, Bd. 5（1973）, S. 200-226.

——: “Historie oder Geschichte? Sprachkritik und Begriffsbildung in Kants Theorie der historischen Erkenntnis”. In: Jürgen Mittelstraß/Manfred Riedel（Hg.）, *Vernünftiges Denken*（Berlin: de Gruyter, 1978）, S. 251-268.

——: “Historizismus und Kritizismus. Kants Streit mit Forster und J.G. Herder”. *Kant-Studien*, 72. Jg.（1981）, S. 41-57.

——: “Menschenrechtsuniversalismus und Patriotismus. Kants politisches Vermächtnis an unsere Zeit” . *Allgemeine Zeitschrift für Philosophie*, 18. Jg.（1993）, S. 1-22.

Riha, Rado: “Zur Möglichkeit einer moralischen Politik heute” . In: Hoke Robinson（ed.）, *Proceedings of the Eighth International Kant Congress*（Milwaukee: Marquette University Press, 1995）, Vol. I.2, pp. 743-756.

Riley, Patrick: “On Kant as the Most Adequate of the Social Contract Theorist” . *Political Theory*, Vol. 1（1973）, pp. 450-471; also in: Heiner F. Klemme/ Manfred Kuehn（eds.）, *Immanuel Kant*（Dartmouth: Ashgate, 1999）, Vol. Ⅱ: “Practical Philosophy” , pp. 273-294.

——: *Kant's Political Philosophy.* Totowa/New Jersey: Rowman Littlefield, 1983.

——: “The ‘Place’ of Politics in Kant's Practical Philosophy” . In: Gerhard Funke/ Thomas M. Seebohm（eds.）: *Proceedings of the Sixth International Kant Congress*（Washington, D. C.: University Press of America, 1991）, Vol. Ⅱ/2, pp. 267-278.

——: “Politics Homage to Morality: Kant's *Toward Eternal Peace* after 200 Years” . In: Hoke Robinson（ed.）, *Proceedings of the Eighth International Kant Congress*（Milwaukee: Marquette University Press, 1995）, Vol.I.1, pp. 231-242.

Ritter, Joachim/Gründer, Karlfried（Hg.）: *Historisches Wörterbuch der Philosophie*, Bd. 3, Darmstadt: Wissenschaftliche Buchgesellschaft, 1974.

Robbins, Susan: “From Duty to Enlightenment: The Place of the Spectator” . In: Hoke Robinson(ed.), *Proceedings of the Eighth International Kant Congress*(Milwaukee: Marquette University Press, 1995）, Vol. II.2, pp. 831-837.

Rogge, Heinrich: “Kants ‘Entwurf zum Ewigen Frieden’ und die Völkerrechtstheorie” .

Archiv für Rechts- und Sozialphilosophie, Bd. 34（1940/41）, S. 83-136.

Rohatyn, Dennis A.: "Hans Saner, *Kant's Political Thought*". *International Philosophical Quarterly*, Vol. 41（1976）, S. 109-114.

Rohden, Valério（ed.）, *Kant e a Instituicao da Paz: Kant und die Stiftung des Friedens.* Porto Alegre, Universidade/UFRGS, Goethe-Institut/ICBA, 1997.

Rorty, Amélie Oksenberg/Schmidt, James（eds.）: *Kant's Idea for a Universal History with a Cosmopolitan Aim: A Critical Guide.* Cambridge: Cambridge University Press, 2009.

Rosen, Allen D.: *Kant's Theory of Justice.* Ithaca: Cornell University Press, 1993.

Rossi, Philip J.: "Critical Persuasion: Argument and Coercion in Kant's Account of Politics". In: Dieter Hüning/Burkhard Tuschling（Hg.）, *Recht, Staat und Völkerrecht bei Immanuel Kant*（Berlin: Duncker & Humblot, 1998）, S. 13-33.

Rühl, Franz: "Über Kants Idee zu einer allgemeinen Geschichte in weltbürgerlicher Absicht". *Altpreussische Monatsschrift*, Bd. 17（1880）, S. 333-342.

——: "Kant über den ewigen Frieden". *Altpreussische Monatsschrift*, Bd. 29（1892）, S. 213-227.

Ruf, Peter: *Entwicklung und Fortschritt. Geschichte als Begründungsproblem.* Frankfurt/M.: Campus, 1984.

Saage, Richard: "Besitzindividualistische Perspektiven der politischen Theorie Kants". In: idem, *Vertragsdenken und Utopie: Studien zur politischen Theorie und zur Sozialphilosophie der frühen Neuzeit*（Frankfurt/M.: Suhrkamp, 1989）, S. 192-234.

——: *Eigentum, Staat und Gesellschaft bei Immanuel Kant.* Baden-Baden: Nomos, 1994.

Sacksteder, William: "Kant's Analysis of of International Relations". *The Journal of Philosophy*, Vol. 51（1954）, pp. 848-855.

Salmony, H.A.: *Kants Schrift "Das Ende aller Dinge"*. Zürich: EVZ-Verlag, 1962.

Sandermann, Edmund: *Die Moral der Vernunft. Transzendentale Handlungs- und Legitimationstheorie in der Philosophie Kants.* Freiburg i. Br.: Alber, 1989.

Saner, Hans: *Kants Weg vom Krieg zum Frieden.* München: Piper, 1967.

Sassenbach, Ulrich: *Der Begriff des Politischen bei Immanuel Kant.* Würzburg:

Königshausen & Neumann, 1992.

Scheffel, Dieter: "Kants kritische Verwerfung des Revolutionsrechts". In: Reinhard Brandt (Hg.), *Rechtsphilosophie der Aufklärung. Symposium Wolfenbüttel 1981* (Berlin: de Gruyter, 1982), S. 178-217.

——: "Thesen zu Kants transzendentaler Deduktion des Begriffs der Erwerbung durch Vertrag". In: Reinhard Brandt (Hg.), *Rechtsphilosophie der Aufklärung. Symposium Wolfenbüttel 1981* (Berlin: de Gruyter, 1982), S. 311-320.

Scheffler, Samuel: "Conceptions of Cosmopolitanism". *Utilitas*, Vol.11, No. 3 (Nov. 1999), pp. 255-276.

Scherer, Irmgard: "Kant's Eschatology in *Zum ewigen Frieden*: The Concept of Purposiveness to Guarantee Perpetual Peace". In: Hoke Robinson (ed.), *Proceedings of the Eighth International Kant Congress* (Milwaukee: Marquette University Press, 1995), Vol. II.1, pp. 437-444.

Schilpp, Paul Arthur: "Kant and the Problem of World Peace". In: John William Davis (ed.), *Value and Valuation: Axiological Studies in Honor of Robert S. Hartmann* (Knoxville: University of Tennessee Press, 1972), pp. 167-181.

Schluchter, Wolfgang: "Zweihundert Jahre Immanuel Kants Schrift *Zum ewigen Frieden*". In: idem, *Individualismus, Verantwortungsethik und Vielfalt* (Göttingen:Velbrück Wissenschaft, 2000), S. 50-58.

Schmidt, Conrad: "Über die geschichtsphilosophischen Ansichten Kants". *Sozialistische Monats-Hefte*, Bd. 2 (1903), S. 683-692.

Schmidt, Gerhart: "Kausalität oder Substantialität? Zu Hegels Ontologie der Geschichte". In: Hans-Christian Lucas/Guy Planty-Bonjour (Hg.), *Logik und Geschichte in Hegels System* (Stuttgart-Bad Cannstatt: Frommann-Holzboog, 1989), S. 147-171.

Schmidt, Hajo: "Durch Reform zu Republik und Frieden? Zur Politischen Philosophie Immanuel Kants". *Archiv für Rechts- und Sozialphilosophie*, Bd. 71 (1985), S. 297-318.

Schmidt, James (ed.): *What is Enlightenment?* Berkeley: University of California Press, 1996.

Schmidt-Klügmann, S.: "Überlegungen zum modernen Sozialrecht auf der Grundlage der praktischen Philosophie Kants” . *Archiv für Rechts- und Sozialphilosophie*, Bd. 71 （1985） , S. 378-403.

Schmitz, Reiner: *Kant und das Problem der Geschichte.* Diss. Freiburg i. Br. 1972.

——: “Reasonable Hope: Kant as Critical Theorist” . In: Hoke Robinson （ed.） , *Proceedings of the Eighth International Kant Congress* （Milwaukee: Marquette University Press, 1995） , Vol. II.2, pp. 901-907.

Schulz, Eberhard Günter: “Die Idee des Friedens bei Friedrich Gentz und Immanuel Kant” . *Jahrbuch der Schlesischen Friedrich-Wilhelms-Universität zu Breslau*, Bd. 7 （1962） , S. 60-74.

Schüssler, Rudolf: “Kant und Kasuistik: Fragen zur Tugendlehre” . *Kant-Studien*, 103. Jg. （2012） , S. 70-95.

Schwarz, Wolfgang: “Kant’s Philosophy of Law and International Peace” . *Philosophy and Phenomenological Research*, Vol. 23 （1962/63） , pp. 71-80.

——: *Principles of Lawful Politics: Immanuel Kant’s Philosophic Draft “Toward Eternal Peace”* . Aelen: Scientia 1988.

Schwarzschild, Steven: “Kantianism on the Death Penalty （and Related Social Problems）” . *Archiv für Rechts- und Sozialphilosophie*, Bd. 71 （1985） , S. 343-372.

Seel, Gerhard: “‘Darin aber wäre ein Widerspruch’ . Der zweite Definitivartikel zum ewigen Frieden neu gelesen” . In: Hariolf Oberer （Hg.） , *Kant. Analysen-Probleme - Kritik*, Bd. 3 （Würzburg: Königshausen & Neumann, 1997） , S. 293-331.

Selbach, Ralf: “Eine bisher unbeachtete Quelle des ‘Streits der Fakultäten’” . *Kant-Studien*, 82. Jg. （1991） , S. 96-101.

Seubert, Sandra: *Gerechtigkeit und Wohlwollen. Bürgerliches Tugendverständnis nach Kant.* Frankfurt/M.: Campus, 1999.

Shell, Susan Meld: *The Rights of Reason: A Study of Kant’s Philosophy and Politics.* Toronto: University of Toronto Press, 1980.

——: “What Kant and Fichte Can Teach Us about Human Rights?” . In: Richard Kennington （ed.） , *The Philosophy of Immanuel Kant* （Washington, D.C.: Catholic University of America Press, 1985） , pp. 143-160.

——: “Kant’s Idea of History” . In: Arthur M. Melzer et al. (eds.) : *History and the Idea of Progress* (Ithaca: Cornell University Press, 1995) , pp. 75-96.

——: “Bowling Alone: On the Saving Power of Kant’s Perpetual Peace” . *Idealistic Studies*, Vol 26 (1996) , pp. 153-173.

Siep, Ludwig: “Kant and Hegel on Peace and International Law” . In: Hoke Robinson (ed.) , *Proceedings of the Eighth International Kant Congress* (Milwaukee: Marquette University Press, 1995) , Vol. I.1, pp. 259-272.

——: “Das Recht als Ziel der Geschichte. Überlegungen im Anschluß an Kant und Hegel” . In: Christel Fricke u.a. (Hg.) , *Das Recht der Vernunft. Kant und Hegel über Denken, Erkennen und Handeln* (Stuutgart-Bad Cannstatt: Frommann-Holzboog, 1995) , S. 355-379.

Siitonen, Arto: “Transcendental Reasoning in Kant’s Treatise on Perpetual Peace” . In: Hoke Robinson (ed.) , *Proceedings of the Eighth International Kant Congress* (Milwaukee: Marquette University Press, 1995) , Vol. II.2, pp. 865-871.

Simon, Josef: “Herder und Kant. Sprache und ‘historischer Sinn’” . In: Gerhard Sauder (Hg.) , *Johann Gottfried Herder 1744-1803* (Hamburg: Felix Meiner, 1987) , S. 3-13.

Smid, Stefan: “Freiheit und Rationalität. Bemerkungen zur Auseinandersetzung mit der Philosophie Kants in Stellungnahmen der neueren Literatur” . *Archiv für Rechts- und Sozialphilosophie*, Bd. 71 (1985) , S. 404-417.

Sommer, Andreas Urs: “Felix Peccator? Kants geschichtsphilosophische Genesis-Exgese im Mutmaßlichen Anfang der Menschengeschichte und die Theologie der Aufklärungszeit” . *Kant-Studien*, 88. Jg. (1997) , S. 190-217.

——: “Kants hypothetische Geschichtsphilosophie in rationaltheologischer Absicht” . In: Udo Kern (Hg.) , *Was ist und was sein soll: Natur und Freiheit bei Immanuel Kant* (Berlin: de Gruyter, 2007) , S. 343-371.

Stammen, Theo (Hg.) : *Kant als politischer Schriftsteller.* Würzburg: Ergon 1999.

Staudiger, Franz: “Kants Traktat: Zum ewigen Frieden. Ein Jubiläums-Epilog” . *Kant-Studien*, Bd. 1 (1897) , S. 301-314.

Stegmeyer, Franz: “Zum Problem des historischen Utopismus” . In: I. Kant, *Zum ewigen Frieden* (Frankfurt/M.: Siegel-Verlag, 1946) , S. 5-46.

Stein, Ludwig: *Das Ideal des "ewigen Friedens" und die soiziale Frage.* Berlin: Georg Reimer, 1896.

Stern, Paul: "The Problem of History and Temporality in Kantian Ethics" . *Review of Metaphysics*, Vol. 39 (1985/1986) , pp. 505-545.

Struck, Peter: "Ist Kants Rechtspostulat der praktischen Vernunft aporetisch? Ein Beitrag zur neuerlich ausgebrochenen Kontroverse um Kants Rechtsphilosophie" . *Kant-Studien*, 78. Jg. (1987) , S. 471-476.

Sullivan, Roger J.: "Kant Confronts Machiavelli: A Pedagogy for a Contemporary Course in Moral Theories" . In: Hoke Robinson (ed.) , *Proceedings of the Eighth International Kant Congress* (Milwaukee: Marquette University Press, 1995) , Vol. I.2, pp. 713-722.

Suzuki, Shinichi: "Kants Schrift 'Zum ewigen Frieden'" . *Riso*, Bd. 369 (1964) , S. 68-78.

Swift, Jonathan: *Prose Works of Jonathan Swift.* London: Bohn Liberty edition, 1900.

——: *Gulliver's Travels.* Edited by Paul Turner, Oxford: Oxford University Press, 1998.

Terada, Toshiro: "'The Universal Principle of Right' as the Supreme Principle of Kant's Practical Philosophy" . In: Hoke Robinson (ed.) , *Proceedings of the Eighth International Kant Congress* (Milwaukee: Marquette University Press, 1995) , Vol. II.2, pp. 541-547.

Tesón, Fernando R.: "The Kantian Theory of International Law" . *Columbia Law Review*, Vol. 92 (1992) , pp. 53-102.

Timm, Hermann: "Wer garantiert den Frieden? Über Kants Schrift 'Zum ewigen Frieden'" . In: *Studien zur Friedensforschung*, Bd. 1, hrsg. von Georg Picht/ Heinz Eduard Tödt (Stuttgart: Ernst Klett, 1969) , S. 209-239.

Torrevejano, Mercedes: "Der Skeptizismus der philosophischen Vernunft und der ewige Frieden in der Philosophie" . In: Hoke Robinson (ed.) , *Proceedings of the Eighth International Kant Congress* (Milwaukee: Marquette University Press, 1995) , Vol. II.1, pp. 235-244.

Toyama, Yoshitaka: *Kants praktische Philosophie mit Rücksicht auf eine Theorie des Friedens.* Hamburg: Helmut Buske, 1973.

Troeltsch, E.: “Das Historische in Kants Religionsphilosophie” . *Kant-Studien*, Bd. 9 (1904) , S. 23-154.

Tuschling, Burkhard: “Die Idee des Rechts: Hobbes und Kant” . In: Dieter Hüning/ Burkhard Tuschling(Hg.), *Recht, Staat und Völkerrecht bei Immanuel Kant*(Berlin: Duncker & Humblot, 1998) , S. 85-117.

Unruh, Peter: *Die Herrschaft der Vernunft. Zur Staatsphilosophie Immanuel Kants.* Baden-Baden: Nomos, 1993.

——: “Anmerkungen zum Begriff der politischen Vernunft bei Kant” . *Archiv für Rechts- und Sozialphilosophie*, Bd. 82 (1996) , S. 196-207.

van der Kuijlen, Willem: “The Politics of Reason: The Theoretical Background of Perpetual Peace and Secrecy” . In: Hoke Robinson (ed.) , *Proceedings of the Eighth International Kant Congress* (Milwaukee: Marquette University Press, 1995) , Vol. II.2, pp. 839-848.

van der Linden, Harry: “Kant: the Duty to Promote International Peace and Political Intervention” . In: Hoke Robinson (ed.) , *Proceedings of the Eighth International Kant Congress* (Milwaukee: Marquette University Press, 1995) , Vol. II.1, pp. 71-79.

Van Erp, Herman: “Das Problem der politischen Repräsentation bei Kant, Hegel und Marx” . *Philosophisches Jahrbuch der Görres-Gesellschaft*, 101. Jg. (1994) , S. 165-176.

Verosta, Stephan: “Krieg und Angriffskrieg im Denken Kants” . *Österreichische Zeitschrift für öffentliches Recht und Völkerrecht*, Vol. 31 (1980) , S. 247-264.

von Scheliha, Arnulf: “Kontingenz und Vorsehung im Werk Immanuel Kants” . In: Udo Kern (Hg.) , *Was ist und was sein soll: Natur und Freiheit bei Immanuel Kant* (Berlin: de Gruyter, 2007) , S. 373-439.

Vorländer, Karl: *Kant und der Gedanke des Völkerbundes.* Leipzig: Felix Meiner, 1919.

Vuillemin, Jules: “On Perpetual Peace, and On Hope as Duty”. In: Hoke Robinson(ed.), *Proceedings of the Eighth International Kant Congress* (Milwaukee: Marquette University Press, 1995) , Vol. I.1, pp.19-32.

Waldron, J.: “Kant's Legal Positivism” . *Harvard Law Review*, Vol. 109 (1995/ 1996) , pp. 1535-1566.

Waltz, Kenneth N.: "Kant, Liberalism, and War" . *American Political Science Review*, Vol 56 (1962) , pp. 331-340.

Ward, Ian: "The Sorceror and His Apprentices: Kant and the Critical Legal Project" . *Archiv für Rechts-und Sozialphilosophie*, Bd. 80 (1994) , S. 508-533.

——: "Kant and the Transnational Order: Towards an European Community Jurisprudence" . *Ratio Juris*, Vol. 8 (1995) , pp. 315-329.

Weidenfeld, Werner: "Frieden im Spannungsfeld. Übelegungen zu Kants Theorie der Politik" . *Beiträge zur Konflichtforschung*, 3. Jg. (1973) , Heft 3, S. 57-69.

Weinrib, Ernest J.: "Law as a Kantian Idea of Reason" . *Columbia Law Review*, Vol. 87 (1987) , pp. 472-508.

——: "Publicness and Private Law" . In: Hoke Robinson (ed.) , *Proceedings of the Eighth International Kant Congress* (Milwaukee: Marquette University Press, 1995) , Vol. I.1, pp. 191-202.

Weiper, Suanne: "Eine Idee zwischen Politik und Moral: Der Friedensgedanke bei Kant und Scheler" . In: Hoke Robinson (ed.) , *Proceedings of the Eighth International Kant Congress* (Milwaukee: Marquette University Press, 1995) , Vol. II.2, pp. 909-918.

Wei?, Johannes: "Ist eine 'Kantische' Begründung der Soziologie möglich?" . In: Dieter Henrich (Hg.) , *Kant oder Hegel?* (Stuttgart: Klett-Cotta, 1983) , S. 531-546.

Westphal, Kenneth R.: "Metaphysische und pragmatische Prinzipien in Kants Lehre von der Gehorsamspflicht gegen den Staat" . In: Dieter Hüning/Burkhard Tuschling (Hg.) , *Recht, Staat und Völkerrecht bei Immanuel Kant* (Berlin: Duncker & Humblot, 1998) , S. 171-202.

Weyand, Klaus: *Kant Geschichtsphilosophie. Ihre Entwicklung und ihr Verhältnis zur Aufklärung* (Kantstudien-Ergänzungshefte 85) . Köln: Kölner Universitäts-Verlag, 1963.

Wichmann, Heinz: "Zum Problem des ewigen Friedens bei Kant" . In: Hoke Robinson (ed.) , *Proceedings of the Eighth International Kant Congress* (Milwaukee: Marquette University Press, 1995) , Vol. II.2, pp. 873-879.

Wicke, Joseph: *Kants Rechts- und Staatsphilosophie*. Diss. Breslau 1913.

Wild, Christoph: “Die Funktion des Geschichtsbegriffs im politischen Denken Kants”. *Philosophisches Jahrbuch*, 77. Jg.（1970）, S. 260-275.

Williams, Howard: “Political Philosophy and World History: The Examples of Hegel and Kant”. *Bulletin of the Hegel Society of Great Britain*, Vol. 23/24（1991）, pp. 51-60.

——（ed.）: *Essays on Kant's Political Philosophy.* Chicago: University of Chicago Press, 1992.

Williams, Howard/Booth, Ken: “Kant: Theorist Beyond Limits”. In: Ian Clark/Iver B. Neumann（eds.）, *Classical Theories of International Relations*（Houndmills: Macmillan, 1996）, pp. 71-98.

Wimmer, Reiner: “Kants philosophischer Entwurf Zum ewigen Frieden und die Religion”. In: Hoke Robinson（ed.）, *Proceedings of the Eighth International Kant Congress*（Milwaukee: Marquette University Press, 1995）, Vol. I.1, pp. 113-122.

Wit, Ernst-Jan C.: “Kant and the Limits of Civil Obedience”. *Kant-Studien*, 90. Jg.（1999）, S. 285-305.

Wittichen, Paul: “Kant und Burke”. *Historische Zeitschrift*, Bd. 93（1904）, S. 253-255.

Wolt, Ernst: “Legitime und unlautere Berufungen auf Kant in der Friedensfrage”. In: Hans-Martin Gerlach/Sabine Mocek（Hg.）, *Kants “Kritik der reinen Vernunft”*（Universität Halle-Wittenberg, 1982）, S. 328-334.

Wood, Allen: “Kant's Project for Perpetual Peace”. In: Hoke Robinson（ed.）, *Proceedings of the Eighth International Kant Congress*（Milwaukee: Marquette University Press, 1995）, Vol. I.1, pp. 3-18.

——: “Kant's Historical Meterialism”. In: Jane Kneller/Sidney Axinn（eds.）, *Autonomy and Community: Reading in Contemporary Kantian Social Philosophy*（Albany: State University of New York Press, 1998）, pp.15-37.

——: “Ungesellige Geselligkeit: Die anthropologischen Grundlagen der Kantischen Ethik”. In: Dieter Hüning/Burkhard Tuschling（Hg.）, *Recht, Staat und Völkerrecht bei Immanuel Kant*（Berlin: Duncker & Humblot, 1998）, S. 35-52.

Yovel, Yirmiyahu: “The Highest Good and History in Kant's Thought”. *Archiv für*

Geschichte der Philosophie, Bd. 54（1972）, S. 239-283.

——: *Kant and the Philosophy of History*. Princeton: Princeton University Press, 1980.

Zaczyk, Rainer: "Untersuchungen zum rechtlichen Postulat der praktischen Vernunft in Kants Metaphysik der Sitten". In: Christel Fricke u. a.（Hg.）, *Das Recht der Vernunft. Kant und Hegel über Denken, Erkennen und Handeln*（Stuttgart-Bad Cannstatt: Frommann-Holzboog, 1995）, S. 311-331.

Zahn, Lothar: "Kant und die Problematik des neuesten Friedensbegriffs". *Scheidewege*, Jg. 2（1972）, Heft 1, S. 351-372.

Zahn, Manfred: "Kants Theorie des Friedens und die Schwerpunkte der jüngeren Diskussion über sie". *Deutsche Zeitschrift für Philosophie*, 38. Jg.（1990）, S. 508-520.

Zammito, John H.: *The Genesis of Kant's Critique of Judgment*. Chicago: University of Chicago Press, 1992.

Zenkert, Georg: *Konturen praktischer Rationalität. Die Konstruktion praktischer Vernunft bei Kant und Hegels Begriff vernünftiger Praxis*. Würzburg: Königshausen & Neumann 1989.

——: "Die Macht der Geschichte". *Philosophischer Rundschau*, 40. Jg.（1993）, S. 86-98.

Zenz-Kaplan, Jochen: *Das Naturrecht und die Idee des ewigen Frieden im 18. Jahrhundert*（Dortmunder historische Studien, Bd. 9）. Bochum: Brockmeyer, 1995.

Zickendraht, Karl: *Kants Gedanken über Krieg und Frieden*. Tübingen: J.C.B. Mohr 1922.

人名索引

概念索引

四画

五画

六画

七画

八画

九画

十画

十一画

十三画

十四画

十五画

十六画